BOA-FÉ OBJETIVA NOS CONTRATOS EMPRESARIAIS

Contornos dogmáticos dos deveres de conduta

G216b   Garcia, Ricardo Lupion.
       Boa-fé objetiva nos contratos empresariais: contornos dogmáticos dos deveres de conduta / Ricardo Lupion Garcia. – Porto Alegre: Livraria do Advogado, 2011.
       220 p.; 23 cm.
       Inclui bibliografia e anexos.
       ISBN 978-85-7348-754-1

       1. Contratos empresariais – Brasil. 2. Boa-fé (Direito) – Brasil. 3. Conduta – Deveres. I. Título.

CDU 347.44(81)
CDD 342.1422

Índice para catálogo sistemático:
1. Direito contratual: Brasil   347.44

(Bibliotecária responsável: Sabrina Leal Araujo – CRB 10/1507)

RICARDO LUPION

BOA-FÉ OBJETIVA NOS CONTRATOS EMPRESARIAIS

Contornos dogmáticos dos deveres de conduta

Porto Alegre, 2011

© Ricardo Lupion Garcia, 2011

Capa, projeto gráfico e diagramação
Livraria do Advogado Editora

Revisão
Betina Denardin Szabo

Direitos desta edição reservados por
Livraria do Advogado Editora Ltda.
Rua Riachuelo, 1338
90010-273 Porto Alegre RS
Fone/fax: 0800-51-7522
editora@livrariadoadvogado.com.br
www.doadvogado.com.br

Impresso no Brasil / Printed in Brazil

Agradecimentos

Sem o apoio da família, professores, amigos e colegas de trabalho não seria possível concluir este livro.

Nessa trajetória contei com o incondicional apoio da família. Minha querida e amada esposa Rita (e também *colega* de escritório) emprestou-me o exemplo do equilíbrio, do incondicional apoio e da lúcida audiência ao longo do desenvolvimento do trabalho. Os meus adoráveis filhos Raquel, Ricardo e Renata compreenderam a necessidade da dedicação do pai para o desenvolvimento e conclusão deste trabalho. Raquel emprestou-me o exemplo da determinação. Ricardo, o do equilíbrio e, finalmente, a *caçula* Renata (minha seguidora na profissão), o da liberdade de escolha. Todos foram fundamentais para chegar até aqui.

Os Professores do Curso de Doutorado da Faculdade de Direito da PUCRS também desempenharam os seus papéis e ofereçam importantes contribuições durante as realizações dos créditos. O meu orientador, Prof. Dr. Eugenio Facchini Neto, pela firmeza na condução da orientação, pela postura sempre amiga e cordial durante as entrevistas da orientação e, sobretudo, pelo exemplo de postura como Educador, não apenas pelo seu indiscutível preparo profissional e acadêmico, mas também e, principalmente, pela cordialidade no trato com as pessoas, pela preocupação com os alunos e pela consciência do seu verdadeiro papel de Educador.

Finalmente presto homenagem à Faculdade de Direito da PUCRS por todas as oportunidades que me foram concedidas ao longo dos quatorze anos da minha vinculação funcional com essa prestigiada Instituição de Ensino Superior, referência nacional no ensino jurídico.

Se aqui estou e aqui cheguei, foi porque todos me apoiaram nessa longa trajetória. Muito obrigado.

Sciat ut Serviat
Saber para Servir

Traduzido de forma ampla para a língua portuguesa

Ir. Joaquim Clotet

Recordemos Eduardo Galeano, que comparava as utopias ao horizonte: se eu avanço um passo, o horizonte recua um passo; se eu avanço dois passos, o horizonte recua dois passos; eu avanço cem metros, o horizonte recua cem metros; eu subo a colina e o horizonte se esconde atrás da colina seguinte. Mas então, perguntava ele, para que servem as utopias? Servem para isso, para nos fazer caminhar!

Eugênio Facchini Neto

Sumário

Apresentação – Eugênio Facchini Neto 11

Introdução 15

1. O contrato e a boa-fé objetiva 25

  1.1. Contrato 25

    1.1.1. Introdução ao tema 25

    1.1.2. Declínio da autonomia contratual 28

    1.1.3. Novas e atuais funções 32

  1.2. Boa-fé objetiva 37

    1.2.1. Obrigação e dever jurídico: distinção 37

    1.2.2. Introdução ao tema 41

    1.2.3. Marco legal da boa-fé objetiva no Brasil 42

    1.2.4. Boa-fé objetiva: deveres de conduta 50

    1.2.5. Violação positiva do contrato 55

2. Concepções da atividade empresarial 61

  2.1. Comerciante: concepção clássica 61

  2.2. Do comerciante ao empresário: a contribuição do CDC 64

    2.2.1. Atuação profissional e organizada 65

    2.2.2. Atuação direcionada para a obtenção de lucros 67

    2.2.3. Posição do Superior Tribunal de Justiça 69

  2.3. Empresário: concepção atual 72

  2.4. Empresa-objeto ou empresa-sujeito: instrumento da atividade exercida pelo empresário ou agente de inclusão social? 81

    2.4.1. Introdução ao tema 81

    2.4.2. Posição da doutrina 83

    2.4.3. Empresa-sujeito na Constituição Federal, no Código Civil e nas leis esparsas 85

    2.4.4. Algumas referências do Superior Tribunal de Justiça 89

    2.4.5. Os perfis da empresa: conclusões 92

  2.5. Uma abordagem constitucional das atividades realizadas pela empresa 96

    2.5.1. O Estado e a empresa: políticas do *Welfare State* 98

2.5.2. *Welfarismo* brasileiro 104

2.5.3. Valores da livre iniciativa e fundamentos da liberdade de concorrência na concepção da Constituição de 1988 108

2.5.4. Empresa: função social, responsabilidade social e direitos fundamentais sociais 114

    2.5.4.1. Função social da empresa 117

    2.5.4.2. Responsabilidade social da empresa 120

    2.5.4.3. Direitos fundamentais sociais e empresa 125

3. Os contratos empresariais e a mitigação dos deveres de conduta decorrentes da boa-fé objetiva 139

3.1. Algumas características dos contratos empresarias 139

    3.1.1. Risco empresarial 139

    3.1.2. Profissionalismo e dever de diligência 142

    3.1.3. Organização empresarial 147

    3.1.4. Concorrência e rivalidade 149

3.2. Mitigação dos deveres de conduta nos contratos empresariais 155

    3.2.1. Dever de cooperação e rivalidade concorrencial 155

    3.2.2. Padrão de cuidado e diligência empresarial 156

    3.2.3. O procedimento de *due diligence* e os deveres de informação, de cuidado e de proteção 169

    3.2.4. Desigualdade das partes, assimetria de informações ou dependência econômica: a retomada da função plena dos deveres de conduta 176

    3.2.5. O papel dos direitos fundamentais nos contratos empresariais 179

4. Conclusões 185

Anexo A 197

Anexo B 205

Anexo C 207

Referências bibliográficas 209

Apresentação

O livro que ora se apresenta vem preencher uma lacuna nas letras pátrias. Trata-se de analisar de que forma o princípio da boa-fé objetiva opera nos contratos empresariais – ou mais especificamente, verificar se a função de criação de deveres laterais de conduta apresenta matizes e sofre relativizações quando se trata de contratos celebrados entre empresários.

O tema central foi posto com precisão pelo autor, ao resumir seu trabalho por ocasião da defesa de sua tese de doutoramento perante qualificada banca: "A partir do reconhecimento dos aspectos dinâmicos da relação obrigacional com direitos e deveres para ambos os contratantes, a relação obrigacional passa a ser considerada como uma ordem de cooperação na qual as partes não deveriam ocupar posições antagônicas, surgindo, então, deveres principais, deveres acessórios e deveres anexos ou deveres de conduta, resultantes de uma das funções da boa-fé objetiva. Os chamados deveres laterais de conduta direcionam a relação contratual ao seu adequado adimplemento e a sua fonte não é o fato jurígeno obrigacional, mas outas fontes normativas, exemplificativamente, do princípio da boa-fé objetiva, incluindo a ideia de confiança. A intensidade dos deveres de conduta decorrente da boa-fé objetiva nos contratos empresariais é influenciada pelas principais características da atividade da empresa – especialmente o exercício profissional de atividade econômica organizada – na medida em que o agir profissional, a capacidade de organizar os fatores de produção (capital e trabalho) e a assunção de riscos para obtenção de lucros devem relativizar e atenuar a intensidade das exigências impostas pelos deveres de conduta. O ônus que compete à empresa para atender as exigências acima referidas do seu normal funcionamento é a exata medida para uma dimensão própria desses deveres de conduta nos contratos empresariais, não podendo ser exigido das empresas o mesmo nível de informação, cooperação, cuidado e atenção devidos nas relações consumeristas, por exemplo. Assim, nas relações contratuais entre as empresas existem critérios e métodos que atenuam a intensidade dos deveres de conduta decorrentes da boa-fé objetiva. Esses critérios e métodos também sofrem a influência dos traços marcantes dos contratos empresariais: risco empresarial, profissionalismo, dever de diligência, organização, concorrência e rivalidade. Todavia, nem sempre esses deveres de conduta poderão ser mitigados, em especial quando houver desigualdade entre as partes, assimetria de informações ou dependência econômica, situações que impõe a retomada da função plena dos deveres de conduta, inclusive pela incidência dos direitos fundamentais nas relações privadas".

A partir dessa visão de síntese, o autor desenvolve sua tese em três etapas, entre si encadeadas. Após percorrer o caminho das teorias contratuais, narrando o apogeu e declínio da autonomia contratual e apontando as novas e atuais funções do contrato, o autor expõe a essência e consequências do princípio da boa-fé objetiva, narrando todas as suas funções – em especial a sua função de criação de deveres laterais de conduta, ou seja, deveres que se impõem a ambos os contratantes, independentemente de estarem ou não previstas no contrato ou na lei. Tais deveres decorrem do dever de colaboração que incumbe a cada um dos contratantes, no sentido de não dificultarem e, se for o caso, de facilitarem o atingimento dos objetivos contratuais de cada uma das partes.

Após esse capítulo introdutório, o autor narra as peculiaridades da atividade empresarial para, em seguida, mostrar como os deveres laterais de conduta decorrentes da boa-fé objetiva devem ser modulados em se tratando de contratos empresariais. Para tanto, traz para nosso direito o elucidativo conceito de *due diligence,* oriundo do direito da *common law.* Embora tal conceito tenha sido originalmente empregado no contexto de aquisição de empresas, fundos de comércio ou ativos empresariais de grande porte, no sentido de que cabe à parte interessada na aquisição inteirar-se completamente sobre a real situação patrimonial, fiscal, trabalhista (inclusive passivo trabalhista), etc., da empresa a ser adquirida, tal conceito vem sendo empregado em contextos mais amplos, no sentido de impor aos envolvidos em transações de grande porte a "devida diligência" de buscar inteirar-se, por seus próprio meios, com investigações, auditorias, etc, de todos os elementos que interessam a uma tomada de posição sobre a viabilidade do pretendido negócio. Aplicando-se com maior largueza tal conceito, percebe-se que são mitigados, em tais negócios, os deveres de informação, esclarecimento, etc, que se espera do outro contratante.

O autor deixa claro, porém, que quando se trata de contratos empresariais envolvendo partes nitidamente desiguais, com assimetria de informações ou dependência econômica, os deveres de conduta decorrentes da boa-fé ainda tem um papel importante a desempenhar.

Apoiado em sólida literatura específica, nacional e estrangeira, e fruto de cuidadosa e meticulosa pesquisa e revisão bibliográfica, o trabalho sobremodo enriquece as letras jurídicas brasileiras, sendo destinado a servir de obra referencial a quem quer que se interesse pelo tema e seus desdobramentos.

Um trabalho desse porte só poderia ser escrito por alguém que, além de ser portador de uma sólida cultura jurídica, possui uma vasta experiência prática, como advogado *sênior* com atuação especialização na área de contratos empresariais. Assim, ao lado de um profundo conhecimento teórico de matéria que leciona há anos na Faculdade de Direito da PUC/RS, o autor durante boa parte de sua vida profissional envolveu-se na elaboração, interpretação e execução de contratos empresariais de todos os tipos. A obra, assim, é fruto de quem conhece a teoria e a prática.

Conheci o Professor Doutor Ricardo Lupion Garcia no estimulante ambiente acadêmico da PUC. Lupion, que já era Mestre, pediu-me permissão para frequentar minhas aulas no Mestrado, curioso que estava por informar-se melhor sobre o enfoque comparatista que empregava em minha disciplina. Posteriormente, tornamos a nos encontrar no Doutorado, quando novamente mostrou-se acadêmico brilhante e pesquisador incansável. Mas mais importante do que os méritos intelectuais do autor e sua capacidade organizativa, é o seu caráter vertical, seu cavalheirismo, sua fidalguia, sua simpatia pessoal, titular que é daquela humildade típica dos grandes homens, que são grandes sem serem prepotentes, que possuem uma natural autoridade, sem serem autoritários. Por causa dessas qualidades do Professor Lupion, acabei me transformando de orientador a admirador e amigo. Com ele compartilho a alegria e a honra de, agora, estar apresentando esse livro que certamente encantará também o leitor.

Prof. Doutor Eugênio Facchini Neto

Professor dos Cursos de Graduação, Mestrado e Doutorado da PUC/RS
Doutor em Direito Comparado pela Universidade de Florença (Itália)
Mestre em Direito Civil pela Universidade de São Paulo
Magistrado no Rio Grande do Sul

Introdução

O presente livro, sob o título "boa-fé objetiva nos contratos empresariais: contornos dogmáticos dos deveres de conduta", identificará métodos e critérios que possam mitigar os deveres de conduta decorrentes da boa-fé objetiva nos contratos empresariais.

De um lado, o artigo 422 do Código Civil – no seu sentido mais amplo – estabelece que os contratantes são obrigados a guardar, assim na conclusão do contrato, como em sua execução, os princípios de probidade e boa-fé e, de outro, duas das principais características dos contratos empresariais: uma delas se refere à circunstância de que há, entre as empresas, um ambiente de disputa e de rivalidade e outra que diz respeito ao fato de que os contratos empresariais são negociados e assinados por administradores sujeitos a deveres para com a sociedade empresarial que representam, entre eles e talvez o de maior importância para os fins deste trabalho, o dever de diligência.

Desse dever do administrador em relação à empresa resultará um *ônus* para a empresa representada, que será capaz de influenciar os efeitos dos deveres de conduta decorrentes da boa-fé objetiva da outra empresa.

Quanto à boa-fé objetiva no seu sentido mais amplo, Menezes Cordeiro, com apoio na posição do jurista alemão Heirich Siber, aborda a questão da complexidade intra-obrigacional no sentido de que "o vínculo obrigacional abriga, no seu seio, não um simples dever de prestar, simétrico a uma pretensão creditícia, mas antes vários elementos jurídicos dotados de autonomia".[1]

A influência da boa-fé – alertou Clóvis do Couto e Silva – "é algo que não se pode desconhecer ou desprezar [...] pois se trata de proposição jurídica, com significado de regra de conduta." O princípio da boa-fé

---

[1] MENEZES CORDEIRO, Antônio Manuel da Rocha e. *Da boa-fé no direito civil*. Lisboa: Livraria Almedina, 1983, p. 586-591.

– prossegue o saudoso jurista – "contribuiu para determinar 'o quê' e o 'como' da prestação".[2]

A moderna teoria do contrato, além das clássicas e principais obrigações de dar, fazer ou não fazer que constituem "a alma da relação obrigacional",[3] também impõe aos contratantes deveres de conduta decorrentes da boa-fé objetiva como sendo o dever de agir de acordo com os padrões socialmente reconhecidos de lisura e lealdade. A criação dos chamados deveres de conduta ocorre porque "o contrato não envolve só a obrigação de prestar, mas envolve também uma obrigação de conduta".[4]

A boa-fé surge, portanto, para impor aos contratantes certos deveres de procedimento mesmo que não previstos ou escritos no contrato, não sendo necessária a existência de uma cláusula ou disposição contratual, já que as "partes estarão vinculadas a deveres objetivos independentemente de qualquer manifestação de ânimo ou consenso".[5]

Esses *"deveres instrumentais, ou laterais, ou deveres acessórios de conduta, deveres de proteção ou deveres de tutela"* se reportam às "denominações alemãs *Neben pflichten* (Esser), a qual é predominante na doutrina de língua portuguesa, *Schultz pflichten* (Stoll) e *weitere Verhaltenspflichten* (Larenz), uma vez ter sido a doutrina germânica a pioneira em seu tratamento.[6] Esses deveres dizem respeito *"à exacta satisfação dos interesses globais envolvidos na relação obrigacional complexa"*, e estão sistematizados pela doutrina em vários tipos, como *"os deveres de cuidado, previdência e segurança, os deveres de aviso e informação, os deveres de notificação, os deveres de cooperação, os deveres de protecção e cuidado relativos à pessoa e ao patrimônio da contraparte"*.[7]

---

[2] COUTO E SILVA, Clóvis do. *A obrigação como processo*. São Paulo: José Bushatsky, 1976, p. 27.

[3] ALMEIDA COSTA. Mario Julio de. *Direito das obrigações*, 7. ed. Coimbra: Almedina, 1998, p. 62.

[4] MARQUES, Cláudia Lima. *Contratos no Código de Defesa do Consumidor* – o novo regime das relações contratuais. 2. ed. São Paulo: RT, p. 108.

[5] SILVA FILHO, José Carlos Moreira. "O princípio da boa-fé objetiva no Direito Contratual e o problema do homem médio: da jurisprudência dos valores à hermenêutica jurídica". *Constituição, sistemas sociais e hermenêutica: programa de pós-graduação em direito da UNISINOS: mestrado e doutorado. Leonel Severo Rocha, Lenio Luis Streck; José Luis Bolzan de Morais* (orgs.). Porto Alegre: Livraria do Advogado. São Leopoldo: UNISINOS, 2005, p.82. No mesmo sentido, Fernando Noronha: "De acordo com a classificação que parece mais difundida, há que distinguir na obrigação em geral, e na relação contratual em especial, deveres de prestação e meros deveres de conduta. Os primeiros traduzem-se em prestações exigíveis e subdividem-se em deveres primários e secundários. Os outros, também chamados de deveres acessórios, ou laterais, não dizem respeito a prestações específicas, revelando-se apenas na medida em que sejam necessários para a realização das finalidades da própria relação obrigacional" (NORONHA, Fernando. *Direito das obrigações*: fundamentos do direito das obrigações: introdução à responsabilidade civil: vol. 1. São Paulo: Saraiva, 2003, p. 160-165).

[6] MARTINS-COSTA, Judith. *Boa-fé no direito privado*: sistema e tópica no processo obrigacional. São Paulo: RT, 1999, p. 438.

[7] ALMEIDA COSTA, Mario Julio de. *Obra citada*, 7. ed. Coimbra: Almedina, 1998, p. 64. No mesmo sentido, PINTO, Carlos Alberto da Mota. *Teoria Geral do Direito Civil*, 3. ed. Coimbra: Coimbra Editora, 1999, p.179.

Ao se referir aos "deveres acessórios de conduta" do locatário – como, por exemplo, o dever de avisar imediatamente o locador, sempre que tenha conhecimento de vícios da coisa – Antunes Varela esclarece que se trata de "um dever que não respeita directamente nem à preparação, nem à perfeita realização da prestação debitória (principal), para, em seguida concluir que de um modo geral nas relações obrigacionais bilaterais (onde os deveres acessórios de conduta mais avultam), "cada um dos contraentes tem o dever de tomar todas as providências necessárias (razoavelmente exigíveis) para que a obrigação a seu cargo satisfaça o interesse do credor da prestação".[8]

Todavia, não se pode olvidar que, nos contratos empresariais, "cada parte prossegue objectivos próprios e desconhece os da contraparte; cada parte sabe, o mais das vezes, que a sua mais-valia é a perda da contraparte", como anotou Menezes Cordeiro em outra passagem da sua obra.[9]

Isto não quer dizer, contudo, que os contratos empresariais estariam a salvo da incidência da boa-fé objetiva, pois a boa-fé transcende todas as relações jurídicas, civis e comerciais.[10]

Então, o principal desafio deste trabalho será o de conciliar a imposição desses deveres de conduta que, na expressão de Antunes Varela, corresponde ao *"dever de tomar todas as providências necessárias (razoavelmente exigíveis) para que a obrigação a seu cargo satisfaça o interesse do credor na prestação"*[11] em face das características marcantes da atividade realizada pela empresa – entre as quais se destaca, por exemplo, na compra e venda, a posição do comprador, que deseja comprar pelo menor preço, e a do vendedor, que deseja obter o maior, sendo que "não há como esperar que renunciem a tais interesses, que são da lógica do negócio", como alerta Tepedino.[12]

---

[8] VARELA, Antunes. *Das obrigações em geral*. Vol. I, 9. ed. Almedina: Coimbra, 1998, p. 126-128.

[9] MENEZES CORDEIRO, Antônio Manuel da Rocha e. *Obra citada*, p. 1075.

[10] CARSLEY, Fredric L. *Good faith and fair dealing in the commercial context*. O autor faz um relato da experiência canadense e norte-americana a respeito da incidência da boa-fé objetiva nos contratos empresariais, especialmente quando houver *"malicious and vexatious intent, unreasonable exercise of a ritht, breach of confidence"*. Disponível em <http://degrandpre.com/documents/publications/Art-FC-Good%20Faith.pdf>. Acesso em 15 Jan 2010.

[11] VARELA, Antunes. *Obra citada*, p. 128.

[12] "Justamente por não exigir a proteção aos interesses íntimos e privados da contraparte, mas somente a colaboração para aqueles interesses objetivamente extraídos da própria realização do negócio, a boa-fé objetiva não importa em sacrifício de posições contratuais de vantagem. Em outras palavras, as partes, na prática, concorrem – e o direito não veda, em relações paritárias, que concorram – entre si na aquisição e manutenção de posições prevalentes e de proteção, o que é da essência das relações negociais." (TEPEDINO, Gustavo e SCHREIBER, Anderson. "Os efeitos da Constituição em relação à cláusula da boa-fé no Código de Defesa do Consumidor e no Código Civil". *Revista da EMERJ*, v. 06, p. 139-151).

Afinal, como será possível mitigar esses deveres de conduta nos contratos empresariais? Para tanto, o presente trabalho se propõe fazer uma leitura específica do dever de cooperação, porque – nos negócios empresariais – nem sempre será possível exigir que cada empresa concorde, implicitamente, em adotar as providências que estejam ao seu alcance para permitir que a outra empresa tenha vantagens no contrato. Trata-se de um dever de reconhecer e ter em devida conta os legítimos interesses de ambas as partes.[13]

Sendo a boa-fé uma cláusula geral, na tarefa concretizadora ou de preenchimento do "espaço vazio", não se pode desconhecer "o conteúdo do princípio objetivado pela vivência social, a finalidade intentada com a sua consagração e utilização, assim como a estrutura da hipótese em apreço", conforme anotou Almeida Costa.[14] A boa-fé "dá o critério para a valorização judicial, não a solução prévia",[15] razão pela qual a invocação generalizada e romântica da boa-fé[16] "tentação especialmente difundida em sistemas como o nosso, onde o princípio da boa-fé foi forjado a partir da idéia de proteção ao consumidor – é, no entanto, tão perigosa quanto o é a tentação oposta", alerta Teresa Negreiros.[17]

---

[13] No original: "Viewed in this way, good faith obligations are not abstract and generalized but tied inextricably to the particular agreed purpose(s) of the contract. As Justice Finn observes, these obligations look to "fairness in the context of a relationship, not fairness as some abstract ideal". This idea is probably best seen in the principle that all contracts carry with them a duty of cooperation. This duty has been described as not materially different from the duty of good faith performance in the United States. That is, where in a written contract it appears that both parties have agreed that something will be done, a court will imply a term that "each party agrees, by implication, to do all such things as are necessary on his part to enable the other party to have the benefit of the contract". (BARON, P. D. "Resistance: A consideration of the opposition to a duty of good faith in australian commercial contracts", *New Zealand Business Law Quarterly*, November, 2005, p. 1-8). Ver também CAPUANO, Angelo. "Not keeping the faith: a critique of good faith in contract law in Australia and the United States". *Bond Law Review*, Australia, vol. 17, p. 29.

[14] ALMEIDA COSTA, Mario Julio de. *Obra citada*. 7. ed. Coimbra: Almedina, 1998, p. 100 e 262.

[15] COUTO E SILVA, Clóvis do. *Obra citada*, p. 42.

[16] A boa-fé não é um modelo acabado que "*el juez calca sencillamente sobre el material que ha colocado debajo, sino una extraordinaria tarea que tiene que realizar el proprio juez en la situción determinada de cada caso jurídico*" (WIEACKER, Franz. *El principio general de la buena fe*. Trad. de José Luis Carro. Madri: Editorial Civitas, 1986. p 37). José Carlos Moreira da Silva Filho fez uma importante pesquisa jurisprudencial no âmbito das decisões proferidas pelo Tribunal de Justiça do Estado do Rio Grande do Sul e do Superior Tribunal de Justiça. Das 223 decisões analisadas, 147, ou seja, mais de 50%, "apresentou o princípio da boa-fé objetiva sem a utilização de qualquer parâmetro para justificar o seu uso ou aplicação no caso concreto", ou, ainda, o princípio foi citado "sem qualquer tipo de fundamentação jurídica [...] contentando-se o julgador em referir algo como 'violação do principio da boa-fé objetiva', nada mais" (SILVA FILHO, José Carlos Moreira. *Obra citada*, p. 90-91).

[17] "O argumento de que a boa-fé comporta níveis diversos de intensidade corre o sério risco de tornar o domínio das relações mercantis – cuja importância, também, simbólica, é central – num domínio imune, na prática, às inovações trazidas pelo conceito de que os contratantes (quaisquer contratantes) têm específicos deveres de lealdade um para com o outro. É justamente aí, no campo das relações mercantis, tão sensível aos imperativos da globalização e da uniformização das práticas contratuais,

Com a expressão "superutilização da boa-fé objetiva", Anderson Schreiber alerta para o "processo de invocação arbitrária da boa-fé como justificativa ética de uma série de decisões judiciais arbitrárias, que nada dizem tecnicamente com o seu conteúdo e suas funções", apontando que, quando invocada "como receptáculo de todas as esperanças", a boa-fé acaba por correr o risco de se converter num conceito vazio e inútil.[18]

Mota Pinto indica que a vivência da objetiva da boa-fé, os usos do tráfico e o fundo cultural médio da sociedade são procedimentos a serem adotados para a incidência desses deveres, recomendando que o caso concreto seja comparado "com os casos típicos já julgados" e que o fundamento destas decisões deve ser confrontado com o caso concreto para "verificar se tem ou não a mesma legitimidade de aplicação".[19]

A identificação das principais características dos contratos empresariais (especulação, assunção de riscos, realização de lucros, entre outros), também contribuirá para mitigar esses deveres de conduta, pois, no âmbito desses contratos, as empresas devem ser livres para atuar de acordo com seus múltiplos interesses e valores.

A especulação e o lucro são elementos marcantes e indissociáveis da atividade empresarial, razão pela qual, nos contratos empresariais, a álea contratual será diretamente proporcional aos lucros pretendidos pela empresa no contrato.

Quanto maior o lucro pretendido como resultado da contratação, maiores serão os riscos assumidos pela empresa no seu próprio interesse e conveniência empresarial (atividade especulativa) e, pelo resultado inverso, e obviamente não desejado pela empresa, mas possível de ocorrer, maiores serão os prejuízos se a sua avaliação do negócio não se confirmar.[20]

---

que a boa-fé terá uma função verdadeiramente inovadora. Ou não." (NEGREIROS, Teresa. *Teoria do contrato*: novos paradigmas. 2. ed. Rio de Janeiro: Renovar, 2006, p.154).

[18] SCHREIBER, Anderson. *A proibição de comportamento contraditório*: tutela da confiança e *venire contra factum proprium*. Rio de Janeiro: Renovar, p. 116-117.

[19] PINTO, Carlos Alberto da Mota. *Cessão de contrato*: contendo parte tratando a matéria conforme o direito brasileiro. São Paulo: Saraiva, 1985, p. 254. No mesmo sentido, a posição de Menezes Cordeiro adverte que o recurso puro e simples a uma boa-fé despida de quaisquer precisões "não explica as soluções encontradas e não permite, por si, solucionar casos concretos novos." (MENEZES CORDEIRO, Antonio Manual da Rocha. *Obra citada*, p. 753).

[20] Nesse sentido, recente decisão do Tribunal de Justiça do Estado do Rio Grande do Sul assim ementada: "1. Art. 2º da Lei nº 8.955/94. É a franquia um pacto eminentemente empresarial, negócio de risco, cujo objeto é a cessão, pela franqueadora, do uso de marca ou patente associado ao direito de distribuição de produtos e serviços, que pode ser, ou não, exclusivo, e pode envolver, ou não, cessão de tecnologia. A contraprestação devida pela franqueada à franqueadora se dá por meio de remuneração direta ou indireta. [...] 5. Observe-se que cabe à franqueadora o cumprimento das exigências legais – Lei nº 8.955/94 –, não lhe sendo imputável, todavia, qualquer responsabilidade pelo sucesso do negócio da franqueada. A franqueada, por sua vez, recebe, mediante a contraprestação que alcan-

Em resumo: a álea contratual deve ser suportada pelo contratante, cada qual auferindo os ganhos ou suportando as perdas de acordo com as suas previsões. Nessa atividade contratual, a empresa deve ser livre para atuar de acordo com os seus interesses e conveniências comerciais: "obviamente, un comerciante no tiene por qué tratar exactamente igual a sus proveedores, ni el acreedor está obligado a tratar a los deudores de la misma forma, ni creemos que pueda invocarse el principio de igualdad frente a una mejora testamentária".[21]

Essa também é a posição sustentada por J. C. Vieira de Andrade – citado por Canotilho –, que aponta a dificuldade de argumentar com o princípio da igualdade ou proibição de não discriminação no caso "[...] de um pai que favorece um filho em relação ao outro através de concessão da quota disponível, ou de um senhorio que promove acção de despejo por falta de pagamento de renda, mas abdica desse direito em relação a outro inquilino, nas mesmas circunstâncias, pelo facto de este ter as mesmas convicções políticas".[22]

Na mesma direção a doutrina nacional, com Fábio Ulhoa Coelho, que relata a hipótese de um fabricante conceder tratamento diferenciado a seus revendedores com base no conceito comercial de cada revendedor, sendo um deles "tradicional e próspero comerciante, bom pagador, operando há décadas na atividade e com quem o industrial sempre manteve excelentes e frutíferas relações; o outro, recém-estabelecido no ramo, desconhecido e com fama de mau pagador" – concluindo que é absolutamente normal e lícito diferenciar esses dois revendedores, concedendo ao primeiro vantagens comerciais negadas ao segundo, pois, "em geral, essa diferenciação nas condições de negócio não produzirá efeitos senão nas próprias relações privadas entre os contratantes, inserindo-se a matéria exclusivamente no campo da autonomia da vontade".[23]

ça à franqueadora, o direito de usar a marca e de transacionar as mercadorias e serviços e, em casos como o dos autos, de receber também instrução tecnológica – know how –, correndo por sua conta e risco o sucesso do empreendimento. E isso não significa irresponsabilidade de uma parte perante a outra. Trata-se simplesmente do risco do negócio." TJRS. Ap. Cível 70020761300, 9ª Câmara Cível, j. em 03/10/2010, rel. Desa. Iris Helena Medeiros Nogueira.

[21] UBILLOS, Juan Maria Bilbao. "Eficácia horizontal de los derechos fundamentales: las teorias y la practica". *Direito civil contemporâneo: novos problemas à luz da legalidade constitucional: anais do Congresso Internacional de Direito Civil-Constitucional da Cidade do Rio de Janeiro.* Gustavo Tepedino (org.). São Paulo: Atlas, 2008, p. 235. O autor esclarece que *"Ciertamente el riesgo de ahogar la libertad negocial existe. Basta pensar en las consecuencias de una aplicación mimética del principio de igualdad en la esfera privada. Puede acarrear, en efecto, consecuencias absurdas e insoportables".*

[22] *Apud* CANOTILHO, Gomes. *Direito Constitucional e teoria da constituição.* 3ª ed. reimp. Coimbra: Almedina, 1998, p. 1212.

[23] COELHO, Fabio Ulhoa. "Caracterização de infração contra a ordem econômica". *Revista de Direito,* São Paulo, vol. 75, p. 88.

Então, um dos desafios do presente trabalho será o de encontrar o ponto de equilíbrio para a aplicação da boa-fé objetiva na sua função criadora de deveres de conduta, especificamente nos contratos empresariais, pois "em relações paritárias, como as que são tuteladas pelo Código Civil, não faz sentido atribuir uma função reequilibradora à boa-fé, pela simples razão de que, a princípio, não há, nestas relações, desequilíbrio a corrigir".[24]

De outro lado, a empresa "vem sendo considerada como o centro da atividade social e econômica, em razão da produção de bens destinados ao consumo", assumindo importância expressiva porque o seu destaque na ordem social não se resume apenas a seu potencial econômico, mas reflete no equilíbrio político do Estado onde desenvolve as suas atividades.[25]

Embora o Código Civil de 2002 não tenha expressamente reconhecido a função social da empresa – poderia ter-se inspirado nas disposições contidas no artigo 154 da Lei 6.404/76, no artigo 47 da Lei 11.101/05 e no artigo 170, inciso III, da Constituição Federal[26] – o Enunciado nº 53

---

[24] E os autores prosseguem: "Mais: aquela invocação indiscriminada da boa-fé objetiva como referência ética genérica, se era inofensiva nas relações de consumo, onde um sem número de outros mecanismos a ela se somavam na indicação de uma solução favorável ao consumidor, torna-se altamente perigosa nas relações paritárias. Isto porque, não havendo, nestas relações, uma definição apriorística de que parte se deve proteger, torna-se necessário, para se chegar à solução adequada, preencher o conteúdo da boa-fé objetiva, não bastando mais a sua simples invocação vazia de qualquer consideração concreta. Ao contrário do que ocorre nas relações de consumo, nas relações paritárias a insistência nesta concepção excessivamente vaga e puramente moral da boa-fé objetiva traz o risco de sua absoluta falta de efetividade na solução dos conflitos de interesses. Daí a importância de se buscar, com o advento do novo Código Civil, definir com maior precisão os contornos dogmáticos da boa-fé objetiva, em especial as suas funções e os seus limites." (TEPEDINO, Gustavo; SCHREIBER, Anderson. "A boa-fé objetiva no Código de Defesa do Consumidor e no novo Código Civil". *Obrigações: estudos na perspectiva civil-constitucional*. Gustavo Tepedino (coord.). Rio de Janeiro: Renovar, 2005, p.37.

[25] "Na medida em que contribui para a geração de empregos e fortalecimento das atividades laborais, bem como permite ao Estado direcionar os recursos captados para as atividades sociais, tais como, segurança, saúde, educação, saneamento e outras, definidas no artigo 144 e seguintes da Constituição Federal de 1988. [...] Destarte, no âmbito desta realidade, a empresa realiza um dos mais exponenciais papéis à sociedade brasileira." (REIS, Clayton. "A Responsabilidade civil do empresário em face dos novos comandos legislativos contidos no código civil de 2002". *Direito empresarial & cidadania. Questões Contemporâneas*. Jair Gevaerd e Marta Marília Tonin (orgs.). Curitiba: Juruá Editora, 2004, p. 55 e 60.

[26] O art. 154 da Lei 6.040/76 dispõe que: "O administrador deve exercer as atribuições que a lei e o estatuto lhe conferem para lograr os fins e no interesse da companhia, satisfeitas as exigências do bem público e da função social da empresa". O art. 47 da Lei 11.101/05 dispõe que: "a recuperação judicial tem por objetivo viabilizar a superação da situação de crise econômico-financeira do devedor, a fim de permitir a manutenção da fonte produtora, do emprego dos trabalhadores e dos interesses dos credores, promovendo, assim, a preservação da empresa, sua função social e o estímulo à atividade econômica". O art. 170 da Constituição Federal reconhece a função social dos bens de produção ao estabelecer que: "A ordem econômica, fundada na valorização do trabalho humano e na livre iniciativa, tem por fim assegurar a todos existência digna, conforme os ditames da justiça social, observados os seguintes princípios: III – função social da propriedade".

do Centro de Estudos Judiciários (CEJ), do Conselho da Justiça Federal (CJF), aprovado nas Jornadas de Direito Civil, propõe que – a despeito da falta de referência expressa – o princípio da função social deve ser levado em consideração na interpretação das normas relativas à empresa.[27]

Isto porque a empresa é capaz de representar os interesses dos seus acionistas, empregados e demais partes relacionadas às suas atividades "como agentes da realização da política econômica e social do Estado".[28]

Como referência teórica da boa-fé objetiva no seu sentido mais amplo, o presente trabalho se alinha ao posicionamento de Menezes Cordeiro, pela contribuição deste a respeito do tema e pela importância da obra na língua portuguesa. No âmbito da doutrina nacional, aos referenciais de Clóvis do Couto e Silva, Judith Martins Costa e Teresa Negreiros, porque todos comungam do entendimento de que a boa-fé objetiva cria deveres no interesse geral da contratação, com especial destaque para a célebre frase – já referida – do saudoso Couto e Silva: a boa-fé objetiva "contribui para determinar 'o quê' e o 'como' da prestação".

No que se refere à identificação dos critérios e métodos para encontrar, nos contratos empresariais, os níveis dos deveres anexos decorrentes da boa-fé objetiva, este estudo, de um lado, vai ao encontro da posição de Gustavo Tepedino, que postula a necessidade da existência de diversos níveis de exigência desses deveres anexos, diferenciando-os, por exemplo, nas relações consumeristas, paritárias e societárias, e, de outro, segue Fabio Konder Comparato e Paula A. Forgini no que se refere à tipicidade dos negócios empresariais, às atribuições e funções dos administradores de uma empresa e, finalmente, à função social dos bens de produção, na conhecida expressão cunhada por Comparato.

Finalmente, a inspiração para identificar a contribuição da empresa na realização dos direitos fundamentais sociais pela *práxis* empresarial de concessão de diversos benefícios sociais, surgiu a partir da conscientização da importância desse tema destacada por Ingo Wolfgang Sarlet.

O presente trabalho também procurou estabelecer um traçado da interdependência entre o Estado e a atividade realizada pela empresa em prol dos direitos fundamentais sociais, pela contribuição das atividades

---

[27] Enunciado 53: deve-se levar em consideração o princípio da função social na interpretação das normas relativas à empresa, a despeito da falta de referência expressa. Disponível em <http://colombo2.cjf.jus.br/portal/publicacao/download.wsp?tmp.arquivo=1296>. Acesso em 16 Fev. 2009.

[28] "A inter-relação crescente de interesses públicos e privados, na atividade empresarial, já não precisa ser sublinhada, nos dias que correm. Mesmo em sistemas econômicos como nosso, que consagram o princípio da apropriação privada dos meios de produção, as grandes empresas tendem a se inserir no plano nacional de desenvolvimento, como agentes da realização da política econômica e social do Estado." (SALOMÃO FILHO, Calixto. *O poder de controle na sociedade anônima*. Fábio Konder Comparato e Calixto Salomão Filho. Rio de Janeiro: Forense, 2008, p. 282).

realizadas pelas empresas no fornecimento dos recursos financeiros (via arrecadação tributária) necessários para que o Estado possa executar as políticas públicas voltadas ao atendimento desses direitos fundamentais sociais.

A metodologia do trabalho foi baseada na pesquisa bibliográfica estrangeira (na língua inglesa e espanhola) e nacional. Também foram realizadas consultas a modelos de contratos e pesquisas sobre técnicas de realização de *due diligence* no Brasil e no exterior. Finalmente, precedentes judiciais também foram utilizados para apoiar as conclusões dos temas aqui abordados. Na elaboração do trabalho foi empregado o método dedutivo de abordagem, partindo-se da boa-fé objetiva no seu sentido mais amplo para se chegar aos critérios e métodos que possam mitigar os deveres de conduta dela decorrentes nos contratos empresariais.

A primeira parte deste estudo abordará as origens do contrato, o declínio da autonomia contratual e suas atuais funções para, em seguida, examinar os aspectos gerais da boa-fé objetiva e o surgimento dos deveres de conduta.

Em seguida, o trabalho tratará das diversas concepções da atividade empresarial: a evolução do perfil do praticante da atividade de trocas, de mediação, de circulação de bens e mercadorias, desde a sua concepção clássica sob o olhar da codificação comercial de 1850 (comerciante) até os dias atuais (empresário), e a concepção atual da empresa como agente de inclusão social.

Pretende-se, ainda, no desenvolvimento do trabalho, examinar os princípios de livre iniciativa e da liberdade de concorrência que regem a atividade realizada pela empresa na concepção da Constituição Federal de 1988, bem como identificar os efeitos da interlocução entre as funções do Estado e a atividade da empresa no atendimento dos direitos fundamentais sociais.

Finalmente, serão identificadas algumas características dos contratos empresariais para, em seguida, apontar critérios e condições que irão mitigar os deveres de conduta decorrentes da boa-fé objetiva nos contratos empresariais, com destaque para os efeitos do procedimento de "*due diligence*" – ônus imposto ao comprador – nos contratos de aquisição de empresas, como critério mitigador dos deveres de conduta da parte vendedora.

Para cada *empresa* cabe um *ônus* de proceder nos contratos que celebra. Esse *ônus* decorre dos deveres dos administradores em relação às empresas que representam. Assim, a identificação dos métodos e critérios para a mitigação dos deveres de conduta nos contratos empresariais é a contribuição mais relevante desenvolvida no presente trabalho.

Enquanto a doutrina sustenta que os deveres de conduta decorrentes da boa-fé objetiva devem ter diferentes níveis de exigência e interpretação, como, por exemplo, nos contratos civis, de consumo e empresariais, o presente trabalho vai além, e identifica quais são os critérios e métodos para encontrar os limites e os níveis desses deveres de conduta nos contratos empresariais, destacando, de modo especial, a atividade especulativa da empresa mediante a assunção de riscos e resultados dela decorrentes (lucros ou prejuízos), o profissionalismo dos praticantes dessa atividade e o procedimento de *"due diligence"*.

O tema desenvolvido no presente livro identifica-se com a linha de pesquisa "Eficácia e Efetividade da Constituição e dos Direitos Fundamentais no Direito Público e no Direito Privado", na área de concentração "Fundamentos Constitucionais do Direito Público e do Direito Privado", do Programa de Pós-Graduação em Direito da Faculdade de Direito da Pontifícia Universidade Católica do Rio Grande do Sul, na medida em que investiga a empresa como agente de inclusão social na concretização dos direitos fundamentais sociais e que aborda as fronteiras dos deveres anexos decorrentes da boa-fé objetiva nos contratos empresariais à luz das disposições constitucionais que regem as atividades econômicas, insertas no artigo 170 da Constituição Federal.

1. O contrato e a boa-fé objetiva

1.1. CONTRATO

1.1.1. Introdução ao tema

Após doloroso período de Absolutismo,[29] o espírito e o esforço particular passaram a ser valorizados com autonomia em cenário edificado nos alicerces da personalidade individual, em cujo sistema a vida concentrou-se na tarefa principal de proteger o indivíduo contra a opressão estatal, garantindo-lhe plena autonomia frente à comunidade social.

O Liberalismo teve o mérito inegável de reconhecer o valor da vida humana, até então colocado à parte e, em especial, de haver contribuído para o alargamento da noção de liberdade, conforme destacou Alexandre Pasqualini.[30]

Nos séculos XVIII e XIX, o dogma da vontade preponderou de forma absoluta. De acordo com a doutrina clássica, o fundamento da obrigação era a vontade, independentemente da lei. A vontade valia por si própria. Para Carlos Alberto Bittar Filho, "sopravam os ventos de duas revoluções: a Inglesa, econômica, e a Francesa, política. Grassava o individualismo, enfim, cujos reflexos no mundo jurídico foram novas concepções assentadas na autonomia da vontade e na irreversibilidade dos ajustes".[31]

O jurista argentino Ricardo Lorenzetti assim se refere à liberdade como direito fundamental: "los contratantes se obligaban sólo en cuanto la palabra empeñada fuera mantenida; no era admisible que se modificara

---

[29] Sobre Absolutismo, ver BOBBIO, Norberto. Dicionário de política, vol. 2, ed. UnB, 1995, p. 1-7.

[30] PASQUALINI, Alexandre. "Reflexões para uma tese sobre o público e o privado". *Revista da AJURIS, vol. 45, p. 63.*

[31] BITTAR FILHO, Carlos Alberto. "Teoria da imprevisão: sentido atual". *Revista dos Tribunais*, vol. 679, p. 20.

por parte del legislador, o fuera revisada por los jueces, o no se cumpliera.[...] Lo libremente acordado era considerado justo, y no revisable".[32]

Liberdade para empreender, propriedade privada e respeito à palavra dada foram os pilares que sustentaram os ideais da Revolução Francesa, pois "os princípios de Igualdade e Liberdade representavam peças valiosas do relicário político".[33]

Esta liberdade – escreveu Judith H. Martins-Costa – era a liberdade para derrubar, de uma vez por todas, os entraves ainda decorrentes do *Ancien Règime* à liberdade de circulação de mercadorias, aos impostos por privilégios feudais, às corporações, aos grêmios e monopólios fiscais. Vontade autônoma significou autonomia como imunidade e como poder de incidir sobre a realidade exterior, quer dizer, o asseguramento de um espaço contra o poder estatal.[34]

O individualismo era a tendência que conferia ao indivíduo um valor intrínseco superior ao da sociedade. Termo de vários significados,[35] para o Direito representou a concepção segundo a qual o indivíduo humano e seus interesses constituíam o valor básico e o fundamento de todas as normas, acima de sua vinculação à sociedade a que pertence. Desenvolveu-se a partir de dois postulados básicos da Revolução Francesa[36] – liberdade e igualdade – e permitiu a consagração do princípio da autonomia da vontade, que compreendia a liberdade de contratar, segundo o livre convencimento das partes, e a de determinar o conteúdo do contrato.[37]

---

[32] LORENZETTI, Ricardo Luís. *Tratado de los contratos* – Parte General. Santa Fé: Rubinzal-Culzoni Editores, 2004, p. 24-25.

[33] LUCAS, Fábio. "Conteúdo social nas constituições brasileiras". *Estudos econômicos, políticos e sociais.* Faculdade de Ciências Econômicas da Universidade de Minas Gerais. Belo Horizonte. 1959, vol. 14, p. 15.

[34] MARTINS-COSTA, Judith H. *A boa-fé objetiva no processo obrigacional.* Tese de Doutorado no Programa de Pós Graduação da Faculdade de Direito da Universidade de São Paulo (FADUSP), p. 203-204.

[35] O vocábulo "individualismo" abrange várias ideias, doutrinas e atitudes, cujo fator comum é a atribuição de centralidade ao "indivíduo". Teve origem no início do século XIX, na França, pós-revolucionária, quando significava a dissolução dos laços sociais; o abandono, pelos indivíduos, de suas obrigações e compromissos sociais. Do ponto de vista político, pode ser entendido como a atuação governamental limitada a possibilitar que os propósitos dos indivíduos sejam satisfeitos, permitindo-lhes um máximo de espaço de ação na busca de seus interesses. (*Dicionário do Pensamento Social do Século XX.* Rio de Janeiro: Jorge Zahar Editor, p. 383). O "individualismo jurídico" se preocupa principalmente com uma determinada organização de Estado capaz de garantir os direitos do indivíduo, muitas vezes propenso a transformar suas próprias soluções particulares em fins absolutos (*Dicionário de Política.* Norberto Bobbio (org.). vol. 2, ed. UnB, p. 688).

[36] A expressão "liberdade, igualdade e fraternidade" consta na Constituição Francesa de 04/11/1848 que dispõe, na alínea IV de seu Preâmbulo, que a República "tem por princípio a Liberdade, a Igualdade e a Fraternidade". (*Direito das liberdades fundamentais.* Jean-Jacques Israel. Trad. Carlos Souza. Barueri: Manole, 2005, p. 477).

[37] André-Noël Roth esclarece que "o Estado Liberal se concebe como a garantia da proteção do indivíduo contra a limitação de sua liberdade para qualquer forma de corporativismo (Lei *Le Chape-*

O Código Civil Francês consagrou a segurança jurídica "um dos valores mais caros à teoria liberal" e regulou "de forma analítica e precisa as situações jurídicas individuais" e, portanto, podia "ser aplicado pelos juízes com elevado grau de certeza".[38]

Os direitos à liberdade eram garantidos "sem se importar com as necessidades prementes das parcelas desfavorecidas da população, isto é, com a efetiva realização material dos direitos ligados ao princípio da igualdade",[39] que era apenas formal: "na ironia de Anatole France, a lei reconhece igualmente a pobres e ricos o direito de dormir debaixo das pontes de Paris".

Não há dúvida de que o Liberalismo resultou da necessidade de romper com o regime feudal e consolidar um novo sistema, "que passou a ter o indivíduo, e por conseguinte sua liberdade e autonomia, em antítese com o modelo de organização da sociedade do antigo regime".[40]

A autonomia da vontade e a liberdade de contratar eram concebidas como poder do indivíduo de produzir efeitos jurídicos sem a intervenção do Estado. Assim, garantiu-se ao indivíduo uma atuação livre, particular e reservada, sem interferências.[41]

Todavia, as grandes transformações ocorridas no final do século XIX e no alvorecer do século XX provocaram contestações a esse individualismo. Sobrevieram os conflitos armados da Primeira e da Segunda Guerras Mundiais. A população foi sofrendo um acentuado desnivelamento social, resultante do capitalismo guiado por critérios exclusivamente econômicos. A autonomia da vontade sofreu profundas restrições, visando a ajustá-la às novas necessidades e concepções.

Surge uma reação aos propósitos individualistas. As mudanças impostas pela revolução industrial mostravam, cada vez mais, a diferença

---

lier, na França). Ele tem a imagem de um protetor dos direitos de violência física (exército, polícia) e do poder jurídico (direito, justiça). Ele só tem a legitimidade do uso da coação jurídica e física. Em contrapartida, o Estado renuncia a intervir nos campos econômicos e sociais que são de caráter puramente privado." (ROTH, André-Noël. "O direito em crise: fim do Estado moderno?". *Direito e globalização econômica implicações e perspectivas*. José Eduardo Faria (org.). São Paulo: Malheiros Editores, 1996, p. 17).

[38] PEREIRA, Jane Reis Gonçalves. "Apontamentos sobre a aplicação das normas de direito fundamental nas relações jurídicas entre particulares". *Obra citada*, p. 129-130.

[39] BENITEZ, Gisela Maria Bester. *Obra citada*, p. 128.

[40] NEGREIROS, Teresa. *Fundamentos para uma interpretação constitucional do princípio da boa-fé*. Rio de Janeiro: Renovar, 1998, p. 193.

[41] "O conceito de liberdade de contratar abrange os poderes de autogerência de interesses, de livre discussão das condições contratuais e, por fim, de escolha do tipo de contrato conveniente, sob tríplice aspecto: a) liberdade de contratar propriamente dita; b) liberdade de estipular o contrato; c) liberdade de determinar o conteúdo do contrato." (GOMES, Orlando. *Contratos*. Rio de Janeiro: Forense, 2008, p. 25).

entre a igualdade formal de todos perante a lei e a desigualdade material que afastava os menos favorecidos. "Pode-se afirmar que o projeto social global imperante à época das grandes codificações, inspirado pela filosofia liberal e iluminista, provocava distorções sociais, ao tratar de modo igual pessoas com diferentes oportunidades".[42]

A partir de então, inverte-se o papel do Estado, que passa a ter o dever de intervir na economia contratual, ensejando o chamado "dirigismo contratual", vislumbrado por Josserand, na década de trinta do século XX.[43]

1.1.2. Declínio da autonomia contratual

O individualismo entrou em crise, dando lugar aos valores sociais, à socialização do direito, transformando o Estado de direito liberal e burguês em Estado social e intervencionista, que defende a prioridade da justiça social e a supremacia da segurança coletiva sobre o individual.

O ponto de partida do individualismo – fundamento da doutrina da autonomia da vontade – era o homem em si, abstrato e isolado. Contudo, acentua Antonio Chaves: "[...] o homem é um ser gregário. Seu ambiente natural, abstração feita de casos excepcionais, de construções filosóficas ou literárias, é a sociedade, em convívio com outros homens".[44] Chega-se a uma posição de considerar o homem no *centro* e *como* destinatário da ordem jurídica, não mais como indivíduo, mas como pessoa integrada no meio social, interessada na realização do bem comum com a ajuda do Estado.

Era preciso, pois, admitir o homem em sociedade, dotado de individualismo mas, ao mesmo tempo, ligado ao grupo e aos semelhantes pelas necessidades comuns, pelo inter-relacionamento dos serviços e das atividades, gozando de uma vida própria que se desenvolve no conjunto de outros interesses comuns.[45]

---

[42] KATAOKA, Eduardo Takemi Dutra dos Santos. "Declínio do Individualismo e Propriedade". *Problemas de direito constitucional*. Gustavo Tepedino (coord.). Rio e Janeiro: Renovar, 2000, p. 459.

[43] NEGREIROS, Teresa. *Obra citada*, p. 203.

[44] CHAVES, Antonio. *Lições de direito civil*. Introdução à ciência do direito. 2. ed. São Paulo: RT, p. 4.

[45] Sobre o tema, Ricardo Aronne escreveu que "O indivíduo era concebido como um átomo isolado, sem qualquer traço de interdependência social, sendo, portanto, causa e fim do Direito, cujo objetivo substancial seria o de assegurar a liberdade descomedida e mais absoluta possível. O sistema jurídico se encontrava centrado em dois pilares, em âmbito patrimonial, o contrato e a propriedade e, somando-se a esses, a família. A mais alta exteriorização da personalidade do indivíduo era o gozo pacífico, seguro e absoluto da propriedade. Esse era o ápice do Estado burguês, onde propriedade era sinônimo de realização e felicidade... Os pilares do Direito positivado no seio do Estado Liberal (contrato e propriedade) passam a ser desfocados para a pessoa humana, em todo o seu contexto social, havendo uma *repersonalização* ou *transpersonalização* do Direito. O fenômeno da *repersonalização* consiste no deslocamento de enfoque dos códigos do patrimônio para a pessoa humana. Ao tempo

Daí por que não era mais possível ater-se à concepção abstrata, que colocava a vontade dos contratantes em um mundo ideal, de esquemas rígidos, prefixados e imutáveis, onde tudo se passava como se as partes realmente estivessem em situação de igualdade, uma frente à outra, propondo, debatendo e concluindo avenças, exercendo em plenitude a faculdade volitiva, sem constrangimentos e sem nenhuma pressão de circunstâncias externas.

Discorrendo sobre as novas dimensões da propriedade privada, dizia Orlando Gomes, com pleno cabimento à doutrina da autonomia da vontade, não se poder supor como "[...] intocáveis e perenes os conceitos elaborados no Século passado, à luz de outras realidades econômicas e sociais. [...] As abstrações conceituais e os esquemas teóricos não podem ultrapassar a faixa além da qual perdem todo contato com a realidade [...]".[46]

As transformações ocorridas provocaram uma reação ao princípio da autonomia da vontade que, se não diminuiu o significado do princípio, reduziram-no às suas exatas proporções. De fato, os limites à liberdade dos contratos, estabelecidos pelo Estado, decorreram da necessidade de refrear o uso absoluto e exagerado que o indivíduo podia fazer da sua pessoa e dos seus bens.

E para que a vontade de um dos contratantes não se impusesse desarrazoadamente ao outro, a autonomia da vontade passou a sofrer restrições em decorrência do dirigismo contratual: "entre le fort et le faible, entre le riche et le pauvre, c'est la liberté qui opprime et la loi qui affranchit" (Lacordaire).[47]

O princípio da autonomia da vontade passou a encontrar, modernamente, fortes opositores, encabeçados pelos escritores germânicos, que até chegaram a negar o papel criador da vontade nas convenções. Depois de constatarem a necessidade do mútuo consenso para a formação dos

---

de sua criação, a pandectista sistematizou as codificações da época a partir da proteção do patrimônio. Com a axiologização do direito, pela superação de diversas visões arcaicas, a pessoa humana volta a ser a maior preocupação da ciência jurídica. Na ordem de princípios como o da dignidade, igualdade, especificamente na área civil, boa-fé, bons costumes, reciprocidade, confiança, lealdade, não lesividade, vulnerabilidade, etc., com a incidência direta das normas constitucionais nas relações interprivadas, o Direito Civil passa a centrar-se mais na pessoa humana do que na patrimonialidade, assim como mais no coletivo do que no individual O direito individual não pode ser exercido ou mesmo concebido em prejuízo da coletividade." (ARONNE, Ricardo. *Propriedade e domínio*: reexame sistemático das noções nucleares de direitos reais. Rio de Janeiro: Renovar, p. 38-40).

[46] GOMES, Orlando. "Novas dimensões da propriedade privada". *Revista dos Tribunais*, vol. 411, p. 14.

[47] Tradução livre: "entre o forte e o fraco, entre o rico e o pobre, é a liberdade que oprime e a lei que liberta. (*Apud* FACCHINI NETO, Eugênio. "A função social do direito privado". *Função Social do Direito Privado*. TIMM, Luciano Benetti; MACHADO, Rafael Bicca (coord.). São Paulo: Quartier Latin, 2009, p. 122).

contratos, firmaram o princípio de que estes são geralmente celebrados sob a pressão das necessidades ou da imposição de um dos contraentes (que pode ser mais poderoso do que o outro). Então, concluíram pela imprestabilidade da força obrigatória e da intangibilidade dos contratos, até então aceitas como dogma, por consultar aos altos interesses sociais.[48]

O direito procurou, então, adaptar-se às novas necessidades e tendências ideológicas. Falava-se em sua humanização, democratização ou socialização. O certo é que se afirmava a supremacia dos interesses coletivos sobre o individual. Buscava-se conciliar a liberdade do indivíduo com a justiça social ou o bem comum. O individualismo adaptou-se à realidade do século XX, levando à relativização do contrato e o direito dos contratos, em face da nova realidade econômica, política e social ganha uma nova função, qual seja, a de procurar a realização da justiça e do equilíbrio contratual.

Aliás, como lembra Nelson Nery Jr., a sociedade é que mudou, tanto do ponto de vista social, como do econômico e, consequentemente, do jurídico. É preciso que o Direito não fique alheio a essa mudança, aguardando estático que a realidade social e econômica se adapte aos vetustos institutos herdados dos romanos e atualizados na fase das codificações do século passado.[49]

Entretanto, o contrato não morreu e nem tende a desaparecer. Nesse sentido:

> Há alguns anos, a decadência do Direito Contratual é apregoada num tom fúnebre, que anuncia iminente desenlace. Há inclusive quem já tenha lavrado a sua certidão de óbito. Grant Gilmore, em 1.974, publicou um livro com título provocador – The Death of Contract (Columbus, Ohio) – onde assinalou a ação demolidora dos novos tempos no edifício conceitual do contrato. O fenômeno da padronização das transações, decorrente de uma economia de mass production, teria subvertido inteiramente o princípio da liberdade contratual, transformando o "contrato" numa norma unilateral imposta pela empresa situada numa posição dominante. Teria ocorrido assim um retorno ao status.[50]

---

[48] CARVALHO SANTOS, J. M. *Repertório enciclopédico do direito brasileiro*. Rio de Janeiro: Borsoi, vol. V, p. 8.

[49] NERY JR, Nelson. *Código brasileiro de Defesa do Consumidor comentado pelos autores do anteprojeto*. Rio de Janeiro: Forense, p. 279.

[50] STRENGER, Irineu, Contratos internacionais do comércio. São Paulo: Revista dos Tribunais, 1986, prefácio de Luiz Gastão Paes de Barros Leães. O jurista americano Grant Gilmore, autor da célebre expressão *the death of contract*, afirma que: "It seems apparent to the twentieth century mind, as perhaps it did note to the nineteenth century mind, that a system in which everybody is invited to do his own thing, at whatever cost to his neighbor, must work ultimately to the benefit of the rich and powerful, Who are in a position to look after themselves and to act, so to say, as theirs own self-insurers. As we look back on the nineteenth century theories, we are struck most of all, I think, by the narrow scope of the brother's keeper; the race is to the swift; let the devil take the now all cogs in a machine, each dependent on the other. The decline and fall of the general theory of contract and, in most quarters, of laissez-faire economics may be taken as remote reflections of the transition from

Percebeu-se, também, que a aplicação da concepção formal e absoluta da igualdade ao instituto do contrato gerou grandes desigualdades econômicas, e assim o contrato serviu de base para o desenvolvimento de grandes corporações, que passaram a impor as suas condições contratuais, restando aos interessados somente aceitá-las ou não.

Com o surto do capitalismo – destacou Buzaid – começaram a se desvanecer as doces esperanças da economia liberal, que criou, ao lado de homens fortes, em cujas mãos se concentraram grandes riquezas, uma massa de indivíduos fracos e isolados, obrigados a contratar num plano desigual, em que ficavam sujeitos à prepotência do poderoso. A economia livre converte-se assim em economia de opressão. O contrato deixa de ser o resultado do livre acordo de vontades para se tornar o tributo de sujeição do economicamente mais fraco ao império do economicamente mais forte.[51]

No mesmo sentido, João Baptista Villella escreveu que:

> No campo específico dos contratos, notou-se que em muitos casos o acordo de vontades, baseado na igualdade e liberdade, era mais aparente do que real, porque onde vigorava a desigualdade econômica e, especialmente onde a necessidade se impunha, dificilmente se poderia falar de vontades livres. Tornou-se imperiosa a criação de um sistema de vedações e exigências, a fim de impedir a espoliação do fraco pelo forte, bem assim de assegurar a prevalência dos interesses do bem comum sobre as pretensões individuais.[52]

A autonomia da vontade entrou em verdadeiro declínio e, consequentemente, a força obrigatória da convenção dela decorrente deixou de ter aplicação generalizada. Surge o interesse social para assumir a posição de elemento nuclear. O individualismo deveria ceder às novas exigências dos direitos sociais; a concepção da liberdade absoluta dos contratos, como lei entre as partes, seria substituída pela liberdade de intervenção do Estado no domínio econômico. Ruía, desta forma, um dos dogmas do liberalismo econômico.[53]

> A transformação do Estado em "formador subsidiário do meio econômico e social" concretiza-se juridicamente através de uma ampliação crescente das intervenções legislativas sobre áreas de atuação econômica antes confiadas à livre regulamentação dos particulares: o contrato de trabalho, o contrato de locação, as relações de consumo são alguns exemplos

---

nineteenth century individualism to the welfare state and beyond". (GILMORE, Grant. *The death of contract*. Columbus: The Ohion State University Press, 1995, p. 104).

[51] BUZAID, Alfredo. *Da ação renovatória*. São Paulo: Saraiva, p. 7.

[52] VILLELLA. João Baptista. "Por uma nova teoria dos contratos". Rio de Janeiro: *Revista Forense*, vol. 261, p. 27.

[53] BUZAID, Alfredo. *Obra citada*, p. 67.

que, ao longo das últimas décadas, caracterizam este movimento de publicização do direito privado.[54]

Enfim, os pilares da concepção liberal do contrato – autonomia da vontade, liberdade de contratar, liberdade contratual e força obrigatória dos contratos – sofreram duros golpes em razão do modelo keynesiano da economia. Ricardo Lorenzetti resumiu essas mudanças da seguinte forma:

> La autonomía de la voluntad: la libertad no fue ya considerada anterior a la organización del Estado, sino un derecho de podía ser limitado. La libertad de celebrar o no un contrato fue restringida al admitirse los contratos forzosos. La libertad de configuración del contenido sufrió enormes modificaciones: el principio protectorio de la parte débil renovó institutos como la lesión, la excesiva onerosidad, la causa, la frustración del fin, el abuso del derecho, la buena fe. El orden público económico impuso regulaciones de todo tipo en las obligaciones definidas por las partes. La fuerza obligatoria de lo convenido sufrió restricciones al permitir que los jueces revisen lo actuado y al autorizar la intervención del legislador en virtud de la emergencia económica.[55]

Então, a "discrepância entre máxima geração de riqueza e ampliação da pobreza extrema revelou desigualdade material provocada pelas práticas econômicas liberais", que passa a ser corrigida ao longo do século XX.[56]

O Direito passa a "garantir que no jogo jurídico contratual haja equilíbrio substantivo entre as partes envolvidas", sepultando a concepção liberal de que "o desequilíbrio substantivo no jogo não se transforma em injustiça uma vez que para o jogo liberal importam as regras do jogo formal".[57]

1.1.3. Novas e atuais funções

No novo conceito de contrato, a equidade, a justiça contratual (*Vertragsgerechtigkeit*), veio a ocupar o centro de gravidade, em substituição ao mero jogo de forças volitivas.[58] O contrato perde a sua característica tradicional, oriunda da concepção clássica, deixa de ser individual e passa a assumir, nos tempos atuais, feição nova, de instituto jurídico social.

Os três princípios clássicos do direito contratual – autonomia da vontade, liberdade contratual e obrigatoriedade dos contratos – "unificados

---

[54] NEGREIROS, Teresa. *Obra citada*, p. 204.

[55] LORENZETTI, Ricardo. *Obra citada*, p. 26.

[56] OLIVEIRA, Francisco Cardozo. *Obra citada*, p. 114.

[57] FACCHINI NETO, Eugênio. *Obra citada*. 2009, p. 126.

[58] MARQUES, Cláudia Lima. *Contratos no Código de Defesa do Consumidor* – o novo regime das relações contratuais. 2. ed. São Paulo: RT, p. 74.

por uma lógica individualista, compreensível a partir de uma concepção meramente formal dos valores liberdade e igualdade", modernamente devem ser agregados a outros princípios que passam a conviver com aqueles três, muito embora dessa convivência resulte que os primeiros devem sofrer uma relativização". Dentre esses novos princípios, destaca-se o da boa-fé objetiva.[59]

O primado da liberdade baseado na ausência de intervenção e regulação do Estado foi exacerbado pelo aforismo econômico *laissez faire, laissez passer*. A liberdade como atributo, como resultado do direito de propriedade, antes essencial para combater o *Ancien Règime*, aos poucos foi desaparecendo.[60]

A Revolução Industrial provocou grande êxodo do campo para os centros urbanos, fazendo surgir uma grande massa de pessoas que necessitavam da proteção do Estado para manter as suas condições de vida. Acentuaram-se os conflitos, surgindo a necessidade de o Estado intervir nos domínios econômico, social e cultural para assegurar a todos a tão desejada liberdade.

O Estado liberal foi incapaz de tratar e de resolver as crises sociais, fazendo surgir uma sociedade que passou a representar a desigualdade e a diferenciação social. A multidão que, por séculos, havia se ocultado na sombra e na vergonha, pode agora, nos novos tempos, aspirar a sua participação na vida pública.

A transformação do Estado Liberal para o Estado do Bem-Estar Social exigiu a alteração do modelo estatal passivo, que apenas tinha a função de garantir a segurança e a paz, para um Estado ativo, com a expansão dos direitos sociais, visando a assegurar mínima qualidade de vida para os cidadãos.

Surgem constituições que passam a regular a ordem econômica e social em substituição à constituição do Estado Liberal, que se ocupava apenas da delimitação do poder político, organização política e garantia dos direitos individuais.

Entre nós, a Constituição de 1988 teve o mérito de despertar força suficiente para fazer irradiar as suas mensagens no seio da sociedade. "Formulada num ambiente de efervescência democrática, sob uma participação da sociedade civil jamais verificada em toda a história brasileira e também sob

---

[59] FACCHINI NETO, Eugenio. *Obra citada*. 2009, p. 123.

[60] Eugenio Facchini Neto comenta que: "Os princípios clássicos assentam-se substancialmente sobre o valor *liberdade*, que no campo contratual manifesta-se na importância da vontade (tanto assim que na ideologia contratual clássica somente os vícios do consentimento poderia acarretar a invalidação de um contrato), ao passo que os novos princípios buscam resgatar a importância do valor *igualdade*." *Obra citada*, p. 124.

forte influência corporativa", Oscar Vilhena Vieira comenta que "a Constituição de 1988 se configurou num compromisso entre os diversos setores articulados que detinham parcelas de poder naquele momento".[61]

A Constituição de 1988 também impulsionou a força transformadora do direito para construir uma sociedade mais justa e solidária, propiciando a todos desfrutar de uma vida digna.[62] Eugenio Facchini Neto, em importante texto sobre responsabilidade civil, faz extensa abordagem a respeito das suas novas funções, alertando que "o exercício de um direito subjetivo estaria condicionado à realização de finalidades de caráter supraindividual, orientadas axiologicamente pela Constituição".[63]

Dúvidas não pairam e não devem pairar que a "despatrimonialização do direito civil", que coloca "no centro do direito civil o ser humano e suas emanações", apontada Facchini, e os "valores não-patrimoniais e, em particular, a dignidade da pessoa humana, o desenvolvimento da sua personalidade, os direitos sociais e a justiça distributiva", destacados por Tepedino,[64] passaram a ser os novos paradigmas e representaram o fenômeno da constitucionalização do direito civil.

Essa visão – a exemplo da "virada de Copérnico" e do "darwinismo"[65] – teve o inegável mérito de operar uma mudança profunda de paradigmas para fazer valer os valores, regras e princípios da Carta Cons-

---

[61] VIEIRA, Oscar Vilhena. "Realinhamento constitucional". "Direitos Humanos e Globalização". *Direito Global*. Carlos Ari Sundfeld e Oscar Vilhena Vieira (orgs.). São Paulo: Max Limonad, 1999, p. 40.

[62] A respeito do princípio da dignidade da pessoa humana, Ingo Sarlet afirma que é "a qualidade intrínseca e distintiva reconhecida em cada ser humano que o faz merecedor do mesmo respeito e consideração por parte do Estado e da comunidade, implicando, neste sentido, um complexo de direitos e deveres fundamentais que assegurem a pessoa tanto contra todo e qualquer ato de cunho degradante e desumano, como venham a lhe garantir as condições existenciais mínimas para uma vida saudável, além propiciar e promover sua participação ativa e co-responsável nos destinos da própria existência e da vida em comunhão com os demais seres humanos." (SARLET, Ingo Wolfgang. *Dignidade da pessoa humana e direitos fundamentais na Constituição Federal de 1988*. 4. ed. rev. atual. Porto Alegre: Livraria do Advogado, 2006, p. 60).

[63] FACCHINI NETO, Eugenio. "Da responsabilidade civil no novo Código". *O novo Código Civil e a Constituição*. Ingo Wolfgang Sarlet (org.). 2. ed. rev. e ampl. Porto Alegre: Livraria do Advogado, 2006, p. 188.

[64] FACHIN, Luiz Edson. "O *aggiornamento* do direito civil brasileiro e a confiança negocial". *Repensando fundamentos do direito civil contemporâneo*. Luiz Edson Fachin (org.). Rio de Janeiro: Renovar, 1998, p. 115-149. FACCHINI NETO, Eugenio. "Reflexões histórico-evolutivas sobre a constitucionalização do direito privado". *Constituição, direitos fundamentais e direito privado*. Ingo Wolfgang Sarlet (org.). Porto Alegre: Livraria do Advogado, 2003, p. 34. TEPEDINO, Gustavo. *Temas de direito civil*. Gustavo Tepedino (coord.). Rio de Janeiro: Renovar, p. 22. RAMOS, Carmem Lucia Silveira. "A constitucionalização do direito privado e a sociedade sem fronteiras". *Repensando fundamentos do direito civil contemporâneo*. Luiz Edson Fachin (org.). Rio de Janeiro: Renovar, 1998, p. 3-29.

[65] BARROSO, Luís Roberto. "Fundamentos teóricos e filosóficos do novo direito constitucional brasileiro. Pós-modernidade, teoria crítica e pós-positivismo". *Estudos de direito constitucional em homenagem a José Afonso da Silva*. São Paulo: Malheiros Editores, 2003, p. 25.

titucional de 1988. Inúmeras foram as conquistas, como, por exemplo, a constitucionalização do direito civil e a aplicação de novos paradigmas ainda na vigência do código patrimonialista de 1916.

A funcionalidade das titularidades resultou no reconhecimento da função social da propriedade, não somente no âmbito do uso de imóvel, como também no do funcionamento da empresa. O arrefecimento da intangibilidade do conteúdo contratual acarretou o declínio do dogma do *pacta sunt servanda*, fazendo ressurgir a *clausula rebus sic stantibus*, agora positivada no Código Civil de 2002.[66]

---

[66] O artigo 317 do Código Civil de 2002 estabelece que "quando, por motivos imprevisíveis, sobrevier desproporção manifesta entre o valor da prestação devida e o do momento de sua execução, poderá o juiz corrigi-lo, a pedido da parte, de modo que assegure, quanto possível, o valor real da prestação". Quanto ao afrouxamento da rigidez do contrato, o Código Civil de 2002 também consagrou a onerosidade excessiva segundo dispõe o artigo 478 do Código Civil de 2002: "Nos contratos de execução continuada ou diferida, se a prestação de uma das partes se tornar excessivamente onerosa, com extrema vantagem para a outra, em virtude de acontecimentos extraordinários e imprevisíveis, poderá o devedor pedir a resolução do contrato", sendo que o artigo 479 estabelece que "a resolução poderá ser evitada, oferecendo-se o réu a modificar equitativamente as condições do contrato". Ao que tudo indica, o Código Civil de 2002 desprezou a construção doutrinária e pretoriana em torno do tema, que sempre preservou a manutenção do vínculo contratual, pois, antes de resolver o contrato, é desejável adaptá-lo ou modificá-lo. O novo Código também não se inspirou nas experiências legislativas ante-riores. Em matéria locacional, o vetusto Decreto 24.150, de 10 de abril de 1934, portanto há mais de setenta anos (revogado pela atual Lei 8.245/91), já assegurava o direito à revisão judicial dos contratos de locação dos imóveis comerciais se, em virtude de mudança da situação econômica do lugar, o contrato sofresse modificações além de vinte por cento, conforme artigo 30. A atual legislação locatícia (Lei 8.245/91) manteve o direito de revisão do aluguel, depois de decorrido o prazo de três anos. O mais recente e expressivo direito de revisão do contrato está no Código de Defesa do Consumidor, que estabelece a regra geral de revisão do contrato (art. 6º São direitos básicos do consumidor:... V – a modificação das cláusulas contratuais que estabeleçam prestações desproporcionais ou sua revisão em razão de fatos supervenientes que as tornem excessivamente onerosas) ou culmina de nulidade cláusula contratual (art. 51. São nulas de pleno direito, entre outras, as cláusulas contratuais relativas ao fornecimento de produtos e serviços que: ... IV – estabeleçam obrigações consideradas iníquas, abusivas, que coloquem o consumidor em desvantagem exagerada, ou sejam incompatíveis com a boa-fé ou a equidade). A respeito do tema consultar: LOTUFO, Renan. *Comentários ao Código Civil*. São Paulo: Saraiva, 2003, p. 226-229. AGUIAR JR., Ruy Rosado de. *Extinção dos contratos por incumprimento do devedor*: resolução, 2. ed. Rio de Janeiro: Aide, 2003, p. 153. FRANTZ, Laura Coradini. "Bases dogmáticas para interpretação dos artigos 317 e 478 do novo Código Civil brasileiro". *Novo Código Civil*. Questões Controvertidas. *Série grandes temas de direito privado*, vol. 4. Mário Luiz Delgado e Jones Figueiredo Alves (coord.). São Paulo: Editora Método, 2005, p. 157-217. AZEVEDO, Álvaro Villaça. "Teoria da imprevisão e revisão judicial nos contratos". *Revista dos Tribunais*, São Paulo, vol. 733, p. 109. BITTAR FILHO, Carlos Alberto. "Teoria da imprevisão: sentido atual". *Revista dos Tribunais*, São Paulo, vol. 679, p. 18. COUTO E SILVA, Clóvis do. *A obrigação como processo*. São Paulo: José Bushatsky Editor, 1976. "A teoria da base de negócio jurídico no direito brasileiro". *Revista dos Tribunais*, São Paulo, vol. 655, p. 10. FONSECA, Arnoldo Medeiros da. *Caso fortuito e teoria da imprevisão*. 3. ed. Rio de Janeiro: Forense. GOLDBERG, Daniel. "Teoria da imprevisão, inflação e fato do príncipe". *Revista dos Tribunais*, São Paulo, vol. 723, p. 194. MAIA, Paulo Carneiro. *Da cláusula "rebus sic stantibus"*. São Paulo: Saraiva, 1959. OLIVEIRA, Anísio José de. *A teoria da imprevisão nos contratos*. São Paulo: Leud, 1991. SILVA PEREIRA, Caio Mário da. *Instituições de direito civil*. Rio de Janeiro: Forense vol. I, 1987. "Cláusula rebus sic stantibus". *Revista Forense*, Rio de Janeiro, vol. 92, p. 797. SIDOU, J. M. Othon. *A revisão judicial dos contratos e outras figuras jurídicas*. Rio de Janeiro: Forense, 1978. FERREIRA DA SILVA, Luiz Renato. *Revisão dos contratos*. Do Código Civil ao Código do Consumidor. Rio de Janeiro: Forense, 1999. TOMASETTI JR., Alcides. "Teoria da imprevisão, inflação e fato do príncipe". *Revista dos Tribunais*, vol. 723, p. 194-203.

Diversos diplomas legais introduziram no sistema jurídico brasileiro proteção ao meio ambiente, às relações de consumo, entre outras. O Código Civil de 2002 consagrou hermenêutica de interpretação contratual fundada na dignidade da pessoa humana, na supremacia da ordem pública, na função social, na boa-fé objetiva.

> Trata-se, portanto, de uma tentativa de correção do egoísmo, do individualismo, e mesmo, para alguns, do capitalismo. É esse ideário solidarista que se encontra, em primeiro lugar, na Constituição Federal (vide, por exemplo, os seus arts. 1º e 3º). Mas também é uma visão que aparece claramente nas diretrizes do novo Código Civil – socialidade e eticidade – e em diversos artigos espalhados pelo corpo do texto legal (ver, por exemplo, os arts. 157, 187, 421, 422, 424 e 1228).[67]

Para Fachin, foi preciso sair do "conforto da armadura" e atravessar o "jardim das coisas e dos objetos e alcançar a praça que revela dramas e interrogações na cronologia ideológica dos sistemas, uma teoria construindo um modo diverso de ser", sem, contudo, olvidar a seguinte advertência: "o tradicional se opõe ao contemporâneo, mas este não pode nem deve negligenciar o clássico". Para o autor:

> Se essa proposta escala montanhas epistemológicas, voa em rotas mal percorridas e mergulha em águas turbulentas, não despreza as planícies, os caminhos torneados, muito menos o flúmen tranquilo de cognição adquirida. Crítica e ruptura não abjuram, *tout court*, o legado, e nele reconhecem raízes indispensáveis que cooperam para explicitar o presente e que, na quebra, abrem portas para o futuro.[68]

Nesse mesmo sentido de que o contemporâneo não pode e nem deve negligenciar o clássico, a belíssima homenagem feita por Gustavo Tepedino a Caio Mário da Silva Pereira. Enquanto parte da doutrina nacional faz duros e impiedosos ataques aos chamado manualistas, Gustavo Tepedino reconhece a "profundidade da doutrina" de Caio Mário, a sua "atuação como homem público e a quantidade de discípulos". Gustavo Tepedino também destaca "a atualidade de sua obra e dinamismo pela qual continua a congregar platéias".[69]

Se a história da humanidade dos séculos XVIII e XIX foi uma história de flagelo e de sofrimento, o século XXI reserva-nos a imperdível oportunidade de continuar a história fundada na solidariedade, na justiça social

---

[67] TIMM, Luciano Benetti. "As origens do contrato no novo Código Civil: uma introdução à função social, ao welfarismo e ao solidarismo contratual". *Revista dos Tribunais*, vol. 844, p. 91-92.

[68] FACHIN, Luiz Edson. *Teoria crítica do direito civil*. Rio de Janeiro: Renovar, 2000, p. 4-5.

[69] TEPEDINO, Gustavo, "Mestre Caio Mário, 80 anos". *Temas de direito civil*. Gustavo Tepedino (coord.). Rio de Janeiro: Renovar, 2004, p. 496. "Os historiadores do futuro, quando quiserem recompor o ambiente social do mundo moderno, certamente encontrarão nas constituições escritas um documento de grande valia para a análise das tendências dominantes." (LUCAS, Fabio. *Obra citada*, p. 13).

e, sobretudo, no respeito à pessoa humana[70] – e os deveres anexos nas relações contratuais decorrentes da boa-fé objetiva desempenharão importante papel na consecução desses novos objetivos da sociedade.

Como antes referido, os princípios básicos do contrato – autonomia da vontade, liberdade contratual e obrigatoriedade dos contratos – passam a conviver com novos princípios os quais, inclusive, passam a relativizá-los, destacando-se a boa-fé objetiva para os fins do presente livro. Assim, por exemplo, a autonomia da vontade passa a conviver com o princípio da boa-fé objetiva (artigos 133, 187 e 422 do NCC) que, em uma das suas funções, criou deveres instrumentais, laterais, que não foram previstos ou desejados pelas partes,[71] conforme adiante se verificará.

1.2. BOA-FÉ OBJETIVA

1.2.1. Obrigação e dever jurídico: distinção

Antes de qualquer cogitação a respeito dos deveres de conduta decorrentes da boa-fé objetiva no âmbito dos contratos, mostra-se necessário abordar o conceito de obrigação e a sua relação com os referidos deveres de conduta, com a expressa ressalva de que não é objeto do presente livro o exame da noção e o conteúdo da obrigação.

Em sentido estrito, obrigação é a relação jurídica entre duas (ou mais) pessoas de que decorre a uma delas, ao *debitor*, poder ser exigida, pela outra, *creditor*, a prestação. Do lado do credor, há a pretensão; do lado do devedor, a obrigação.[72]

A obrigação caracteriza-se "pela possibilidade que tem o credor de poder exigir (pretensão) o adimplemento ou perdas e danos", enquanto nas obrigações naturais "há direito, mas não pretensão, porque, nelas, o devedor está completamente à vontade de adimplir, ou não, o devido".[73]

A concepção clássica de obrigação, com uma visão estática, impunha uma subordinação do devedor ao credor, que seria o único responsável pelo cumprimento da obrigação: "o sujeito ativo tem a expectativa de obter do devedor o desempenho da obrigação, isto é, o fornecimento da

---

[70] CORTIANO JR., Eroulths. "Alguns apontamentos sobre os chamados direitos da personalidade". *Repensando fundamentos do direito civil contemporâneo*. Luiz Edson Fachin (org.). Rio de Janeiro: Renovar, 1998, p. 54.

[71] FACCHINI NETO, Eugênio. "A função social do direito privado". *Obra citada*. 2009, p. 123.

[72] MIRANDA, Pontes. *Tratado de direito privado*, 3. ed. São Paulo: RT, 1984, vol. XXII, p. 12.

[73] COUTO E SILVA. Clóvis do. *Obra citada*, p. 101.

prestação, enquanto ao sujeito passivo cumpre o dever de colaborar com o credor, fornecendo-lhe a prestação devida".[74]

Nesse mesmo sentido, Orlando Gomes, para quem a palavra *obrigação* designa a situação jurídica conjunta, vale dizer a "relação jurídica de natureza pessoal em que se estabelece um vínculo entre credor e devedor, pelo qual uma das partes adquire direito a exigir determinada prestação e a outra assume a obrigação de cumpri-la".[75]

Na linguagem vulgar, esclarece Pontes de Miranda, "empregam-se um por outro os termos 'crédito' e 'pretensão', 'dívida' e 'obrigação', mas o jurista, se quer escapar a erros graves, só os pode usar com a precisão que se há de esperar a toda investigação científica" e pontifica:

> O crédito atribui ao credor o direito à prestação e faz o devedor "devê-la". A pretensão consiste em poder exigir a prestação [...]. "O credor tem pretensão contra o devedor, isto é, pode reclamar a prestação que lhe é devida e a que o devedor está na obrigação", conclui o doutrinador brasileiro.[76]

No que diz respeito ao tema do presente trabalho, José Carlos Moreira da Silva Filho apontou – entre as graves deficiências da "concepção estática da obrigação" – a simplificação do vínculo que une as partes a papéis bem definidos e opostos, cabendo ao devedor o dever de realizar a prestação e ao credor, o direito de recebê-la.[77]

De outro lado, a doutrina portuguesa alerta que "o termo obrigação é usado, tanto na linguagem corrente como na própria literatura jurídica, em sentidos diversos", e que nas frases de uso cotidiano "confundem-se figuras muito diferentes uma das outras, na sua expressão vinculativa, que à ciência jurídica cumpre distinguir".[78]

Entre as figuras que se aproximam da *obrigação*, estão *ônus jurídico*, *estado de sujeição* e *dever jurídico*, havendo, inclusive, quem defenda a ideia que numa acepção ampla, o termo *obrigação* pode ser sinônimo de *dever jurídico*, isto é "de imposição cuja violação implica sanções organizadas pelo poder estatal", conforme Fernando Noronha.[79]

O *estado de sujeição* se diferencia da obrigação porque o sujeito passivo "nada tem de fazer para cooperar na realização do direito da outra

---

[74] RODRIGUES, Silvio. *Direito civil*. v. 2: Parte Geral das Obrigações. São Paulo: Saraiva, 1978, p. 6.

[75] GOMES, Orlando. *Transformações gerais do direito das obrigações*. São Paulo: Revista dos Tribunais, 1980, p. 164.

[76] MIRANDA, Pontes. *Obra citada*. vol. XXII, p. 16-19.

[77] SILVA FILHO, José Carlos Moreira. *Obra citada*, p. 188.

[78] VARELA, Antunes. *Obra citada*, p. 51.

[79] NORONHA, Fernando. *Direito das obrigações*: fundamentos do direito das obrigações: introdução à responsabilidade civil: volume 1. São Paulo: Saraiva, 2000, p. 8.

parte e também nada pode fazer para o impedir", como ocorre, por exemplo, no exercício dos direitos potestativos, destaca Antunes Varela.[80]

Já o *ônus jurídico*, embora vá além do *estado de sujeição* porque faculta uma ação, uma iniciativa do sujeito passivo, não se confunde com a *obrigação* porque "não é imposto como um dever. [...] A sua inobservância não corresponde propriamente a uma sanção; [...] é um meio de se alcançar uma vantagem ou, pelo menos, de se evitar uma desvantagem", como ocorre, por exemplo, com o ônus da prova no campo processual, prossegue o jurista português.

Na mesma direção, Chiovenda, para quem "não há confundir com o dever a necessidade de agir por determinado modo, com a qual uma pessoa pode ver-se a braços quando se propuser obter certo resultado" ou, como se infere da sua própria expressão: "quem quer ganhar, deve trabalhar, o desejo de vencer a causa é uma condição para alcançar a vitória, não é um dever jurídico".[81]

---

[80] NORONHA, Fernando. *Obra citada*, p. 54-55.

[81] CHIOVENDA, Giuseppe. *Instituições de direito processual* civil. Trad. por Paolo Capitanio. Campinas: Bookseller, 2000, p. 436. O jurista prossegue: "A condição, em que pode uma pessoa encontrar-se, de ter de agir de certa maneira para alcançar resultado ou evitar certa consequência danosa toma a denominação de ônus. [...] Nele se inclui, por exemplo, não só o bem conhecido ônus da prova, mas também o ônus de alegar, o ônus de contestar, o ônus de excepcionar e, por fim, o ônus de demandar. Ainda nestes casos, a vontade do sujeito é vinculada, não, porém (como na obrigação) a favor de um interesse alheio e sim, antes, a favor de um interesse próprio, que a eventual omissão prejudicaria objetivamente." (*Obra citada*, p. 430). Na doutrina nacional, Pontes de Miranda, em comentários ao Código de Processo Civil, faz a distinção entre dever e ônus nos seguintes termos: "A diferença entre dever e ônus está em que (a) o dever é em relação a alguém, ainda que seja a sociedade; há relação jurídica entre dois sujeitos, um dos quais é o que deve: a satisfação é do interesse do sujeito ativo; ao passo que (b) o ônus é em relação a si mesmo; não há relação entre sujeitos: satisfazer é do interesse do próprio onerado. Não há sujeição do onerado; ele escolhe entre satisfazer, ou não ter a tutela do próprio interesse. [...] ônus da prova é o ônus que tem alguém de dar a prova de algum enunciado de fato. Não se pode pensar em dever de provar, porque não existe tal dever, quer perante a outra pessoa, quer perante o juiz; o que incumbe ao que tem o ônus da prova é de ser exercido no seu próprio interesse. Dever somente há onde se há de acatar ou corresponder ao direito de outrem." (MIRANDA, Pontes. *Comentários ao Código de Processo Civil*, tomo IV, arts. 282 a 443. Rio de Janeiro: Forense, 1979, p. 322-323). Humberto Theodoro Junior destaca que "ninguém pode obrigar, por exemplo, o réu a contestar, a parte a arrolar testemunhas, o vencido a recorrer", para em seguida destacar a diferença entre ônus, deveres e obrigações nos seguintes termos: "A diferença entre ônus, de um lado, e deveres e obrigações, de outro lado, está em que a parte é livre de adimplir ou não o primeiro, embora venha a sofrer dano jurídico em relação ao interesse em jogo no processo. Já, com referência às obrigações e deveres processuais, a parte não tem disponibilidade, e pode ser compelida coativamente à respectiva observância, ou a sofrer uma sanção equivalente. É que, nos casos de ônus está em jogo apenas o próprio direito ou interesse da parte, enquanto nos casos de deveres ou obrigações, a prestação da parte é direito de outrem." (TEODORO JUNIOR, Humberto. *Processo de conhecimento*: tomo II). Rio de Janeiro: Forense, 1978, p. 90-92). Darci Ribeiro bem distingue obrigação, dever e ônus. Para o autor haverá obrigação "quando o legislador estabelece para a conduta da parte, em juízo, uma reparação ao adversário pelo dano que causou, faltando com a verdade. Podemos evidenciar isso nos artigos 18, 69 e 601 do CPC". Já o comportamento processual irá gerar um dever "quando houver um notório caráter penal, art. 341 do CP, e disciplinar das sanções. [...] Nesse sentido, encontramos os arts. 14, 85, 129, 133, 144, 147, 150; 153; incs. II do art. 273, 339, 340 e 341 todos do CPC". Finalmente, o comportamento processual da parte irá gera um ônus "quando ela, parte,

O *dever jurídico* é uma necessidade imposta pelo direito no sentido de observar determinado comportamento. É uma ordem, um comando, uma injunção dirigida à inteligência e à vontade dos indivíduos.

Enfim "a obrigação resulta do 'dever'; quem é obrigado só o é porque deve" na correta visão de Pontes de Miranda, que sintetiza a questão nos seguintes termos:

> O promitente tem o dever de cumprir a promessa quando o promissário puder exigir. Mas ter o dever de cumprir agora ou mais tarde já é ter dever. Esse é um dos pontos em que mais se emaranha o pensamento dos que não se firmam na precisão da diferença entre "dever" e "obrigação". Quem vende à vista já tem o dever e a obrigação de prestar o que vendeu. Quem vende para entregar no começo do próximo ano já deve, porém ainda não está obrigado. Nasceu o dever, a dívida; porém não ainda a obrigação. O comprador tem o direito, o crédito; não a pretensão. Se o vendedor há de prestar entre os dias 1 e 30 e não o presta até 30, nasce a ação do comprador. [...] Nos negócios jurídicos bilaterais, um dos figurantes pode já estar obrigado e não o estar o outro, ou não o estarem os outros. O vínculo já se formou; há deveres para todos; para todos ainda não nasceram obrigações.[82]

Mas, entre nós, foi Clóvis do Couto e Silva quem ressaltou os aspectos dinâmicos da relação obrigacional, com direitos e deveres para ambos os contratantes – devedor e credor – nos seguintes termos:

> [...] não se pense que o credor deixará de estar nitidamente desenhado como aquele partícipe da relação jurídica que é titular de direitos e pretensões. Amenizou-se, é certo, a posição deste último, cometendo-se-lhe, também, deveres em virtude da ordem de cooperação. Com isso, ele não deixou de ser o credor, sujeito ativo da relação, mas reconheceu-se que a ele cabiam certos deveres.[83]

Se a relação obrigacional deve ser considerada como "uma ordem de cooperação" na qual credor e devedor "não ocupam mais posições an-

---

possuir a liberdade para escolher entre a verdade ou a mentira. [...] Aqui, temos um direito potestativo que apresenta como característica não corresponder a obrigação alguma, e se esgota no poder de determinar um efeito jurídico, e a não-realização de um ônus atinge somente a esfera jurídica de quem deveria agir e não o fez." (RIBEIRO, Darci Guimarães. *Provas atípicas*. Porto Alegre: Livraria do Advogado, 1998, p. 119-130). No mesmo sentido, Marinoni e Arenhart destacam que: "O conceito de ônus foi objeto de calorosos debates entre alguns dos mais importantes expoentes da Teoria Geral do Direito. Centralizou-se a discussão na busca por uma decantação de outros conceitos, tais como o dever, a obrigação, a sujeição e a faculdade. [...] Na obrigação, não obstante a existência de um comando determinando um agir ao indivíduo resta a este a liberdade de infringir o comando, sofrendo a sanção correspondente. [...] Diante de uma regra que estabelece um ônus, o sujeito possui total liberdade de agir em conformidade ou em desconformidade, segundo seus próprios interesses; caso decida desconsiderar o comando normativo, não comete nenhum ilícito e nem sofre qualquer sanção jurídica (MARINONI, Luiz Guilherme. *Comentários ao código de processo civil*, v. 5: do processo de conhecimento. tomo I, arts. 332 a 363. Luiz Guilherme Marinoni; Sérgio Cruz Arenhart; Ovídio A. Baptista da Silva (org.). São Paulo: Revista dos Tribunais, 2000, p. 182-186.

[82] Idem, p. 49.

[83] COUTO E SILVA. Clóvis do. *Obra citada*, p. 120. Mota Pinto estuda o conceito de obrigação em sentido estrito, sua noção tradicional e o surgimento, no direito alemão, da expressão *Schuldverhältnis* em substituição a palavra *Obrigation* (PINTO, Carlos Alberto da Mota. *Obra citada*, p. 263-278).

tagônicas, dialéticas e polêmicas",[84] formando "uma relação obrigacional múltipla ou complexa", na expressão de Almeida Costa,[85] surgem, então, "deveres principais (ou primários), deveres secundários (ou acessórios) e deveres fiduciários (ou anexos, laterais, e meros deveres de conduta)",[86] os quais não decorrem de estipulação contratual.

1.2.2. Introdução ao tema

A boa-fé objetiva (*Treu und Glauben*) foi desenvolvida no direito germânico a partir do *BGB (Bürgeliches Gesetzbuch)*, em duas das suas mais conhecidas disposições:

> No § 157: os contratos interpretam-se como o exija a boa-fé, com consideração pelos costumes do tráfego; e no § 242: o devedor está adstrito a realizar a prestação tal com o exija a boa-fé, com consideração pelos costumes do tráfego.[87]

Outros exemplos de dispositivos legais podem ser citados: o artigo 1337 do Código Civil Italiano de 1942, segundo o qual os contratantes, "no desenvolvimento das tratativas e na formação do contrato, devem comportar-se segundo a boa-fé", complementado pelos artigos 1366 e 1375, os quais determinam, respectivamente, que o contrato deva ser interpretado e executado segundo a boa-fé. O Código Civil Português de 1967 também impõe aos contratantes "proceder segundo as regras da boa-fé".

Mesmo na Alemanha, o § 242 do *BGB* inicialmente era visto apenas como um "reforço material do contrato",[88] que servia "a obrigar as partes ao que tivesse sido expressamente pactuado".[89]

Foi a partir da Primeira Guerra Mundial que a jurisprudência alemã passou a atribuir às partes "deveres gerais de informação, de sigilo, de colaboração, impondo parâmetros (standards) elevados de conduta contratual",[90] cuja orientação foi disseminada para outros países.

Essa boa-fé objetiva não é no sentido apontado pelo Código Civil de 1916, chamada de boa-fé subjetiva, pois percebe-se que, além do "elemento interno do contratante de julgar estar agindo conforme procedimentos condizentes com a boa-fé", espera-se dele "um plus exterior", baseado no

---

[84] Idem. *Obra citada*, p. 8.

[85] ALMEIDA COSTA, Mario Julio de. *Obra citada*, p. 60.

[86] NORONHA, Fernando. *Obra citada*, p. 77-88.

[87] MENEZES CORDEIRO, Antônio Manuel da Rocha e. *Obra citada*, p. 325.

[88] Idem, p. 331.

[89] SCHREIBER, Anderson. *A proibição de comportamento contraditório*: tutela da confiança e *venire contra factum proprium*. Rio de Janeiro: Renovar, p. 78.

[90] Idem, p. 79.

compromisso de lealdade, "que pode ser resumido na obrigação de informação" e de cooperação que se expressa no dever de "facilitar o cumprimento obrigacional, com base nos critérios e limites usuais ditados pelos usos, costumes e boa-fé".[91] Emílio Betti descreveu a diferença entre a boa--fé objetiva e a boa-fé subjetiva nos seguintes termos:

> De este modo resulta evidente la diferencia inconfundible que distingue la buena fe contractual, en sentido normativo, de la buena fe consistente em la creencia en la propria o en la ajena limitación. La buena fe del psedos o del adquirente es, simplemente, una buena fe justificativa, según la exigencia del mínimo ético, del comportamiento, que de outro modo tendría carácter ilícito o que, en todo caso, no estaría protegido. La buena fe de que se trata aquí, es esencialmente una actitud de cooperación encaminada a cumplir de modo positivo la expectativa de la otra parte.[92]

Para Ricardo Lorenzetti, a boa-fé objetiva, "no se refiere a la creencia que un sujeto tiene a respecto de la posición de outro [...] sino a la manera em que las partes deben comportarse en el cumprimento de um contrato".[93] Para o jurista argentino, a boa-fé transforma um jogo não cooperativo em jogo cooperativo.[94]

Essa distinção também foi destacada por Adalberto Pasqualoto, no sentido de que a boa-fé subjetiva corresponde à *"Gutten Glauben no BGB"*, enquanto a boa-fé objetiva, como regra de conduta, é a *"Treu und Glauben do direito alemão"*. Com apoio em Larenz, esclarece que "cada um deve guardar fidelidade à palavra dada e não defraudar a confiança ou abusar da confiança alheia".[95]

1.2.3. Marco legal da boa-fé objetiva no Brasil

Alguns autores sustentam que o marco legal da boa-fé objetiva no Brasil foi a Constituição Federal de 1988 porque, "pela via da constitucionalização, passam a fazer parte do horizonte contratual noções e ideais como justiça social, solidariedade, erradicação da pobreza, proteção ao

---

[91] NALIN, Paulo R. Ribeiro. "Ética e boa-fé no adimplemento contratual". *Obra citada.* 1998, p. 195--198.

[92] BETTI, EMILIO. *Teoria general de las obrigaciones.* tomo I, trad. José Luis de los Mozos. Madrid: Revista de Derecho Privado, 1969, p. 101-102. *Apud* NEGREIROS, Teresa. *Teoria do contrato*: novos paradigmas. 2. ed. Rio de janeiro: Renovar, 2006, p. 121.

[93] Esse comportamento deve pautar-se de acordo com os "costumes do tráfico jurídico, ou no critério do homem médio (*diligens pater familias*), ou nas expectativas razoáveis dentro de uma dada sociedade." (SILVA, Luis Renato Ferreira. *Revisão dos contratos. Do Código Civil ao Código do Consumidor.* Rio de Janeiro: Forense, 1999, p. 54).

[94] LORENZETTI, Ricardo Luís. *Obra citada*, p. 148.

[95] PASQUALOTO, Adalberto. "A boa-fé nas obrigações civis". *Revista da Faculdade de Direito da PUCRS: o ensino jurídico no limiar do novo século.* Antonio Paulo Cachapuz Medeiros (org.). Porto Alegre: EDIPURS, 1997, p. 111.

consumidor, a indicar, enfim, que o direito dos contratos não está à parte do projeto social articulado pela ordem jurídica em vigor no país".[96]

Ocorre que a constitucionalização ou a publicização do direito civil, tão vigorosamente defendida como sendo produto do texto constitucional da Carta de 1988, não é fenômeno inovador. A técnica jurídica de inserir no texto constitucional dispositivos que poderiam regular a vida privada não surgiu na Carta Política de 1988, como adiante se verificará no presente trabalho, ao tratar do tema "o Estado e a Empresa", com a indicação de diversos dispositivos constitucionais que, ao longo da história constitucional do Brasil, pretendiam regular a vida privada.

No plano infraconstitucional, o Código Comercial de 1850 continha dispositivos legais que reconheciam a boa-fé objetiva como cláusula geral de interpretação dos contratos firmados pelos então comerciantes.[97]

Foi o Código Comercial que incluiu a boa-fé "como princípio vigorante no campo obrigacional e relacionou-o também com os usos de tráfico", anotou Clóvis do Couto e Silva,[98] embora haja quem sustente que o Código de Defesa do Consumidor tenha sido o precursor da positivação da boa-fé objetiva "como linha interpretativa".[99]

Porém, conforme destaca Gustavo Tepedino, a cláusula geral da boa-fé do extinto Código Comercial de 1850 "teve baixa – ou nenhuma – eficácia social".[100] Ruy Rosado de Aguiar Jr. também reconheceu que "o Código Comercial de 1850 já continha regra sobre a boa-fé, que permane-

---

[96] NEGREIROS, Teresa. *Obra citada*. 2006, p. 107. AZEVEDO, Antonio Junqueira de. "Princípios do novo direito contratual e desregulação do mercado, direito de exclusividade nas relações contratuais de fornecimento, função social do contrato e responsabilidade aquiliana do terceiro que contribui para inadimplemento contratual". *Revista dos Tribunais*, n° 750, p. 113-120.

[97] Código Comercial de 1850: Art. 130: As palavras dos contratos e convenções mercantis devem inteiramente entender-se segundo o costume e uso recebido no comércio, e pelo mesmo modo e sentido por que os negociantes se costumam explicar, posto que entendidas de outra sorte passam a significar coisa diversa. Art. 131: sendo necessário interpretar as cláusulas do contrato, a interpretação, além das regras sobreditas, será regulada sobre as seguintes bases: 1. A inteligência simples e adequada, que for mais conforme à boa-fé, e ao verdadeiro espírito e natureza do contrato, deverá prevalecer à rigorosa e restrita significação das palavras; 2. As cláusulas duvidosas serão entendidas pelas que o não forem, e que as partes tiverem admitido; e as antecedentes e subsequentes, que estiverem em harmonia, explicarão as ambíguas; 3. O fato dos contratantes posterior ao contrato, que tiver relação com o objeto principal, será a melhor explicação da vontade que as partes tiverem no ato da celebração do mesmo contrato. 4. O uso e prática geralmente observada no comércio nos casos da mesma natureza e especialmente o costume do lugar onde o contrato deva ter execução, prevalecerá a qualquer inteligência em contrário que se pretenda dar às palavras. 5. nos casos duvidosos, que não possam resolver-se segundo as bases estabelecidas, decidir-se-á em favor do devedor.

[98] COUTO E SILVA, Clóvis do. *Obra citada*, p. 30.

[99] SILVA FILHO, José Carlos Moreira. *Obra citada*, p. 82.

[100] TEPEDINO, Gustavo. "O Código Civil, os chamados microssistemas e a constituição: premissas para uma reforma legislativa". *Problemas de direito constitucional*. Gustavo Tepedino (coord.). Rio de Janeiro: Renovar, 2000, p. 10.

ceu letra morta por falta de inspiração da doutrina e nenhuma aplicação pelos tribunais".[101] No mesmo sentido Judith Martins-Costa, para quem a norma do artigo 130 do Código Comercial, na prática, restou "como letra vazia de efetividade" justamente pela "inexata compreensão doutrinária e jurisprudencial da sua potencialidade".[102]

Após reconhecer que as disposições do Código Comercial de 1850 tinham a "raiz comum encontrada na sistematização de Pothier", Paula Forgioni – ao examinar as regras e princípios de interpretação dos negócios comerciais anteriores ao novo Código Civil, com ênfase nas "pautas de interpretação e integral contratual" do artigo 131 –, considera "a sua extirpação do atual Código Civil inexplicável".

A autora também lamenta o abandono da "tradição corporificada no Código Comercial" e a considera "desastrada opção legislativa", ressaltando, contudo, que "assim como é impossível revogar as regras de Pothier, não se pode extirpar a penadas a tradição que existe nas entranhas do nosso direito mercantil".[103]

Esse mesmo fenômeno ocorreu no direito comparado.[104] Menezes Cordeiro relata que o Código Comercial Alemão de 1861 *curiosamente não*

---

[101] AGUIAR JR., Ruy Rosado. "A boa-fé na relação de consumo". *Revista do Consumidor*, vol. 14. São Paulo: Ed. Revista dos Tribunais, p. 21,

[102] MARTINS-COSTA, Judith. *Obra citada*, 1996, p. 208.

[103] FORGIONI, Paula. "Interpretação dos negócios empresariais". *Contratos empresariais: fundamentos e princípios dos contratos empresariais*. Wanderley Fernandes (coord.). São Paulo: Saraiva, 2007, p. 113 e 118. São as seguintes as regras de Pothier citadas pela autora: Primeira regra: nas convenções mais se deve indagar qual foi a intenção comum das partes, do que qual he o sentido grammatical das palavras. Segunda regra: quando huma clausula he susceptível de dous sentidos, deve entender-se naquelle, em que ella póde ter effeitos; e não naquelle, em que não teria effeito algum. Terceira regra: quando em hum contracto os termos são susceptíveis de dous sentidos, deve entender-se no sentido que mais convém à natureza do contracto. Quarta regra: aquillo que em hum contracto he ambíguo, interpreta-se conforme o uso do paiz. Quinta regra: o uso he de tamanha authoridade na interpretação dos contractos; que se subentendem as clausulas do uso, ainda que se não exprimissem. Sexta regra: huma clausula deve interpretar-se pelas outras do mesmo instrumento, ou ellas precedão, ou ellas se sigão áquella. Sétima regra: na duvida huma clausula deve interpretar-se contra aquelle que tem estipulado huma cousa, em descargo daquelle que tem contrahido a obrigação. Oitava regra: por muito genéricos que sejão os termos em que foi concebida numa convenção, ella só comprehende as cousas, sobre as quaes que os contrahentes se propozerão, e não as couas em que elles não pensarão. Nona regra: quando o objeto da convenção he huma universalidade de cousas, comprehende todas as cousas particulares que compõem, universalidade, ainda aquellas de que as partes não tivessem conhecimento. Décima regra: quando em hum contracto se expremio hum caso, por causa da duvida que poderia haver, se a obrigação resultante do contracto se estenderia áquelle caso; não se julga por isso ter querido restringir a extensão da obrigação, nos outros casos que por direito se comprehendem nella, como se fossem expressos. Undécima regra: nos contractos, bem como nos testamentos, huma clausula concebida no plural se distribue muitas vezes em muitas clausulas singulares. Duodécima regra: o que está no fim de uma fraze ordinariamente se refere a toda a fraze, e não áquillo só que a precede immediatamente; com tanto que este final da fraze concorde em gênero e numero com a fraze toda.

[104] Trata-se de mera referência no sentido de que a boa-fé em diversos países também foi ignorada por longo período, a exemplo do mesmo fenômeno ocorrido no Brasil, considerando que não é objeto do presente trabalho o estudo da boa-fé no âmbito do direito comparado.

refere a boa-fé, embora, no início do século XIX, tenha sido criado um Tribunal Superior de Apelação Comercial com jurisdição nas cidades de Lubeck, Hamburgo, Bremen e Frankfurt (o *Oberappellationsgericht zu Lübeck – OAG Lübeck*).

O autor lusitano relata que as decisões de Oberappellationsgerich sobre a boa-fé "apresentam-se, em conjunto, como tópicas". Porém, surge, também, "em acepção objectiva pura, para examinar um modo de exercício das posições jurídicas, uma fórmula de interpretação objectiva dos contratos ou, até, uma fonte de deveres, independentemente do fenômeno contractual". Eis alguns dos casos relatados:

> Em 25-Nov.-1829, o OAG Lübeck pronunciou-se sobre a boa-fé objectiva como fórmula de interpretação de contratos. Afundara-se um navio com carga; o seguro recusa o pagamento do valor total em causa, alegando desconhecer, pela forma por que o contrato de seguro fora celebrado, que o próprio navio estava abrangido pelo seguro. O litígio desenvolveu-se, depois, em torno das questões probatórias; no entanto, a propósito do problemas das declarações negociais, vem dizer-se que no contrato de seguro que, como qualquer outro, assenta na boa-fé, é de efeito igual que o segurado tenha feito aquela declaração de modo expresso ou através de exteriorizações ou de um comportamento tal que a circunstância de o navio não ter sido seguro possa ser concluída por qualquer pessoa.
>
> Em 17-Jul-1822, o OAG Lübeck aceitou a boa fé como norma geral de conduta, independente da vontade das partes. Com base nela, condenou um comerciante a uma indemnização por, apesar de não ter chegado à conclusão de um contrato válido, haver danos causados contra bonam fidem à contraparte. Um verdadeiro caso de culpa in contrahendo. Quarenta anos antes de v. Jhering.[105]

Em 1903, no julgamento do caso *New York Cent. Ironworks Co. v. United States Radiator Co.*, a *New York Court of Appeals* já acenava para a incidência da boa-fé e de práticas comerciais leais no âmbito do contrato de compra e venda. O Tribunal reconheceu que uma das partes não poderia se utilizar do contrato para fins de especulação.[106] No início da década de 30 do século XX, a mesma Corte de Apelações revisitou as obrigações decorrentes do pacto de boa-fé no caso *Kirk La Shelle Co. v. Paul Armstrong Co.*, decidindo

---

[105] MEZENES CORDEIRO, Antônio Manuel da Rocha e. *Obra citada*, p. 314-324. Sob o título "o incremento da boa-fé objetiva na jurisprudência comercial, o autor faz uma análise das decisões judiciais desde a criação do citado Tribunal Superior de Apelação Comercial até a entrada em vigor do BGB".

[106] No original: "We do not mean to assert that the plaintiff had the right, under the contract, to order goods to any amount. Both parties in such a contract are bound to carry it out in a reasonable way. The obligation of good faith and fair dealing towards each other is implied in every contract of this character. The plaintiff could not use the contract for the purpose of speculation in a rising market, since that would be a plain abuse of the rights conferred, and something like a fraud upon the seller". (GOREN, William. "Looking for law in all the wrong places: problems in applying the implied covenant of good faith performance", *University of San Francisco Law Review*, 2003, p. 2)

que em todo contrato "existe um pacto tácito de boa-fé e de tratamento justo".[107]

Nos Estados Unidos, até a elaboração do *Uniform Commercial Code* (Código Comercial Uniforme), a incidência da boa-fé nas relações contratuais estava restrita a poucas decisões,[108] passando a ter maior aceitação quando o *American Law Institute – ALI*[109] elaborou aquele Código, nos idos dos anos 50 do século XX. O UCC[110] estabeleceu, na Secção 1-203, que "todo contrato ou obrigação no âmbito desta lei impõe uma obrigação de boa-fé no seu desempenho ou execução." Esta obrigação de boa-fé é definida como "a honestidade de fato na conduta ou transação em questão".[111]

---

[107] O jurista americano relata que no caso *Kirk La Shelle Co. v. Paul Armstrong Co.* as partes tinham acordado que o autor da ação teria direito de aprovar e participar do resultado financeiro de todos os contratos, vendas, licenças ou outras providências a serem feitas no futuro. Na época em que o contrato foi celebrado, o "cinema falado" conhecido como *"talkies"*, ainda não tinha sido inventado. Quando o réu, anos mais tarde, comercializou os direitos de *"talkie"*, o autor propôs ação para receber metade dos lucros. O réu se defendeu alegando que os direitos de *"talkies"* não estavam contemplados pelas partes no momento em que o contrato foi celebrado e, portanto, não se encontravam abrangidos pela definição de contratos que exijam aprovação do autor e, portanto, o réu estaria livre para agir de forma independente. No entanto, o Tribunal considerou que o autor tinha direito a uma parte dos lucros gerados pela utilização dos direitos comercializados e que, por isso, o réu violou suas obrigações de boa-fé (*Obra citada*, p. 3).

[108] "it could not be said that the American states acknowledged any general obligation of good faith in their contract Law. A tiny handful of states might have been viewed as exceptions to this generalisation, but in none of those states was the obligation of good faith at all explicitly developed. The major contract treatises by Samuel Williston and by Arthur L Corbin did note recognise any general obligation of good faith in the American case Law, nor did any other leading scholars. But in research for na article that i publisded in 1968, I discovered that it possible to identify many important types of American judicial decisions wich could be construed to exemplify a general obligation of good faith in contractual relations. I also discovered that many of these decisions actually invoked nor merely concepts of good faith, but also this very terminology". SUMMERS, Robert S. "The conceptualism of good faith in American contract law: a general account." (*Good Faith in European Contract Law*. Reinhad Zimmermann e Simon Whittaker (coord.). Cambridge: Cambrigde University Press, 2008, p. 118-119).

[109] O *American Law Institute* foi fundado em 1923, a partir de um estudo realizado por um grupo de juízes americanos, advogados e professores, inicialmente conhecido como *The Committee on the Establishment of a Permanent Organization for the Improvement of the Law*. A recomendação desse Comitê foi no sentido de que uma organização de advogados poderia ser formada para contribuir na melhoria da interpretação e aplicação da lei levou à criação do ALI. A missão do Instituto, conforme estabelecido no seu estatuto, é "promover a clarificação e simplificação da legislação e sua melhor adaptação às necessidades sociais, para garantir a melhor administração da justiça, e para incentivar e levar a acadêmicos e científicos trabalho legal". Disponível em <http://www.ali.org>. Acesso em 10 abr. 2010.

[110] A aplicação desse Código, produto de uma organização privada (no caso a *American Law Institute*) depende de aprovação em cada estado americano.

[111] "This section sets forth a basic principle running throughout this Act. The principle involved is that in commercial transactions good faith is required in the performance and enforcement of all agreements or duties. Particular applications of this general principle appear in specific provisions of the Act such as the option to accelerate at will (Section 1-208), the right to cure a defective delivery of goods (Section 2-508), the duty of a merchant buyer who has rejected goods to effect salvage operations (Section 2-603), substituted performance (Section 2-614), and failure of presupposed conditions (Section 2- 615). The concept, however, is broader than any of these illustrations and applies generally,

Todavia, a incidência da boa-fé decorrente da secção 1-203 do UCC inicialmente ficou restrita a alguns contratos apenas – de venda de mercadorias, financeiros e de seguros –, não sendo aplicável a diversos outros.

A aplicação mais ampla da boa-fé nos contratos em geral iniciou em 1981, com o novo *Restatement of Contracts Second*, na seção 205 (*Duty of Good Faith and Fair Dealing*), que impôs às partes o dever de agir de boa-fé. Embora o *Restatement* não possua a força e o status de uma lei aprovada pelos Estados Americanos ou pelo Congresso Nacional, o certo é que o *American Restatements* teve e continuará tendo influência nas decisões dos tribunais americanos.

Assim, seja pela influência que a secção 205 do *Restatement of Contracts Second* passou a exercer nos tribunais, seja porque a secção 1-203 do *UCC* foi adotada em quase todos estados americanos, a boa-fé passou a ser reconhecida e aplicada às relações contratuais.[112]

Finalmente, o mesmo se passou na Austrália, onde a doutrina da boa-fé na execução contratual foi amplamente ignorada até a década dos anos 1990, embora algumas leis específicas (seguros, falência, sociedades anônimas, etc) façam expressa referência à boa-fé. Em relação aos contratos, a boa-fé passou a desempenhar um importante papel nos contratos de seguro, de trabalho e nas relações fiduciárias.[113]

---

as stated in this section, to the performance or enforcement of every contract or duty within this Act. It is further implemented by Section 1-205 on course of dealing and usage of trade." (Idem, p. 3)

[112] "Apart from UCC section 1-203, above, it was not until 1979 (with official promulgation in 1981) that there was any kind official acknowledgement of a widespread general obligation of good faith in major types of contractual relations of American contract law, and that acknowledgement came in the form of the new "Restatement of Contracts Second" in its section 205, which provides as follows: § 205. Duty of Good Faith and Fair Dealing: Every contract imposes upon each party a duty of good faith and fair dealing in its performance and its enforcement". [...] The American concept of a "Restatement" is very special type of "law". It is not statute law adopted by a state legislature or by Congress. Nor is it common law made by the highest court of any given state. It is not even an attempt to restate the actual case law of every state, state by state. Instead, a Restatement represents an attempt by the American Law Institute. [...] The American Restatements began in 1920. The first Restatement in contract law was promulgated in 1932, and as I have said, the second Restatement officially appeared in 1981. There were several major changes between the first and second Restatements of contracts, and the entirely new section 205, above, represents one of the three or four most significant changes. [...] The American Restatements have had and continue to have substantial influence on the courts within each state of the United States. Thus, by the section 205, above, but the state systems of many American states had explicitly or acknowledged a general obligation of good faith applicable to contractual relations, and all the American state legislatures had a adopted the Uniform Commercial Code with its section 1-203, set forth above." (SUMMERS, Robert S. *Obra citada.* p. 118-120). Os autores e coordenadores da obra apresentam trinta casos de aplicação da boa-fé em diversos países preparados e examinados por diversos autores (p.171-651), cuja leitura é indispensável para o estudo comparado da boa-fé.

[113] No original: "Although this doctrine had ostensibly figured significantly in the law of contract in the United States ('US') (and continues to do so), the general view in Australia was that such a doctrine had no application in this jurisdiction. This is not to say that the broader concept of 'good faith' has been unknown here. On the contrary, legislation such as the Insurance Contracts Act 1984 (Cth) s 13, the Bankruptcy Act 1966 (Cth) ss 120–4, the Trade Practices Act 1974 (Cth) ss 51–2 as well

Retomando a trajetória da boa-fé objetiva no direito brasileiro e ainda no âmbito infraconstitucional, há um julgamento paradigmático conhecido como "o caso da juta". Nesse julgado, ocorrido no começo do século XX, a doutrina comercialista já sustentava a validade e o respeito à cláusula geral da boa-fé objetiva.

No caso concreto, o alienante de um estabelecimento comercial, mesmo inexistindo cláusula contratual expressa, deveria ficar impedido de se estabelecer novamente pois a ele, alienante, incumbe fazer a venda firme, boa e valiosa.

Eis uma apertada síntese do caso: O Conde Álvares Penteado, juntamente com os demais acionistas da Companhia Nacional de Tecidos de Juta, "alienaram, sem condição alguma, todas as suas respectivas acções". Em 1911, aproximadamente um ano após a venda, o Conde estabeleceu-se novamente, no mesmo ramo de negócios, constituindo a Companhia Paulista de Aniagens. Considerando que (i) o ordenamento jurídico brasileiro não continha dispositivo expresso sobre a possibilidade ou impossibilidade de concorrência do alienante da empresa, bem como (ii) o silêncio do contrato a respeito, a questão estava assim posta: tendo o Conde vendido o estabelecimento industrial, estaria "juridicamente privado de fundar, por si ou por empresa que organizasse, um estabelecimento industrial tendo por fim explorar a fiação e tecelagem de juta e outras fibras têxteis, bem como o comércio de seus productos".

Por um lado, Ruy Barbosa, advogado do alienante, sustentou, em suma, que a "liberdade de estabelecimento" e de comércio, na ausência de cláusula expressamente convencionada pelas partes, não poderia ser limitada. Inexistia, no direito pátrio, dispositivo legal que autorizasse essa restrição e, para alguns, a "freguezia", a "posição [...] conquistada no mercado", não seriam passíveis de alienação.

Em oposição, Carvalho de Mendonça – em defesa do adquirente – afirmou que a limitação era ínsita à alienação do estabelecimento, eis que a coisa vendida deve ser feita boa, firme e valiosa, atendendo à boa-fé que necessariamente há de presidir o tráfico mercantil. Aquele que aliena e concorre, desviando clientela, impede que o adquirente desfrute da coisa que comprou, frustrando suas expectativas.

---

as the Corporations Act 2001 (Cth) s 181(1) all make reference to the concept. At common law, good faith plays an integral role in contracts 'uberrimae fidei', such as insurance contracts. Arguably, contracts of employment also incorporate an expectation of good faith between employers and employees.[12] Good faith is also a doctrine well known in equity. In particular, good faith is expected to prevail in fiduciary relationships." (CARLIN, Tyrone M. *The rise (and fall?) of implied duties of good faith in contractual performance in Australia.* Disponível em <http://search2.austlii.edu.au/au/journals/UNSWLJ/2002/4.html>. Acesso em 15 JAN 2010).

Resumindo essa posição de Carvalho Mendonça, "[...] o vendedor do estabelecimento comercial não pode fundar outro que abra concorrência ao comprador, e desviar-lhe toda ou parte da clientela, ainda que seja por via oblíqua, como passando para uma sociedade anônima onde comprometa capitais e assuma a administração, ou estabelecendo um seu parente ou terceiro com capitais por ele fornecidos. Nem os próprios herdeiros podem infringir o preceito legal".

Carvalho de Mendonça estruturava seu pensamento a partir da interpretação do art. 214 do Código Comercial e da doutrina de Coelho da Rocha a respeito da boa-fé nos contratos, que "exige que cada uma das partes fique responsável à outra pelo bom e livre uso da cousa ou prestação, que lhe dá, ou, como vulgarmente se diz, a fazer o contrato bom. Esta responsabilidade constitui a garantia dos contratos".

A jurisprudência da época deu razão a Ruy, e a demanda proposta contra o Conde Álvares Penteado não obteve êxito.[114]

A partir da posição adotada pelo jurista Ruy Rosado de Aguiar Junior, quando ainda judicava no Tribunal de Justiça deste Estado, a boa-fé objetiva passou a ser reconhecida nas decisões dos tribunais.[115] Com a nomeação desse jurista como Ministro do Superior Tribunal de Justiça, aquela Corte de Justiça passou a disseminar, ainda mais, a aplicação da boa-fé-objetiva, como se vê, aliás, em recente decisão proferida no sentido de que "a boa-fé se apresenta como uma exigência de lealdade, modelo objetivo de conduta, arquétipo social pelo qual impõe o dever-poder de que cada pessoa ajuste a própria conduta a esse modelo, agindo como agiria uma pessoa honesta, escorreita e leal".[116]

No Brasil, a boa-fé é referida no Código de Defesa do Consumidor, sob forma de cláusula geral, conforme artigo 51, inciso IV, e no Código Civil, como regra de interpretação dos negócios jurídicos (art.113), da licitude do exercício de direitos (artigo 187) e como norma de conduta imposta aos contratantes (artigo 422),[117] sendo que a função criadora de deveres

---

[114] GRAU, Eros Roberto; FORGIONI, Paula A. "Cláusula de não-concorrência de não-restabelecimento". *O Estado, a empresa e o contrato*. São Paulo: Malheiros Editores, 2005, p. 273-300.

[115] Ver: MARTINS-COSTA, Judith. *Boa-fé no direito privado*: sistema e tópica no processo obrigacional. São Paulo: Revista dos Tribunais, 1999. SLAWINSKI, Célia Barbosa Abreu. "Breves reflexões e eficácia atual da boa-fé objetiva no ordenamento jurídico brasileiro". *Problemas de direito constitucional*. Gustavo Tepedino (coord.). Rio de Janeiro: Renovar, 2000, p. 77-109.

[116] STJ. Resp nº 981.750-MG, 3ª Turma, j. em 13/04/2010, rel. Min. Nancy Andrighi.

[117] O artigo 51, Lei 8.078 de 11/09/1990, dispõe que: "São nulas de pleno direito, entre outras, as cláusulas contratuais relativas ao fornecimento de produtos e serviços que [...] IV – estabeleçam obrigações consideradas iníquas, abusivas, que coloquem o consumidor em desvantagem exagerada, ou sejam incompatíveis com a boa-fé ou a equidade". O artigo 113 do Código Civil dispõe que: "Os negócios jurídicos devem ser interpretados conforme a boa-fé e os usos do lugar de sua celebração". O artigo 187 do Código Civil dispõe que: "Também comete ato ilícito o titular de um direito que, ao

de conduta será adiante desenvolvida porque diz respeito à questão central do presente trabalho, isto é, o alcance e os efeitos dessa função nos contratos empresariais em razão do comportamento usual dos agentes no campo específico das relações empresariais e a "honestidade e a lealdade que se espera das partes em relações semelhantes".[118]

1.2.4. Boa-fé objetiva: deveres de conduta

Pode-se afirmar que a boa-fé objetiva representa o dever de agir de acordo com os padrões socialmente reconhecidos de lisura e lealdade. São esses padrões que traduzem confiança necessária à vida de relação e ao intercâmbio de bens e serviços. Consequentemente é dever de cada parte agir de forma a não defraudar a confiança da contraparte, indispensável para a tutela da segurança jurídica, para a garantia da realização das expectativas legítimas das partes. Quando a lei impõe a quem se obrigou a necessidade de cumprir o compromisso, está apenas protegendo, no interesse geral, a confiança que o credor legitimamente tinha em que o seu interesse particular fosse satisfeito.[119]

Para Claudia Lima Marques, a boa-fé objetiva "significa uma atuação refletida, uma atuação refletindo, pensando no outro, no parceiro contratual, respeitando-o, respeitando seus interesses legítimos, suas expectativas razoáveis, seus direitos, agindo com lealdade, sem abuso, sem obstrução, sem causar lesão ou desvantagem excessiva, cooperando para atingir o bom fim das obrigações: o cumprimento do objetivo contratual e a realização dos interesses das partes".[120]

---

exercê-lo, excede manifestamente os limites impostos pelo seu fim econômico ou social, pela boa-fé ou pelos bons costumes". O artigo 422 do Código Civil dispõe que: "Os contratantes são obrigados a guardar, assim na conclusão do contrato, como em sua execução, os princípios de probidade e boa--fé". Antonio Junqueira de Azevedo aponta como insuficiência do Código Civil de 2002 o "período que vai da conclusão até a execução do contrato, não prevendo a aplicação da boa-fé nas fases pré e pós-contratuais" e como deficiência, a "ausência de dispositivos de deveres anexos" (AZEVEDO, Antonio Junqueira de. "Insuficiências, deficiências e desatualização do Projeto de Código Civil na questão da boa-fé objetiva nos contratos". *Revista Trimestral de Direito Civil*. São Paulo: Revista dos Tribunais, vol. 1.

[118] TEPEDINO Gustavo; SCHREIBER Anderson. *Obra citada*. 2005, p. 35. Ver também: BOURGOIGNIE, Thierry. "O conceito de abusividade em relação aos consumidores e a necessidade de seu controle através de uma cláusula geral". *Revisa de Direito do Consumidor*, nº 6. São Paulo: Revista dos Tribunais, p. 12-15.

[119] TEPEDINO, Gustavo; BARBOZA, Heloisa Helena; BODIN DE MORAES, Maria Celina. *Código Civil interpretado conforme a Constituição da República*, vol. II. Rio de Janeiro: Renovar, 2006, p. 15-23. Ver também: NORONHA, Fernando. *O direito dos contratos e seus princípios fundamentais*. São Paulo: Saraiva. 1994, p. 136.

[120] MARQUES, Cláudia Lima. *Obra citada*, p. 107. Ver também: MARQUES, Cláudia Lima. "Proteção do consumidor no comércio eletrônico e a chamada nova crise do contrato: por um direito do consumidor aprofundado." *Revista de Direito do Consumidor*, nº 57, São Paulo: Revista dos Tribunais, p. 9-59.

Deve-se ter como contrário à boa-fé tudo o que se distancia da sinceridade, ainda que pouco seja; a dissimulação acerca do que concerne à coisa à qual se contrata e se teria interesse em saber, é contrária a esta boa-fé porque, na medida em que nos é ordenado amar ao nosso próximo como a nós mesmos, não nos pode ser permitido esconder-lhe nada do que nós não gostaríamos que ele nos escondesse, se nós estivéssemos no seu lugar, sustenta Judith Martins-Costa.[121]

Ao contrário da concepção estática da obrigação, que une e limita as partes a papéis bem definidos e opostos, numa perspectiva mais complexa e dinâmica da obrigação, percebe-se que, longe de resumir-se à prestação principal, a obrigação relaciona-se com deveres que gravitam ao seu redor, os chamados deveres laterais ou anexos, que não guardam relação direta com o dever principal de prestação.

A boa-fé objetiva impõe às partes deveres de conduta que sequer foram previstos ou estabelecidos no contrato "porque seria impossível exauri-los, pois surgem de circunstâncias futuras imprevisíveis" e, portanto, "não fundamentados na vontade", decorrem da justa expectativa exigida nas relações sociais de sempre lidar com pessoas íntegras e probas. A polarização entre credor e devedor e a existência de "interesses contrapostos" não os coloca em posição de antagonistas, "devendo desenvolver harmonicamente um conjunto de atividades necessárias à satisfação recíproca".[122]

---

[121] MARTINS-COSTA, Judith. *Obra citada*, p. 199. Ver também: AZEVEDO, Álvaro Vilaça. "O novo Código Civil brasileiro: tramitação, função social do contrato, boa-fé objetiva, teoria da imprevisão e, em especial, onerosidade excessiva *(laesio enormis)*. *O direito e o tempo: embates jurídicos e utopias contemporâneas.* Estudos em homenagem ao Professor Ricardo Pereira Lira. Gustavo Tepedino e Luiz Edson Fachin (coord.). Rio de Janeiro: Renovar, 2008, p. 17-19. AZEVEDO, Antonio Junqueira. "A boa-fé na formação dos contratos". *Revista de Direito do Consumidor*, n. 3. São Paulo: Revista dos Tribunais, p. 78-79. MIRAGEM, Bruno. "Função social do contrato, boa-fé e bons costumes: nova crise dos contratos e a reconstrução da autonomia negocial pela concretização das cláusulas gerais". *A nova crise do contrato: estudos sobre a nova teoria contratual.* Claudia Lima Marques (org.). São Paulo: Revista dos Tribunais, 2007, p. 214-219. HIRONAKA, Giselda Maria Fernandes Novaes; TARTUCE, Flávio. "O princípio da autonomia privada e o direito contratual brasileiro". *Direito contratual: temas atuais.* Giselda Maria Fernandes, Novas Hironaka e Flávio Tartuce (coord.). São Paulo: Método, 2007, p. 68--69. SILVA, Luis Renato Ferreira da. "Cláusulas abusivas: natureza do vício e decretação de ofício". *Revista do direito do consumidor*, n. 23-24. São Paulo: Revista dos Tribunais, p. 122-139. PEZZELLA, Maria Cristina Cereser. "O princípio da boa-fé objetiva no direito privado alemão e brasileiro". *Revista de direito do consumidor*, n. 23-24. São Paulo: Revista dos Tribunais, p. 204-205 e 22-30. ZANCHET, Marília. "A nova força obrigatória dos contratos e o princípio da confiança no ordenamento jurídico brasileiro: análise comparada entre o CDC e o CC/2002". *Revista de direito do consumidor*, n. 58, São Paulo: Revista dos Tribunais, p. 116-142.

[122] PASQUALOTO, Adalberto. *Obra citada*, p. 114. Ver também: LOBO, Paulo Luiz Netto. "Deveres gerais de conduta nas obrigações civis". *Novo Código Civil. Questões controvertidas. Série grandes temas de direito privado*, vol. 4. Mário Luiz Delgado e Jones Figueiredo Alves (coords.). São Paulo: Método, 2005, p. 79-80. LORENZETTI, Ricardo. *Obra citada*, p. 142-150.

Da aplicação do princípio da boa-fé objetiva decorrem as seguintes funções: (i) de interpretação dos negócios jurídicos; (ii) restritiva do exercício de direitos; e (iii) criadora de deveres anexos à prestação principal.[123]

Entre os deveres com tais características (deveres anexos à prestação principal), encontram-se os seguintes: a) de cuidado, previdência e segurança; b) de aviso e esclarecimento; c) de informação; d) de prestação de contas; e) de colaboração e cooperação; f) de proteção e cuidado com a pessoa e o patrimônio da contraparte; g) de omissão e de segredo. Estes deveres

> [...] apontam procedimentos que é legítimo esperar por parte de quem, no âmbito de um específico relacionamento obrigacional (em especial quando seja contratual ou ainda pré-contratual ou pós-contratual, e até supra-contratual, isto é, neste caso, sendo concomitante a um contrato, mas indo além dele), age de acordo com os padrões socialmente recomendados de correção, lisura e lealdade, que caracterizam o chamado princípio da boa-fé contratual.[124]

Na doutrina não há consenso a respeito da designação dos chamados deveres não relacionados à prestação principal. Ao lado dos deveres que constituem a "alma da obrigação" – na expressão cunhada por Almeida Costa – existem outros deveres que poderiam ser chamados de secundários, relacionados ao cumprimento defeituoso da prestação, como ocorre, por exemplo, no dever de indenizar pelo atraso no cumprimento da prestação.

Esses deveres, contudo, não interessem ao tema central deste livro, pois o que se pretende debater neste trabalho são os contornos dogmáticos dos chamados deveres laterais de conduta, isto é, dos *deveres secundá-*

---

[123] Fernando Noronha esclarece que "a nomenclatura destes deveres está muito longe de ser objeto de consenso; a primeira designação que lhes foi dada foi a de 'deveres laterais', mas a que ganhou a preferência da doutrina e da jurisprudência foi a de 'deveres anexos'; todavia nós temos como mais adequada a de 'deveres fiduciários', porque é a denominação que aponta diretamente para o fato de eles serem exigidos pelo dever de agir de acordo com a boa-fé, tendo como fundamento a confiança gerada na outra parte." (NORONHA, Fernando. *Obra citada*. 2003, p. 81). Ver também: ALMEIDA, Carlos Ferreira de. "Responsabilidade civil pré-contratual: reflexões de um jurista português (porventura) aplicáveis ao direito brasileiro.". *O direito da empresa e das obrigações e o novo Código Civil brasileiro*. Alexandre Cunha dos Santos (org.). São Paulo: Quartier Latin, 2006, p. 169-181.

[124] Idem, p. 80. Ver também: SANSEVERINO, Paulo de Tarso Vieira. "Estrutura clássica e moderna da obrigação". *Revista da Faculdade de Direito da PUCRS: o ensino jurídico no limiar do novo século*. Antonio Paulo Cachapuz Medeiros (org.). Porto Alegre: EDIPURS, 1997, p. 299. MARTINS-COSTA, Judith. "Os avatares do abuso do direito e o rumo indicado pela boa-fé". *Direito Civil contemporâneo: novos problemas à luz da legalidade constitucional: anais do Congresso Internacional de Direito Civil-Constitucional da cidade do Rio de Janeiro*. Gustavo Tepedino (org.). São Paulo: Atlas, 2008, p. 80. POPP, Carlyle. "Considerações sobre a boa-fé objetiva no direito civil vigente – efetividade, relações empresariais e pós-modernidade". *Direito empresarial & cidadania. Questões contemporâneas*. Jair Gevaerd e Marta Marília Tonin (orgs.). Curitiba: Juruá Editora, 2004, p. 38-39.

rios, acessórios da prestação principal, que não têm autonomia em relação a esta, conforme anotou Mota Pinto.[125]

Tais deveres, embora não interessem diretamente à prestação principal, são "essenciais ao correcto processamento da relação obrigacional em que a prestação se integra",[126] cuja fonte não é o "fato jurígeno obrigacional", mas de "outras fontes normativas, exemplificativamente do princípio da boa-fé objetiva, incluindo a ideia de confiança".[127] Paulo Mota Pinto destaca que a "confiança é um poderoso meio de 'redução da complexidade' social. Para o autor lusitano, "não pode haver dúvida de que a confiança entre as pessoas é um elemento essencial", radicando fundo nas próprias estruturas do "mundo-da-vida", já que a "desconfiança mútua permanente dilaceraria por certo quaisquer possibilidade de comunicação aberta".[128]

Para Menezes Cordeiro, é possível uma "tripartição entre deveres de protecção, de esclarecimento e de lealdade". Para o jurista português, em decorrência do dever de proteção, as partes são obrigadas a "evitar sejam infligidos danos mútuos nas suas pessoas ou nos seus patrimônios". Pelo dever de informação, devem "informar-se mutuamente de todos os aspectos atinentes ao vínculo, de ocorrências que com ele tenham certa relação e, ainda, de todos os efeitos que, da execução contratual, possam advir". Já o dever de lealdade obriga "as partes a, na pendência contratual, absterem-se de comportamento que possam falsear o objectivo do negócio ou desequilibrar o jogo das prestações".[129]

No mesmo sentido Judith Martins-Costa aponta que esses deveres referem-se ao *exato processamento da relação obrigacional,* comentando suas principais características, a seguir sintetizadas e exemplificadas:

– *deveres de cuidado, previdência e segurança*: dever do depositário de não apenas guardar a coisa, mas também de bem acondicionar o objeto deixado em depósito;

– *deveres de aviso e esclarecimento*: dever do consultor financeiro de avisar a contraparte sobre os riscos que corre; ou do médico, de esclarecer

---

[125] PINTO, Carlos Alberto da Mota. *Obra citada,* p. 279.

[126] VARELA, Antunes. *Obra citada,* p. 126.

[127] SAVI, Sérgio. "Inadimplemento das obrigações, mora e perdas e danos". *Obrigações: estudos na perspectiva civil-constitucional.* Gustavo Tepedino (coord.). Rio de Janeiro: Renovar, 2005, p. 458. FERREIRA DA SILVA, Jorge Cesa. *A boa-fé e a violação positiva do contrato.* Rio de Janeiro: Renovar, 2002, p. 73.

[128] PINTO, Paulo Mota. "Sobre a proibição do comportamento contraditório (*venire contra factum proprium*) no direito civil". *Revista trimestral de direito civil* – v. 38, p. 138-139.

[129] MENEZES CORDEIRO, Antonio Manuel da Rocha e. *Obra citada,* p. 604-608.

o paciente sobre a relação custo-benefício do tratamento escolhido, ou dos efeitos colaterais do medicamento indicado;

– *deveres de informação*: de exponencial relevância no âmbito das relações jurídicas de consumo, seja por expressa disposição legal (CDC, arts. 12, *in fine*, 14, 18, 20, 30 e 31, entre outros), seja em atenção ao mandamento da boa-fé objetiva".

– *dever de prestar contas*: dever que incumbe aos gestores e mandatários, em sentido amplo.

– *deveres de colaboração e cooperação*: de colaborar para o correto adimplemento da prestação principal, ao qual se liga, pela negativa, o de não dificultar o pagamento, por parte do devedor.

– *deveres de proteção e cuidado com a pessoa e o patrimônio da contraparte*: dever do proprietário de uma sala de espetáculos ou de um estabelecimento comercial de planejar arquitetonicamente o prédio, a fim de diminuir os riscos de acidentes.

– *deveres de omissão e de segredo*: como o dever de guardar sigilo sobre atos ou fatos dos quais se teve conhecimento em razão do contrato ou de negociações preliminares, pagamento, por parte do devedor, etc.".[130]

Enquanto os direitos subjetivos possuem finalidade egoística, satisfazendo interesses do seu titular, Fernando Noronha aponta que esses poderes-deveres

> são prerrogativas concedidas a uma pessoa para realização de finalidades (ou funções) que estão além dela: poderes-deveres são aqueles direitos subjetivos que visam a satisfação de interesses de outras pessoas, os quais podem ser do próprio sujeito passivo ou mesmo superiores aos de qualquer das pessoas envolvidas.[131]

Está visto, pois, que, enquanto os deveres de prestação decorrem do fato jurígeno obrigacional e podem ser previamente definidos pelas partes no contrato, os deveres laterais decorrem de uma das funções da boa-fé objetiva (função criadora de deveres) e são considerados genericamente, porque não podem ser antecipadamente identificados pelas partes.

Outra característica que distingue os deveres laterais é a sua subjetivação, isto é, não se restringe unicamente à figura do devedor, como ocorre, por exemplo, nos deveres de prestação. A posição ativa ou passiva das partes na relação obrigacional não tem relevância para a subjetivação desses deveres.[132]

---

[130] MARTINS-COSTA, Judith. *Obra citada*, p. 439.

[131] NORONHA, Fernando. *Obra citada*, p. 63.

[132] Uma qualidade dos deveres laterais que logo se percebe é a sua ambivalência subjetiva, isto é, o fato de que cabem tanto ao credor como ao devedor. Tal decorre exatamente do seu caráter objetivo. É uma regra de conduta voltada para todas as partes envolvidas na relação contratual, determinando

1.2.5. Violação positiva do contrato

Embora Fernando Noronha tenha rotulado esses deveres como "meras condutas impostas pela boa-fé que visam auxiliar na realização das finalidades da relação contratual",[133] o certo é que, em texto produzido no início do século XX, Staub identificou uma série de situações práticas que ensejariam a violação positiva do contrato, dentre as quais deve ser destacado o descumprimento de deveres laterais, que diz respeito ao tema do presente livro.[134]

Henrich Stoll – a quem coube o desenvolvimento contemporâneo do tema – distinguiu dois interesses na obrigação: um interesse de *prestação* (*Leistungspflichten*) e outro de *proteção* (*Schutzpflichten*),[135] acrescentando que, em relação ao primeiro, "resultam deveres do contrato" e, quanto ao segundo, existindo entre as partes uma ligação obrigacional, gera-se, com naturalidade, "uma relação de confiança, na base da qual é, em especial, possível o infligir mútuo de danos; a boa-fé comina deveres de não o fazer".[136]

---

comportamentos que, de acordo com as circunstâncias concretas, poderão ora ser exigidos do credor, ora do devedor, ou, ainda, de ambos, concomitantemente (SILVA FILHO, José Carlos Moreira. *Obra citada*, p. 213).

[133] Idem. *Obra citada*, p. 78.

[134] STAUB, Hermann, *Die positiven vertragsverletzungen*. O jurista alemão distinguia hipóteses de "violação de um dever de *non facere*, de cumprimento de uma prestação em termos de causar danos ao credor, de mau cumprimento de um dever de prestar comum e de má execução de uma prestação numa sequência sucessiva de deveres, em termos de afectar o conjunto." (*Apud* MENEZES CORDEIRO, Antônio Manuel da Rocha e. *Obra citada*, p. 595-597).

[135] Para Larenz seriam deveres de conduta (*Weitere verhaltenspflichten)* e para Esser seriam deveres laterais *(Nebenpflichten) (Apud* PINTO, Carlos Alberto da Mota. *Obra citada*, p. 280). Essa posição de Stoll foi muito bem sintetizada por Jorge Cesa Ferreira da Silva, nos seguintes termos: "Toda relação expõe a pessoa ou os bens de uma parte à atividade da outra, que pode, com esta atividade, provocar danos a tais bens ou colocá-los em perigo. Incide então a boa-fé, a regular o comportamento dos sujeitos por meio da criação de uma série de deveres dedicados a evitar situações danosas. Esses deveres, assim, ao contrário dos anteriores, veiculam um interesse negativo: há que se fazer algo (ou que se tomar determinadas medidas) para que um determinado resultado não seja atingido. Esses deveres são por ele chamados de 'deveres de proteção' (Schutzpflichten), frequentemente representados em deveres de aviso e de conservação (Anzeige-und Erhaltungspflichten)". O autor relata que Stoll faz a seguinte distinção entre deveres de prestação e deveres de proteção: "1) os deveres de prestação vinculam interesses do credor na prestação. São subjetivados em apenas uma das partes, portanto. Os deveres de proteção veiculam os interesses de ambas as partes na preservação da própria pessoa e de seu patrimônio, sendo a subjetivação de tais interesses, assim, bilateral. 2) Os deveres de prestação possuem uma função positiva; os de proteção, uma função negativa. 3) Os deveres de prestação fundamentam-se primordialmente na vontade das partes. Os deveres de proteção fundamentam-se na boa-fé (§§ 157 e 242, BGB). 4) Os deveres de prestação podem ser violados por não se lograr a consecução do interesse (*Interessenvereitelung*), por se prejudicar a consecução do interesse (*Interessenbeeinträchtigung*) ou por se pôr em perigo a consecução do interesse (*Gefährdung des Leistungsinteresses*). Já os deveres de proteção, como não se consubstanciam um interesse positivo, podem ser violados tendo-se o interesse prejudicado ou tendo-se colocado o interesse em perigo." (FERREIRA DA SILVA, Jorge Cesa. *Obra citada*, p. 79-80).

[136] MENEZES CORDEIRO, Antônio Manuel da Rocha e. *Obra citada*, p. 598.

O alargamento da concepção dos deveres laterais criou uma relação indireta ou "qualitativa" – como prefere Jorge Cesa Ferreira da Silva – com a prestação do contrato e permitiu uma nova compreensão do adimplemento, não somente voltado para a prestação contratual, mas também para o como prestar, isto é, relacionado ao comportamento das partes em relação ao modo e forma como deve ser feito pelas partes contratantes.

Mota Pinto, após referir a uma "catalogação" de tais deveres conclui que os mesmos:

> Não tendem a realizar a prestação principal, mas a tutelar outros interesses da contraparte, coenvolvidos no interesse contratual, não implicando a sua violação o inadimplemento ou a mora no cumprimento do dever de prestação, mas importando um a violação contratual positiva. Têm todos eles a missão de garantir a plena consecução dos interesses cuja satisfação constitui o fim do contrato, podendo incidir sobre uma ação ou um comportamento positivo (declaração, informação, cooperação com a contraparte, proteção desta, etc) ou sobre uma omissão (abstenção de atos que importem consequências danosas para o objeto da prestação ou para a esfera jurídica pessoal ou patrimonial da contraparte ou, mais genericamente, que envolvam qualquer perigo para a realização do fim contratual". Sua matriz é, como já afirmamos, a cláusula geral da boa-fé (arts. 239º e 762º), ou seja, a regra de valoração da conduta das partes como honesta, correta, leal; [...] os deveres laterais criam as condições para uma consecução, sem estorvo, do fim contratado.[137]

Somente no início do século XX esse tema passou a ocupar destaque. Em 1911, a *Cour de Cassation* reconheceu "a existência de especiais deveres de proteção decorrentes de atividades negociais, mas não diretamente vinculados à prestação contratual", seguida por um julgamento no mesmo sentido pelo *Reichsgericht*,[138] sendo que, a partir da segunda metade do século XX, os tribunais portugueses e alemães passaram a reconhecer a incidência desses deveres de conduta.[139]

A jurisprudência brasileira, em especial as decisões proferidas pelo Superior Tribunal de Justiça, acertadamente tem reconhecido a "violação dos deveres anexos espécie de inadimplemento, independentemente de culpa".[140]

---

[137] PINTO, Carlos Alberto da Mota. *Obra citada*, p. 284.

[138] Uma compradora vai até uma determinada loja e, após efetuar algumas compras e decidir adquirir um tapete de linóleo, é conduzida por um empregado do estabelecimento ao setor específico. Lá, por ato negligente do empregado, sofre, juntamente com uma criança, um acidente com dois rolos de linóleos que se desprendem. O tribunal decide indenizar a compradora, por entender existente no caso um conjunto de deveres de cuidado, semelhantes às relações contratuais, que teriam sido violados (FERREIRA DA SILVA. Jorge Cesa. *Obra citada*, p. 78).

[139] PINTO, Carlos Alberto da Mota. *Obra citada*, p. 281-287.

[140] O enunciado n. 24 do Centro de Estudos Judiciários – CEJ, do Conselho da Justiça Federal – CJF aprovado nas Jornadas de Direito Civil estabeleceu que "em virtude do princípio da boa-fé positivado no artigo 422 do novo Código Civil, a violação dos deveres anexos constitui espécie de inadimplemento independentemente de culpa." (Disponível em <http://daleth.cjf.jus.br/revista/enunciados/III Jornada.pdf>. Acesso em 16 FEV 2009). Mota Pinto – a partir da fórmula *perímetro do*

A esse propósito, decisão daquela Corte de Justiça que examinou atitude do credor que, apesar de ter admitido o pagamento de prestações mediante depósito bancário, efetuou o protesto de uma das prestações assim pagas por não ter identificado o respectivo depósito bancário: "O dever anexo de cooperação pressupõe ações recíprocas de lealdade dentro da relação contratual. A violação a qualquer dos deveres anexos implica em inadimplemento contratual de quem lhe tenha dado causa." Do acórdão, colhe-se a seguinte passagem:

> Importante para o deslinde da questão, ainda esmiuçando o princípio da boa-fé aplicado aos contratos, anotar que a adoção deste preceito implica, para ambas as partes, no surgimento de deveres anexos ao contrato e que devem ser aplicados durante toda a relação contratual, e até mesmo após o término desta.
>
> Exemplo de dever anexo aplicável à espécie, o dever de cooperação traduz-se em obrigação das partes contratantes, que devem agir sempre no sentido de não impedir o efetivo cumprimento das obrigações contratuais.
>
> A assunção de que o princípio da boa-fé paira sobre as relações contratuais vigentes impõe a sua imperatividade, dando, consequentemente, em caso de inadimplemento, azo à reparação dos danos decorrentes, por configurar a inadimplência, ilicitude originária do descumprimento dos deveres anexos.
>
> [...]
>
> Não subsiste, assim, a tese defendida pelo recorrente, de que seria escusável sua atitude, ante a impossibilidade de se controlar os depósitos não especificados realizados em todo o país em sua conta corrente.
>
> Se facultou, ou ainda, consentiu que o pagamento fosse realizado por depósito bancário não especificado, era sua obrigação contratual anexa produzir os mecanismos necessários à aferição e respectiva quitação dos pagamentos realizados.[141]

Em outra oportunidade, a mesma Corte de Justiça admitiu existência de pretensão por violação de dever anexo ao decidir lide envolvendo pleito de correntista contra instituição financeira nos seguintes termos:

> O dever de informação e, por conseguinte, o de exibir a documentação que a contenha é obrigação decorrente de lei, de integração contratual compulsória. Não pode ser objeto de recusa nem de condicionantes, face ao princípio da boa-fé objetiva. Se pode o cliente a qualquer tempo requerer da instituição financeira prestação de contas, pode postular a exibição dos extratos de suas contas correntes, bem como as contas gráficas dos empréstimos efetuados, sem ter que adiantar para tanto os custos dessa operação.[142]

---

contrato (the four corners of the contracts) – adverte "que só se poderá, portanto, falar de cumprimento defeituoso dum contrato ou, na pouco feliz designação de Staub, de violação contratual positiva, por violação dum dever contratual de proteção da pessoa ou do patrimônio da outra parte, quando o comportamento dano teve lugar na atuação ou execução do contrato, isto é, em íntima conexão com ela e não *por ocasião dela.*" (*Obra citada,* p. 340).

[141] STJ. REsp nº 595631-SC, 3ª Turma, j. em 08/06/2004, rel. Min. Nancy Andrighi.

[142] STJ. REsp nº 330261-SC, 3ª Turma, j. em 06/12/2001, rel. Min. Nancy Andrighi.

Mais uma vez a pretensão decorreu da violação do dever de conduta da instituição financeira, como se verifica da seguinte passagem do acórdão:

E o dever de informar, por parte do fornecedor, é ônus que se lhe impõe, em decorrência do exercício de atividade econômica que desenvolve. E para cumpri-lo não pode a instituição bancária pleitear traspassar para o consumidor os gastos da operação que lhe competem por obrigação. A circunstância dos documentos estarem semanalmente à disposição dos clientes não desonera a instituição financeira de exibir a documentação pleiteada pelo autor, oportunizando informações suficientes, adequadas e verazes a respeito dos contratos entabulados, pois àquela incumbe, *ex vi legis*, o dever de exibi-las se instada a fazê-lo, em razão do contrato celebrado com os autores. O dever de informação e, por conseguinte, o de exibir a documentação que a contenha é obrigação decorrente de lei, de integração contratual compulsória. Não pode ser objeto de recusa nem de condicionantes face ao princípio da boa-fé objetiva. Nesse quadro, o dever de informar, mais que um dever anexo, constitui direito fundamental do consumidor e um dos arrimos eficazes do sistema de proteção erigido em seu favor, não podendo ser restringido pelo ônus desarrazoado do pagamento pela parte requerente das custas pertinentes. Assim, é lícito ao mutuário exigir da instituição financeira a exibição dos extratos de suas contas correntes, bem como as contas gráficas de todos os empréstimos agrícolas efetuados, sem ter para tanto que adiantar os custos dessa operação".

Enfim, se os deveres de conduta integram as "relações obrigacionais complexas" e delas fazem parte, é possível, então, admitir a existência de pretensão por violação dos deveres anexos, na esteira das reiteradas decisões do Superior Tribunal de Justiça:

O STJ vem considerando ser abusiva a cláusula que viola a boa-fé objetiva. A cláusula geral de boa-fé objetiva, implícita em nosso ordenamento antes da vigência do CDC e do CC/2002, mas explicitada a partir desses marcos legislativos, vem sendo entendida como um dever de conduta que impõe lealdade aos contratantes e também como um limite ao exercício abusivo de direitos.[143]

Neste trabalho, a relação entre obrigação e dever de conduta limita-se a identificar que a obrigação volta-se para o adimplemento da prestação principal, enquanto os deveres anexos interessam "ao exacto processamento da relação obrigacional, ou, dizendo de outra maneira, à exacta satisfação dos interesses globais envolvidos na relação obrigacional complexa".[144]

---

[143] STJ. REsp nº 735168-RJ, 3ª Turma, j. em 11/03/2008, rel. Min. Nancy Andrighi. Veja-se, à propósito, parecer de Judith Martins-Costa que concluiu pela violação positiva do contrato a atitude de uma companhia signatária de acordo de descruzamento de ações e que posteriormente postula a sua ilegalidade em processo administrativo perante o Conselho Administrativo de Defesa Econômica – CADE. "O fenômeno da supracontratualidade e o princípio do equilíbrio: inadimplemento de deveres de proteção (violação positiva do contrato) e deslealdade contratual em operação de descruzamento acionário". *Revista Trimestral de Direito Civil*. Vol. 26, abr/jun. Rio de Janeiro: Padma, 2000, p. 213-249.

[144] ALMEIDA COSTA, Mario Julio de. *Obra citada*, p. 64.

Reitera-se que não se aprofundará esta questão,[145] pois, nesta investigação, procuram-se identificar critérios que possam mitigar os deveres de conduta nos contratos empresariais, conforme adiante se demonstrará.

Finalmente, enquanto a má-fé se contrapõe à boa-fé subjetiva, na concepção objetiva, a boa-fé se contrapõe à ausência de boa-fé, pois a violação dos deveres de conduta não somente decorre de uma atitude dolosa ou culposa da parte, como também da atitude daquele que, embora possa estar em estado subjetivo de boa-fé, pode violar o dever objetivo de agir de boa-fé. Essa questão foi posta por Fernando Noronha nos seguintes termos:

> Está de má-fé quem procede com a intenção de prejudicar, mas já não está quem erradamente, embora com culpa, age de uma forma, quando deveria ter agido de outra. Sem *animus nocendi*, ou sem o propósito de violar dever, ou no mínimo, sem negligência grosseira, não nos parece que se possa falar em ma-fé, embora a ausência deste propósito ou da culpa grave também não signifique que haja sempre boa-fé (objetiva).[146]

A atuação em desacordo com os padrões de conduta gera obrigação de indenizar, sem que a parte esteja agindo dolosa ou ilicitamente, razão pela qual Fernando Noronha entende possível "uma gradação de atos ofensivos da boa-fé e, conforme seja maior ou menor o desvio do padrão de conduta recomendado, pode ele ser sancionado com maior ou menor rigor".[147]

Após essa abordagem dos deveres de conduta decorrentes da boa-fé objetiva, e considerando que o tema central do presente trabalho é a identificação dos critérios de mitigação desses deveres nos contratos empresariais, torna-se necessário examinar a evolução do perfil do praticante da atividade de trocas, de mediação, de circulação de bens e mercadorias, desde a sua concepção clássica, sob o olhar da codificação comercial de 1850 (comerciante), até os dias atuais (empresário); os princípios que re-

---

[145] Inclusive no que diz respeito às concepções unitária (na corrente clássica, a personalista, que teve como precursor Savigny e na corrente objetivista, o jurista alemão Briz), dualista (sustentada por Amira e Gierke) e, finalmente, eclética (sustentada por Ferrara). Para aprofundamento desta questão, consultar NORONHA, Fernando. *Direito das obrigações:* fundamentos do direito das obrigações: introdução à responsabilidade civil: volume 1. São Paulo: Saraiva, 2003, p. 139 e segs. e FIUZA, César. "Essência do vínculo obrigacional". *Revista Trimestral de Direito Civil,* vol. 2, abr/jun. Rio de Janeiro: Padma, 2000, p. 35-40.

[146] NORONHA, Fernando. *Obra citada.* 1994, p. 142-143.

[147] Idem, p. 139-143. O autor ressalva que "também poderemos olhar as coisas da perspectiva não do estado de conhecimento ou de ignorância de uma situação jurídica (boa-fé subjetiva), mas daquela do dever de agir de acordo com determinados padrões (boa-fé objetiva). Se a pessoa conhece o dever que recai sobre si e, apesar disso, age de outra forma, ela estará de má-fé – e agindo com dolo. Se, porém, ela agiu sem conhecer a forma como deveria agir, estará sempre agindo ilicitamente, mas sem que isso signifique que esteja procedendo dolosamente. Não existe dolo, porque não há o propósito de prejudicar, mas existe culpa, porque a pessoa tinha o dever de saber como deveria agir, não podendo beneficiar-se da ignorância desse dever".

gem a atividade empresarial à luz do artigo 170 da Constituição Federal; a função social da empresa; a sua responsabilidade social; e a importância do seu papel na concretização dos direitos fundamentais sociais.

Esta análise não poderá descuidar dos riscos próprios e inerentes aos contratos empresariais, tal como destacado em decisão proferida pelo Tribunal de Justiça do Estado do Rio Grande do Sul em litígio envolvendo franqueadora e franqueada, na qual ficou assentada "a natureza de risco do contrato de franquia", sem que esse reconhecimento signifique "irresponsabilidade de uma parte perante a outra. Trata-se simplesmente do risco do negócio".[148]

---

[148] A decisão está assim ementada: "1. Art. 2° da Lei n° 8.955/94. É a franquia um pacto eminentemente empresarial, negócio de risco, cujo objeto é a cessão, pela franqueadora, do uso de marca ou patente associado ao direito de distribuição de produtos e serviços, que pode ser, ou não, exclusivo, e pode envolver, ou não, cessão de tecnologia. A contraprestação devida pela franqueada à franqueadora se dá por meio de remuneração direta ou indireta. [...] 5. Observe-se que cabe à franqueadora o cumprimento das exigências legais – Lei n° 8.955/94 –, não lhe sendo imputável, todavia, qualquer responsabilidade pelo sucesso do negócio da franqueada. A franqueada, por sua vez, recebe, mediante a contraprestação que alcança à franqueadora, o direito de usar a marca e de transacionar as mercadorias e serviços e, em casos como o dos autos, de receber também instrução tecnológica – *know how* – correndo por sua conta e risco o sucesso do empreendimento. E isso não significa irresponsabilidade de uma parte perante a outra. Trata-se simplesmente do risco do negócio." (TJRS, TJRS. Ap. Cível 70020761300, 9ª Câmara Cível, j. em 03/10/2007, rel. Desa. Iris Helena Medeiros Nogueira).

2. Concepções da atividade empresarial

2.1. COMERCIANTE: CONCEPÇÃO CLÁSSICA

A concepção clássica do comerciante é o ponto de partida na identificação dos critérios de mitigação dos deveres de conduta decorrentes da boa-fé objetiva nos contratos empresariais, a partir dos seguintes pilares: especulação, lucro, risco e profissionalismo.

Para mitigar esses deveres de conduta, importa identificar certos atributos da atividade empresarial e os meios e métodos pelos quais esses atributos possam relativizar os efeitos e o alcance daqueles deveres nos contratos empresariais.

O exame desses pilares tem passagem obrigatória por Carvalho Mendonça, para quem o intermediário, o mediador entre produtores e consumidores, comprava daqueles para vender a estes (ato fundamental), e nessa operação despendia tempo, empregava trabalho, empatava capital e corria riscos.[149]

Por esse enfoque, seria natural que o comerciante, que não trabalhava por espírito de filantropia, deveria ser remunerado pelos serviços, utilidades e comodidades prestados. O lucro seria o fim de toda a atividade. Os atos do comerciante deveriam, portanto, ser praticados com a intenção de lucro, ou, por outras palavras do comercialista, com "a esperança de um lucro".

A fixação da margem de lucro também serviria para atenuar os riscos da atividade de intermediação entre os produtores e os consumidores. Como os comerciantes tomavam para si os riscos de adquirir mercadorias, de não encontrar comprador, da deterioração das mercadorias ou da desvalorização parcial ou total destas, necessitariam de uma margem de lucros para fazer face a esses riscos.

---

[149] CARVALHO MENDONÇA, J. X. *Tratado de direito comercial brasileiro*. Rio de Janeiro: Freitas Bastos, vol. I, 1964, p. 426.

Daí afirmar-se – sob esse enfoque da concepção clássica – que a atividade comercial seria sempre especulativa, já que o comerciante visava vender por mais o que adquiria por menos, muito embora, às vezes, em face de circunstâncias especiais, não obtivesse lucros, mas sofresse prejuízos (venda por menos do que o preço de aquisição e encargos que oneram as mercadorias).[150] Vê-se, pois, que a atividade comercial deveria ser explorada com intuito remuneratório (no caso, lucrativo).[151]

No começo do século XX, Inglez de Souza, em *Preleções de Direito Comercial*, na Faculdade de Direito da Universidade do Rio de Janeiro, já esclarecia que:

> Commercio consiste na interposição entre productor e consumidor com fim de lucro, não se deve dahi concluir que, deixando-se de apurar esse lucro, deixe também de existir um acto de commercio. Si um individuo adquire mercadorias com o intuito de revendel-as, pratica um acto de commercio, muito embora essas mercadorias vinham a perecer, ou elle se veja obrigado a vendel-as com prejuizo. O que se exige é, apenas, o intuito de especulação.[152]

Assim, um dos elementos que caracterizavam o direito comercial era a onerosidade, sob o fundamento de que o direito comercial deveria ser essencialmente oneroso, porque a atividade por ele regulada seria exercida com o intuito de lucros, não se admitindo, em regra, ato mercantil gratuito. Essa atividade – escreveu Waldemar Ferreira – "exercita-se em busca do ganho".[153]

Realmente, na vida comercial nada se fazia gratuitamente, daí o caráter de onerosidade que se presumia sempre no direito comercial, já que, tratando-se de atividade econômica com fito lucrativo, não poderia se admitir a benemerência. O sucesso do comércio residia no binômio saber comprar e saber vender. Quem comprava bem, vendia melhor.[154]

É possível afirmar que quem realizava atos de comércio com habitualidade com o propósito de especulação praticava o comércio. O intuito especulativo de lucro levou o homem a interpor-se entre a produção e o consumo. Não se concebiam atos mercantis gratuitos. A atividade comercial exercitava-se em busca de ganhos.

O comerciante também atuava profissionalmente, isto é, habitual e repetidamente, movido pela finalidade de obtenção de lucros. A propósito da profissionalidade e da habitualidade, a expressão – profissão ha-

---

[150] MARTINS, Fran. *Curso de direito comercial*. 3. ed. rev. e atual. por Jorge Lobo. Rio de Janeiro: Forense, 1999, p. 2.

[151] COELHO, Fabio Ulhoa. *Manual de direito comercial*. 13. ed. rev. e atual. de acordo com o novo Código Civil. São Paulo: Saraiva, 2002, p. 2.

[152] SOUZA, Inglez de. *Prelecções de direito commercial*. Gráfica Cia. Dias Cardoso, 1926, p. 45.

[153] FERREIRA, Waldemar. *Tratado de direito comercial*. São Paulo: Saraiva, 8º vol., 1962, p. 29.

[154] BULGARELLI, Waldirio. *Direito comercial*. São Paulo: Atlas, 2000, p. 19.

bitual – tem parecido pleonástica, pois a ideia de profissão implica a de hábito; o hábito constitui a profissão, como a profissão o hábito.[155]

Um julgamento nos anos cinquenta do século XX acolheu o pedido de renovação judicial do contrato de locação de um salão de barbearia – amigavelmente recusado pelo locador sob o argumento de se tratar de uma profissão – que reconheceu o profissionalismo como traço marcante da atividade exercida pelo então comerciante sob os seguintes fundamentos:

> Não é o ato de comércio que dá a quem o pratica a qualidade de comerciante e que reveste de natureza comercial a respectiva atividade profissional. Pelo contrário, o fim lucrativo, o método e a organização de uma atividade profissional é que lhe dão o cunho comercial, tornam quem assim procede um comerciante. Em face da extensão assumida pela noção jurídica de ato do comércio, por força da concepção lata de empresa comercial, não mais se pode negar a quem exerce uma atividade metódica e profissionalmente organizada para fins lucrativos, seja ela qual for, a natureza técnica de figura de Direito Comercial. O exercício habitual de ato de mercancia caracteriza-se pelas duas circunstâncias típicas – a mediação, a intervenção entre o produtor e o consumidor, e o fim especulativo.[156]

Ao comentar as condições indispensáveis à aquisição da qualidade de comerciante, Fran Martins esclareceu que "especulação ou intuito de lucro é o fato de, nas operações que realiza, procura sempre o comerciante auferir vantagens", sendo necessário, ainda, "que pratique os atos de sua atividade em caráter profissional, isto é, habitual e repetidamente", ou seja, que faça "do exercício das atividades comerciais a sua profissão, a ela se dedicando com fervor e assumindo obrigações da prática da mesma".[157]

Fazer da mercancia uma profissão habitual foi a expressão adotada pelo artigo 4º do Código Comercial de 1850, ao torná-la requisito legal para que alguém pudesse ser considerado comerciante e gozar da proteção que o Código criou a favor do comércio, juntamente com a então matrícula no comércio.[158]

Assim, enquanto a concepção clássica do comerciante se assentava nos pilares clássicos já apontados, a entrada em vigor do Código de Defesa do Consumidor passou a apontar para o modo do exercício da atividade.

---

[155] MENDONÇA, J. X. Carvalho. *Obra citada*. Vol. II, p. 92. No mesmo sentido é o comentário de Requião: "impõe-se, portanto, para a qualificação de comerciante que alguém profissionalmente exercite atos de comércio", desde que faça desta atividade profissional fonte permanente de lucro (REQUIÃO, Rubens. *Curso de direito comercil.*, 10. ed. São Paulo: Saraiva, 1º vol., 1980, p. 65).

[156] MENDONÇA, J. X. Carvalho. *Obra citada*, p. 257-258.

[157] MARTINS, Fran. *Curso de direito comercial*, 3. ed. rev. e atual. por Jorge Lobo. Rio de Janeiro: Forense, 1999, p. 66-67.

[158] O artigo 4º do Código Comercial de 1850 estava redigido nos seguintes termos: ninguém é reputado comerciante para efeito de gozar da proteção que este Código liberaliza em favor do comércio, sem que se tenha matriculado em algum dos Tribunais do Comércio do Império, e faça da mercancia profissão habitual (art. 9º).

2.2. DO COMERCIANTE AO EMPRESÁRIO: A CONTRIBUIÇÃO DO CDC

Pode-se afirmar que o advento do Código de Defesa do Consumidor, no início da década de noventa do século XX, representou uma importante contribuição para a transformação da figura do comerciante em empresário.

Foi a partir do conceito de fornecedor expresso no Código de Defesa do Consumidor,[159] por exemplo, que se disseminou a ideia de "atividades profissionais, habituais, com finalidades econômicas [..] dentro de um perfil organizado e unificado", posteriormente positivadas no artigo 966 do Código Civil de 2002, como adiante se verificará. Como características marcantes do consumidor destacaram-se a "ausência de intermediação, de reaproveitamento ou de revenda" e, ainda, a "não profissionalidade, como regra geral, assim entendida a aquisição ou utilização de produtos ou serviços sem querer prolongar o ciclo econômico desses bens ou serviços no âmbito de um comércio ou de uma profissão".[160]

A importância dessa contribuição em relação ao tema central do presente trabalho – deveres de conduta nos contratos empresariais – tem relação direta com os critérios e métodos para a mitigação desses deveres, em razão do deslocamento da figura do comerciante para a do empresário, como agente capaz de organizar os fatores de produção e, assim sendo e agindo, esses deveres podem ser mitigados em razão do agir profissional da empresa.

Para o Código do Consumidor, não há distinção entre consumidor pessoa natural e consumidor pessoa jurídica.[161] Portanto, o então comerciante poderia ser considerado consumidor, salvo se estivesse no desenvolvimento da sua atividade, na consecução do seu objetivo social, situação em que não poderia ser assim considerado.[162]

---

[159] Dispõe o artigo 3º da Lei 8.078/90: Fornecedor é toda pessoa física ou jurídica, pública ou privada, nacional ou estrangeira, bem como os entes despersonalizados, que desenvolvem atividade de produção, montagem, criação, construção, transformação, importação, exportação, distribuição ou comercialização de produtos ou prestação de serviços.

[160] CAVALIERI FILHO, Sergio. *Programa de direito do consumidor.* 2ª reimpr. São Paulo: Atlas, 2009, p. 62.

[161] Dispõe o artigo 2º da Lei 8.078/90: Consumidor é toda pessoa física ou jurídica que adquire ou utiliza produto ou serviço como destinatário final.

[162] Não há pretensão no aprofundamento do conceito de consumidor, assunto que vem ocupando acalorados debates na doutrina nacional e na jurisprudência em torno da teoria subjetiva ou finalista e da teoria objetiva ou maximalista. O julgamento do CC nº 41056-SP, relatora para o acórdão Minª Nancy Andrigui, 2ª Seção do STJ, j. em 23/04/2004, traz uma análise pormenorizada das duas teorias e da posição doutrinária a favor de uma e de outra. Em julgamento mais recente, o mesmo Tribunal sintetizou a questão nos seguintes termos: É sabido que há duas teorias a respeito da configuração

A exigência para excluir o então comerciante das regras protetivas da legislação consumerista foi, essencialmente, a ausência das características apontadas pela doutrina comercial clássica como atributos da atividade comercial: atuação profissional e lucro.

É a partir dessa perspectiva de atuação profissional, organização dos fatores de produção e atividade voltada para a obtenção de lucros que o Código de Defesa do Consumidor contribui como rito de passagem da figura do então comerciante para a do atual empresário.

2.2.1. Atuação profissional e organizada

Quanto ao profissionalismo, Cláudia Lima Marques, em comentários ao artigo 2º do Código de Defesa do Consumidor, faz considerações a respeito da atividade comercial, reconhecendo que na relação de consumo normalmente há desequilíbrio nos contratos entre as partes, que pode ser caracterizado pelo *"take it, or leave it"*.[163]

No entanto, em relação aos profissionais, Claudia Lima Marques faz a seguinte indagação: "Mas existe desequilíbrio em um contrato firmado entre dois profissionais?" Em seguida, responde: "como regra geral, presume-se que não há desequilíbrio, ou que não é tão grave a ponto de merecer uma tutela especial, não concedida pelo direito civil e pelo direito comercial".[164]

É na análise das vulnerabilidades que justificam a proteção contratual do Código de Defesa do Consumidor que a autora consumerista conclui o seu estudo em relação às atividades profissionais:

---

da definição de consumidor: a subjetiva ou finalista e a objetiva ou maximalista. Esta exige, apenas, a existência de destinação final fática do produto ou serviço, enquanto aquela, mais restritiva, exige a presença de destinação final fática e econômica. Com isso, quer-se dizer que, para o conceito subjetivo ou finalista, exige-se total desvinculação entre o destino do produto ou serviço consumido e qualquer atividade produtiva desempenhada pelo utente ou adquirente; portanto, a empresa que adquire um caminhão para transportar as mercadorias que produz não deve ser considerada consumidor em relação à montadora, na medida em que tal veículo, de alguma forma, integra sua cadeia produtiva. Já para o conceito objetivo ou maximalista, basta o ato de consumo, com a destinação final fática do produto ou serviço para alguém, que será considerado consumidor destes, pouco importando se a necessidade a ser suprida é de natureza pessoal ou profissional. Sob tal perspectiva, o caminhão comprado com o intuito de auxiliar no transporte de mercadorias de uma empresa atinge, nessa atividade, sua destinação final, uma vez que não será objeto de transformação ou beneficiamento (STJ. REsp 866.488-RS, 3ª Turma, rel. Min. Sidnei Beneti, j. em 06/03/2008). Com este indispensável esclarecimento, serão destacados os fundamentos adotados para excluir o comerciante da incidência da legislação consumerista.

[163] MARQUES, Claudia Lima. *Contratos no Código de Defesa do Consumidor – o novo regime das relações contratuais*. 2. ed. São Paulo: RT, p. 105.

[164] Na mesma direção, julgado do Superior Tribunal de Justiça ao decidir litígio entre franqueadora e franqueada no sentido de que "a simples circunstância de figurar em um dos pólos uma pessoa jurídica de maior porte que a parte adversa não implica, automaticamente, na configuração de hipossuficiência." (STJ. REsp nº 632.958-AL, 4ª Turma, j. em 04/03/2010, rel. Min. Aldir Passarinho Junior).

Vulnerabilidade jurídica ou científica é a falta de conhecimentos jurídicos específicos, conhecimentos de contabilidade ou de economia. Esta vulnerabilidade, no sistema do Código de Defesa do Consumidor, é presumida para o consumidor não profissional, e para o consumidor pessoa física. Quanto aos profissionais e às pessoas jurídicas vale a presunção em contrário, isto é, que devem possuir conhecimentos jurídicos mínimos e sobre a economia para poderem exercer a profissão ou que devem poder consultar advogados e profissionais especializados antes de obrigar-se.[165]

Nessa mesma linha de raciocínio, Carlos Ferreira de Almeida sustenta que "a probabilidade de se enganar é muito maior por parte de quem não é profissional no exercício do comércio; as empresas são declarantes (e declaratários) experientes e esclarecidas".[166]

A propósito da atuação profissional do comerciante como condição para excluir a incidência do CDC, o Superior Tribunal de Justiça afastou a relação consumerista porque, sem embargo da natureza adesiva do contrato firmado entre as partes, a empresa "foi devidamente assessorada por profissionais qualificados, fato que, em tese, afasta qualquer indício de abusividade em relação à unilateralidade das cláusulas do contrato e, por conseguinte, uma eventual vulnerabilidade técnico-jurídica".[167]

Com apoio em precedentes da Corte, a decisão também justificou a validade da cláusula de eleição do foro no contrato, em razão do "expressivo porte financeiro ou econômico da pessoa tida por consumidora ou do contrato celebrado entre as partes".[168]

Em outra passagem, referindo-se à decisão proferida pelo Tribunal Estadual, o acórdão também destacou o porte financeiro da operação realizada para afastar a incidência do CDC, nos seguintes termos:

Cuidando-se de empresa assessorada por profissionais qualificados, e a tanto deles necessitava pelo vulto do valor envolvido, que indica não se tratar de entidade de pouco poderio econômico, certamente, quando celebrado o contrato dispunha de intelecção suficiente para compreender o sentido e as consequências da estipulação contratual e a viabilidade de seu acesso ao Judiciário.

O Tribunal de Justiça do Estado do Rio Grande do Sul, ao examinar litígio envolvendo contrato de compra e venda de soja, decidiu que "a relação entretida pelas partes não caracteriza relação de consumo a per-

---

[165] MARQUES, Claudia Lima. *Obra citada*, p. 106. Essa presunção não é absoluta (*jure et de jure*), tratando-se de presunção *juris tantum* eis que poderá ser desconstituída diante das circunstâncias do caso concreto.

[166] ALMEIDA, Carlos Ferreira de. *Os direitos dos consumidores*. Coimbra: Almedina, 1982, p. 26.

[167] STJ. REsp 684.613 – SP, 3ª Turma, j. em 21/06/2005, rel. Min. Nancy Andrighi. Com apoio em precedentes da Corte.

[168] CC 32.270/SP, Rel. Min. Ari Pargendler, Segunda Seção, DJ 11/03/2002, AEResp 561.853-MG, Rel. Min. Antônio de Pádua Ribeiro, Terceira Turma, unânime, DJ 24/05/2004, Resp 519.946-SC, Rel. Min. César Asfor Rocha, 4ª Turma, unânime, DJ 28/10/2003.

mitir a aplicação das regras contidas no Código do Consumidor, pois se trata de contrato de compra e venda de safra de soja. Nem o comprador é fornecedor. Nem o vendedor é consumidor".[169]

O Excelso Supremo Tribunal Federal, em decisão plenária unânime, também negou a aplicação do Código de Defesa de Consumidor em contrato celebrado por uma sociedade brasileira, pelo qual realizou a importação de produtos de um fabricante inglês, sob o mesmo fundamento de que "O Código de Proteção e Defesa do Consumidor, conforme dispõe seu artigo 2º, aplica-se somente à pessoa física ou jurídica que adquire ou utiliza produto como destinatário final".[170]

2.2.2. Atuação direcionada para a obtenção de lucros

A atuação direcionada para a obtenção de lucros – um dos traços marcantes da atividade comercial – é o outro aspecto considerado pela doutrina consumerista para excluir da incidência do Código os negócios realizados pelo comerciante na consecução das suas atividades.

A ausência do lucro é pressuposto essencial à pretensão dos comerciantes para invocar o benefício das regras protetivas do Código de Defesa do Consumidor, destaca Cláudia Lima Marques, sustentando que, a princípio, estão submetidos às regras do Código os contratos firmados entre o fornecedor e o consumidor, o qual pode ser um profissional que, no contrato em questão, não visa ao lucro, pois o contrato não se relaciona com sua atividade profissional, seja este consumidor pessoa física ou jurídica.[171]

Nessa linha de ideias, a mesma autora admitiu a existência de relação de consumo entre os depositantes de cadernetas de poupança e as respectivas instituições financeiras, bem como a qualidade de fornecedor destas, porque: "a atividade que executa é rendosa, há lucro, há profissionalismo, mesmo que o pagamento seja indireto, há onerosidade", acres-

---

[169] TJRGS – ApCiv 598.064.707 – 5ª Câm. Cív. – j. 07/05/98, *Revista de direito do consumidor*, vol. 29, p. 123. São inúmeros os procedentes jurisprudenciais: TJSP, ApCiv 243.878-2 São Paulo, rel. Des. Pereira Caldas, CCIV 16, v.u., 11/04/95; 2º TACivSP, Ap. 524.321-0/0, 4ª C., rel. Juiz Amaral Vieira, j. 20/10/98; 2º TACivSP, Ap. 539.833-0/0, 4ª Câm., rel. Juiz Amaral Vieira, j. 08/10/98; TAMG – RJTA-MG 64/164; Ap 0221532-1/00, Belo Horizonte, 2ª Câm. Cív., j. 14/09/96, rel. Juiz Lucas Sávio e Ap. 0234122-0/00, Uberlândia, 1ª Câm. Cív., j. 03/06/97, rel. Juiz Paris Pena, DJ 05/11/97; TARGS, Ap. 196213060, 2ª Câm. Cív., rel. Juiz Carlos Alberto Bencke, j. 19/12/96.

[170] STF – SEC 5.847-1 – Tribunal Pleno – j. 1º/12/1999, rel. Min. Maurício Corrêa.

[171] MARQUES, Claudia Lima. *Obra citada*, p. 107. Em outra passagem – em comentários aos contratos de transporte, de turismo e viagem – a autora reafirma que "no transporte de cargas pode ter fim de lucro, fins comerciais, ou pode simplesmente ter como finalidade o transporte de carga pessoal do consumidor ou bens que são de sua utilização pessoal ou de sua família, mudanças, etc. Nesse caso, o transporte não se insere na cadeia de contratos de produção e será um contrato de consumo" (p. 176).

BOA-FÉ OBJETIVA NOS CONTRATOS EMPRESARIAIS

centando que o banco "[...] visa captar a poupança popular para com ela operar e lucrar (muito ou pouco, conforme seu risco profissional)".[172]

A inexistência do fim lucrativo também é o ponto fundamental destacado por Antônio Herman Benjamin para admitir que o comerciante pudesse invocar as regras protetivas do Código de Defesa do Consumidor:

> Reconhecer que a microempresa, quando adquire bens e serviços fora de sua especialidade e conhecimento técnicos, o faz em condições de fragilidade assemelhadas às do consumidor individual ou familiar, não implica dizer que aquela se confunde com este. O fim lucrativo os divide. Do mesmo modo a atividade de transformação que é própria do consumidor (no sentido econômico) intermediário. Além disso, os meios existentes à disposição da pessoa jurídica lucrativa para defender-se mais acentuam a diferença entre esta e o consumidor final, individual ou familiar.[173]

A inclusão das pessoas jurídicas igualmente como consumidores de produtos e serviços também é admitida por José Geraldo Brito Filomeno "com a ressalva de que assim são entendidas aquelas como destinatárias finais dos produtos e serviços que adquirem e não como insumos necessários ao desempenho de sua atividade lucrativa".[174]

Fábio Konder Comparato também destaca que a atuação da pessoa jurídica "voltada para a sua atividade empresarial" exclui a incidência da legislação consumerista.[175] No mesmo sentido, Antônio Herman Benjamin postula que: "adquirir para transformar ou para revender não é, evidentemente, ato de consumo, no sentido que lhe empresta o direito do consumidor. A aquisição que visa um fim profissional não é ato de consumo na acepção jurídica. Ato profissional apõe-se a ato de consumo".[176]

Nesse sentido, a Lei das Sociedades Anônimas (Lei 6.404/76), procurando defender o interesse dos acionistas, impõe, entre os deveres e responsabilidades dos administradores, a vedação de praticar *ato de liberalidade* à custa da companhia, conforme artigo 154, § 2º, letra "a".[177] Essa

---

[172] Relação de consumo entre os depositantes de cadernetas de poupança e os bancos ou instituições que arrecadam poupança popular. *Revista dos Tribunais*, vol. 760, p. 107. No julgamento da ADI 2591/DF, o Supremo Tribunal Federal, em acórdão da lavra do Min. Eros Grau, reconheceu a incidência da relação de consumo entre os correntistas e as instituições financeiras (STF – ADI 2591/DF – Tribunal Pleno – j. 07/06/2006, rel. Min. Eros Grau).

[173] BENJAMIN, Antônio Herman. "O conceito jurídico de consumidor". São Paulo: *Revista dos Tribunais*, vol. 628, p. 77.

[174] FILOMENO, José Geraldo Brito. *Código brasileiro de defesa do consumidor comentado pelos autores do anteprojeto*. Rio de Janeiro: Forense, p. 27.

[175] COMPARATO, Fábio Konder. "A proteção do consumidor: importante capítulo do direito econômico". *Revista de direito mercantil*, vol. 15-16, p. 90-91.

[176] BENJAMIN, Antônio Herman. *Obra citada*, p. 73.

[177] Art. 154. O administrador deve exercer as atribuições que a lei e o estatuto lhe conferem para lograr os fins e no interesse da companhia, satisfeitas as exigências do bem público e da função social

vedação justifica-se porque, nas operações que a sociedade realiza, está sempre presente o intuito de lucro, que é da própria essência da sociedade,[178] porque o administrador deve diligenciar para que seja alcançada a maximização dos lucros.[179]

Em reforço à ideia defendida neste trabalho de que no comércio nada se faz "de graça", sem a devida retribuição, Sampaio Lacerda esclarece que uma sociedade pode praticar um ato aparentemente generoso, que, sem embargo, na prática, não é mais que remuneratório de serviços prestados ou investimento posteriormente traduzível em negócios vantajosos para a empresa: gratificações por intermediação em negócios quando o objeto não convenha que apareça claramente; bolsas de estudos e contribuições a entidades científicas, com a finalidade de garantir prioridade na contratação dos estudantes após a conclusão do aprendizado; contribuições a entidades, ainda que filantrópicas, com o objetivo de promover a imagem da empresa junto ao público, etc. Esse ato constitui um ato que se traduz em vantagem econômica.[180]

2.2.3. Posição do Superior Tribunal de Justiça

A orientação dos Tribunais Superiores caminha no mesmo rumo. O Superior Tribunal de Justiça, em decisão relatada pelo Ministro Ruy Rosado de Aguiar Jr., somente admitiu a relação de consumo com a participação de um comerciante porque "a compradora aparece diante da ré como consumidora, adquirindo um produto como destinatário final, sem propósito de revendê-lo ou de usá-lo como matéria prima para transformação". Com apoio na doutrina consumerista, o Ministro deixou claro em seu voto que não há relação de consumo quando o empresário adquire bens e serviços "na condição de empresário com a finalidade de intermediação ou mesmo como insumos ou matérias-primas para transformação ou aperfeiçoamento com fins lucrativos".[181]

Essa mesma Turma do Superior Tribunal de Justiça, em outro julgamento, deixou assentado que:

---

da empresa. [...] § 2º, letra "a": É vedado ao administrador: (a) praticar ato de liberalidade à custa da companhia.

[178] MARTINS, Fran. *Comentários à lei das sociedades anônimas*. 2. ed. Rio de Janeiro: Forense, 1984, vol. 2, tomo I, p. 373.

[179] CARVALHOSA, Modesto. *Comentários à lei de sociedades anônimas*. São Paulo: Saraiva, 1997, p. 235. FARIA, Bento de. *Direito comercial*. São Paulo: Atlas, vol. I, 1947, p. 230.

[180] LACERDA, Sampaio. *Comentários à lei das sociedades anônimas*. São Paulo: Saraiva, 1978, 3º vol, p. 192.

[181] STJ, REsp 142.042-RS, 4ª Turma, j. 11/11/97, Min. Ruy Rosado de Aguiar.

Tratando-se de financiamento obtido por empresário, destinado precipuamente a incrementar a sua atividade negocial, não se podendo qualificá-lo, portanto, como destinatário final, inexistente é a pretendida relação de consumo. Inaplicação no caso do Código de Defesa do Consumidor.[182]

Nesse sentido, julgados do Superior Tribunal de Justiça adotaram a "orientação doutrinária finalista ou subjetiva, de sorte que, de regra, o consumidor intermediário, por adquirir produto ou usufruir de serviço com o fim de, direta ou indiretamente, dinamizar ou instrumentalizar seu próprio negócio lucrativo, não se enquadra na definição constante no art. 2º do CDC".[183]

Mais recentemente, a jurisprudência do Superior Tribunal de Justiça passou a adotar a teoria finalista de forma mitigada para atender situações em que há vulnerabilidade no caso concreto em decisão assim ementada:

Mesmo nas relações entre pessoas jurídicas, se da análise da hipótese concreta decorrer inegável vulnerabilidade entre a pessoa-jurídica consumidora e a fornecedora, deve-se aplicar o CDC na busca do equilíbrio entre as partes. Ao consagrar o critério finalista para interpretação do conceito de consumidor, a jurisprudência deste STJ também reconhece a necessidade de, em situações específicas, abrandar o rigor do critério subjetivo do conceito de consumidor, para admitir a aplicabilidade do CDC nas relações entre fornecedores e consumidores-empresários em que fique evidenciada a relação de consumo.[184]

---

[182] STJ, REsp 218.505-MG, 4ª Turma, j. 16/09/99, rel. Min. Barros Monteiro.

[183] É imprescindível a leitura dos acórdãos proferidos pelo Superior Tribunal de Justiça nos Recursos Especiais nos 541.867-BA e 660.026-RJ e no Conflito de Competência nº 92519-SP, nos quais há um minucioso estudo a respeito das teorias que envolvem o conceito jurídico do consumidor, com apoio em renomados juristas. As decisões afastaram a incidência do CDC – respectivamente – na relação contratual de uma loja de comércio de tintas com a administradora de cartão de crédito (REsp 541.867/BA, 2ª Seção, j. em 10/11/2004, rel. Min. Barros Monteiro), na relação contratual de uma sociedade prestadora de serviços na internet com a fornecedora de serviços de telefonia. (REsp 660.026/RJ, 4ª Turma, j. em 03/05/2005, rel. Min. Jorge Scartezzini) e na relação contratual de uma loja de acessórios para automóveis com uma instituição financeira (CC 92519/SP, 2ª Seção, j. em 16/02/2009, Rel. Min. Fernando Gonçalves).

[184] Esse julgado examinou a relação entre um hotel adquirente de gás GLP em cilindros com o seu fornecedor. O STJ fixou a orientação no sentido de que, "ao mesmo tempo que consagra o conceito finalista, reconhece a necessidade de mitigação do critério para atender situações em que a vulnerabilidade se encontra demonstrada no caso concreto. Isso ocorre, todavia, porque a relação jurídica qualificada por ser "de consumo" não se caracteriza pela presença de pessoa física ou jurídica em seus pólos, mas pela presença de uma parte vulnerável de um lado (consumidor), e de um fornecedor, de outro. Porque é essência do Código o reconhecimento da vulnerabilidade do consumidor no mercado, princípio-motor da política nacional das relações de consumo (art. 4º, I). Em relação a esse componente informador do subsistema das relações de consumo, inclusive, não se pode olvidar que a vulnerabilidade não se define tão somente pela capacidade econômica, nível de informação/cultura ou valor do contrato em exame. Todos esses elementos podem estar presentes e o comprador ainda ser vulnerável pela dependência do produto, pela natureza adesiva do contrato imposto, pelo monopólio da produção do bem ou sua qualidade insuperável, pela extremada necessidade do bem ou serviço, pelas exigências da modernidade atinentes à atividade, dentre outros fatores. Por isso mesmo, ao consagrar o critério finalista para interpretação do conceito de consumidor, a jurisprudência deste STJ também reconhece a necessidade de, em situações específicas, abrandar o rigor do cri-

Caso paradigmático é o julgamento relatado pelo Min. Mauro Campbell Marques, que apreciou pedido de revisão judicial dos valores cobrados a título de tarifa de iluminação, formulado pelo município de Sales Oliveira, Estado de São Paulo contra a Companhia Paulista de Força e Luz. O relator, após reconhecer que o "ente público não é, propriamente, o destinatário final da energia elétrica" porque "os consumidores são, na etapa final, os próprios cidadãos, tanto que eles arcam indiretamente com os custos desses serviços através dos tributos arrecadados", também ponderou que "a teoria finalista pode ser mitigada em casos de vulnerabilidade, flexibilizando o conceito de 'consumidor final' previsto no art. 2º do CDC", mas que, no caso concreto, não ficou evidenciada essa situação de vulnerabilidade.

Está visto, pois, que o intuito especulativo foi o traço marcante na concepção clássica de comerciante, enquanto a atuação profissional preponderou no ritual de passagem e de transformação de comerciante a empresário, a partir da vigência do Código de Defesa do Consumidor, que privilegiou o porte organizacional do comerciante.

> Não há dúvida de que o empresário, na linguagem do direito moderno, é o antigo comerciante. Nesse aspecto, portanto, as expressões são sinônimas. Mas é preciso compreender, por outro lado, que a figura do comerciante se impregnou de um profundo ressaibo exclusivista, egocêntrico, resultante do individualismo que marcou historicamente o direito comercial, cujas regras eram expressão dos interesses do sistema capitalista de produção. Hoje o conceito social de empresa, como o exercício de uma atividade organizada, destinada à produção ou circulação de bens ou de serviços, na qual se refletem expressivos interesses coletivos, faz com que o empresário comercial não continue sendo empreendedor egoísta, divorciado daqueles interesses gerais, porém um produtor impulsionado pela persecução de lucro, é verdade, consciente de que constitui uma peça importante no mecanismo da sociedade humana. Não é ele, enfim, um homem isolado, divorciado dos anseios gerais da coletividade em que vive.[185]

Reafirma-se, por oportuno, que não há neste estudo a pretensão de aprofundar o conceito de consumidor, mas tão somente de esclarecer que o comerciante não pode invocar, a seu favor, as regras protetivas que a legislação consumerista concede aos consumidores em matéria contra-

---

tério subjetivo do conceito de consumidor, para admitir a aplicabilidade do CDC nas relações entre fornecedores e consumidores-empresários em que fique evidenciada a relação de consumo, isto é, a relação formada entre fornecedor e consumidor vulnerável, presumidamente ou não. [...] De fato, os critérios jurisprudenciais têm avançado no sentido de se reconhecer a necessidade de mitigar o rigor excessivo do critério subjetivo do conceito de consumidor, para permitir, por exceção, a equiparação e a aplicabilidade do CDC nas relações entre fornecedores e consumidores-empresários. Superada a questão da "destinação final" do produto, agora a jurisprudência é incitada à formação das diretrizes para o reconhecimento da vulnerabilidade ou da hipossuficiência (aspecto processual) no caso concreto". (REsp 476.428/SC, 3ª Turma, j. em 19/04/2005, rel. Min. Nancy Andrighi).

[185] REQUIÃO, Rubens. *Curso de direito comercial.* vol. 1, 25. ed. atual. por Rubens Edmundo Requião. São Paulo: Saraiva, 2003, p.76.

tual, quando atua no desenvolvimento das suas atividades direcionadas para a obtenção de resultado lucrativo, salvo se, no caso concreto, houver manifesta vulnerabilidade entre a empresa-fornecedora e a empresa-adquirente, hipótese em que se admite avaliar os efeitos e o alcance dessa vulnerabilidade.

Essa vulnerabilidade, inclusive, poderá ser um dos critérios para não mitigar os deveres de conduta decorrentes da boa-fé objetiva nos contratos empresariais, os quais poderão prevalecer diante da necessidade de proteção do equilíbrio e das forças contratuais, a despeito da existência de partes contratantes profissionais voltadas para a obtenção de lucros, pois, nesta situação, os traços marcantes da atividade da empresa – profissionalismo, risco e lucros – deverão ser relativizados diante da vulnerabilidade, bem maior a ser protegido.[186]

2.3. EMPRESÁRIO: CONCEPÇÃO ATUAL

O artigo 966 do Código Civil de 2002 deslocou o foco da clássica visão da teoria objetiva dos atos do comércio e da teoria subjetiva dos comerciantes para adotar a teoria da empresa, segundo a qual se considera "empresário quem exerce profissionalmente atividade econômica organizada para a produção ou a circulação de bens ou de serviços".

Esse deslocamento assume relevância para os fins do presente livro, que investiga os critérios e métodos de mitigação dos deveres de conduta nos contratos empresariais, diante do verdadeiro paradigma criado pelo já citado artigo 966 do Código Civil.

Nessa perspectiva, os deveres de cooperação e de cuidado, por exemplo, podem restar mitigados, pois, quem exerce profissionalmente uma atividade organizada, deve agir com zelo e padrão de conduta apropriados para os contratos empresariais e, portanto, o nível de exigência

---

[186] Há, inclusive, quem já sustente a incidência do CDC entre empresas concorrentes visando à proteção prevista nos capítulos V (Das práticas comerciais) e VI (Da proteção contratual), desde que o concorrente, como consumidor equiparado, "[...] demonstre a efetiva existência de prejuízo aos consumidores em razão de determinada prática de seu concorrente", sob o fundamento de que "deve-se ter em mente que o objetivo do CDC é o de proteger os consumidores, de modo que, se um empresário atua como consumidor equiparado com base no artigo 29, a interpretação que deve ser feita desta atuação é a de que ela é feita não só em proveito do empresário (que poderá se beneficiar indiretamente), mas em proveito dos consumidores (determináveis ou não), estes sim efetivamente vulneráveis" (EBERLIN, Fernando Büshcer Von Teschemhausem. "O concorrente como consumidor equiparado: proteção ao consumidor contra práticas abusivas por meio do diálogo entre o CDC e as normas concorrenciais". *Revisa de Direito do Consumidor*, n. 66. São Paulo: Revista dos Tribunais, p. 30-31).

desses deveres ficam naturalmente relativizados nesses contratos em razão do agir dos seus signatários.

Posta essa importante questão, passa-se, agora, a identificar os atributos do praticante da atividade empresarial que poderão justificar a relativização dos deveres de conduta nos contratos empresariais.

Luiz Antonio Soares Hentz, após relatar as dificuldades da doutrina e da jurisprudência em torno do sistema anterior ao Código Civil de 2002, conclui:

> Foi somente no século XX que se desenvolveu uma outra noção, apta a definir a matéria comercial. Se as buscas não tivessem sido incessantes (disso dão conta os inúmeros tratados de direito mercantil), não seria necessário, nem teria efeito prático algum, hoje, estar-se deslindando as idas e vindas nesse espinhoso caminho. O passo foi gigantesco, todavia: a teoria da empresa pretende a transposição para o mundo jurídico de um fenômeno que é sócioeconômico: a empresa como centro fomentador do comércio, como sempre foi, mas com um colorido com o qual nunca foi vista.[187]

Para Rachel Sztajn, a "organização parece ser o elemento central, essencial, necessário e suficiente para determinar a existência da empresa". Também refere que a existência da empresa gera aparato produtivo e estável, estruturando pessoas, bens e recursos, destacando que é "impossível imaginar uma empresa, qualquer empresa, sem organização".[188]

Em reforço à ideia de que a teoria jurídica da empresa introduzida pelo Código Civil de 2002 concentra-se na organização dos fatores da produção, Sylvio Marcondes, reconhece que os profissionais liberais não podem ser considerados empresários porque

> [...] falta aquele elemento de organização dos fatores da produção; porque, na prestação desse serviço ou na criação desse bem, os fatores de produção, ou a coordenação de fatores, é meramente acidental: o esforço criador se implanta na própria mente do autor, que cria o bem ou o serviço.[189]

No mesmo sentido, Galgano refere "el limite entre las actividades productivas que, siendo actividades organizadas, presentan el carácter de empresa y las actividades que, aun cuando produzcan bienes i servicios, sin embargo, no son empresas precisamente por la falta de una orga-

---

[187] HENTZ, Luiz Antonio Soares Hentz. *A teoria jurídica da empresa no novo direito de empresa*. Disponível em <http://jus2.uol.com.br/doutrina/texto. asp?id=3085>. Acesso em: 12 FEV 2009.

[188] A autora, sob os títulos "Opção do Legislador Brasileiro de 2002" e "Empresa e Organização", faz um profundo e minucioso estudo comparativo das características da empresa no Código Civil italiano e no Código Civil brasileiro de 2002, com apoio nos renomados juristas Vicenzo Buonocore, Alfredo Rocco, Tullio Ascarelli, Francesco Galgano, entre outros (SZTAJN, Rachel. *Teoria jurídica da empresa*: atividade empresária e mercados. São Paulo: Atlas, 2004, p. 109-136).

[189] MARCONDES, Sylvio. *Questões de direito mercantil*. São Paulo: Saraiva, 1977, p. 11.

nización" porque apresentam "una función subsidiaria con respecto a la intervención personal".[190]

A afirmação generalizada da doutrina no sentido de que o artigo 966 do Código Civil de 2002 reproduziu o art. 2082 do Código Civil italiano[191] é criticada por Rachel Sztajn em razão do chamado *elemento de empresa* contido no parágrafo único do dispositivo brasileiro (966), tido por análogo ao italiano (2082), nos seguintes termos:

> [...] a repetição ou transposição da doutrina italiana relativamente ao empresário e à empresa que se seguiu ao códice de 1942, visando-se a delimitar o conceito de empresário, é limitada, ultrapassada e não serve para explicar por que certas atividades intelectuais, em determinadas situações, serem qualificadas empresárias e em outras não.[192]

Muita tinta e muito papel serão gastos na conceituação doutrinária do *elemento de empresa* inserido no parágrafo único do artigo 966 do Código Civil de 2002.[193] Essa inserção rende debates intensos na doutrina com a finalidade de identificar as atividades intelectuais que, apesar de reunirem os fatores da produção, não seriam consideradas de natureza empresarial.

Afinal, o que pode ser considerado *elemento de empresa* e, portanto, capaz de caracterizar ou não a atividade realizada pela empresa? O centro desse debate é ocupado por critério que passa definir a preponderância entre o exercício de profissão intelectual e a atividade de organizar os fatores de produção. Exemplos não faltam na doutrina.

Após reconhecer que nas atividades intelectuais a coordenação dos fatores de produção é meramente acidental, Sylvio Marcondes cita o exemplo do médico que, quando exerce atividade relacionada a sua formação profissional, não é empresário. Entretanto, ressalva que:

> [...] se ele organiza os fatores da produção, isto é, une capital, trabalho de outros médicos, enfermeiros, ajudantes, etc., e se utiliza de imóvel e equipamentos para a instalação de um hospital, então o hospital é empresa e o dono ou titular desse hospital... será considerado

---

[190] GALGANO, Francesco. *Derecho comercial*, vol. I. El Empresario. Santa Fe de Bogotá-Colombia: Editorial Temis, 1999, p. 21-27.

[191] O artigo 2082 do Código Civil italiano dispõe que: "*É imprenditore chi esercita professionalmente una attività economica organizzata al fine della produzione o dello scambio di beni o di servizi*". Tradução livre: "É empresário quem exerce profissionalmente uma atividade econômica organizada com o fim de produção ou de troca de bens e de serviços".

[192] SZTAJN, Rachel. "O conceito de empresário no Código Civil brasileiro". *Em Evidência: Revista Magister de Direito Empresarial*. n. 7, p. 94 e 108.

[193] O citado parágrafo único do artigo 966 estabelece que: não se considera empresário quem exerce profissão intelectual, de natureza científica, literária ou artística, ainda com o concurso de auxiliares ou colaboradores, salvo se o exercício da profissão constituir elemento de empresa.

empresário porque está, realmente, organizando os fatores da produção, para produzir serviços.[194]

A respeito desse critério da preponderância do exercício de profissão intelectual em relação às atividades de organização dos fatores de produção, são os enunciados n°s 193, 194 e 195 publicados pelo Centro de Estudos Judiciários – (CEJ), do Conselho da Justiça Federal – (CJF), nas Jornadas de Direito Civil.[195]

Na mesma linha de raciocínio é a posição de Maria Helena Diniz: "Se o exercício profissional for elemento preponderante da atividade econômica organizada (empresa), o profissional intelectual assume, por si próprio, a veste de empresário, devendo ser, juridicamente, considerado como tal".[196]

Mas a organização também não é suficiente para caracterizar o *elemento de empresa*: "um laboratório de análises clínicas, dotado de sistemas sofisticados de organização e favorecido até mesmo com um certificado de qualidade tipo ISO, nem por isso passaria à condição de empresa mercantil", pondera Haroldo Malheiros Duclerc Verçosa.[197]

A razão pode estar com Rachel Sztajn, para quem o fator determinante para excluir as atividades intelectuais do âmbito empresarial não é a organização dos fatores de produção, pois, como visto, todas as atividades – empresariais ou não – exigem organização. Para Rachel, deve-se "investigar se a prestação é fungível", isto é, se o serviço prestado por determinada atividade depende ou não da atuação personalíssima do seu titular. Em caso positivo, não será considerada atividade realizada por empresa.[198]

A infungibilidade da prestação também é a pedra de toque mencionada por Fabio Ulhoa Coelho para distinguir o empresário do não empresário ao se referir a outras profissões, citando, como exemplo, a situação

---

[194] MARCONDES, Sylvio. *Obra citada*. 1977 p. 11 e 193.

[195] Enunciado 193: art. 966: o exercício das atividades de natureza exclusivamente intelectual está excluído do conceito de empresa. Enunciado 194 – Art. 966: os profissionais liberais não são considerados empresários, salvo se a organização dos fatores da produção for mais importante que a atividade pessoal desenvolvida. Enunciado 195 – Art. 966: a expressão "elemento de empresa" demanda interpretação econômica, devendo ser analisada sob a égide da absorção da atividade intelectual, de natureza científica, literária ou artística, como um dos fatores da organização empresarial. Disponível em <http://daleth.cjf.jus.br/revista/ enunciados/III Jornada. pdf>. Acesso em: 16 Fev. 2009.

[196] DINIZ, Maria Helena. *Curso de direito civil brasileiro*: direito de empresa. 8º vol. São Paulo: Saraiva. 2008, p. 36.

[197] VERÇOSA, Haroldo Malheiros Duclerc. *Curso de direito comercial*. vol. 1, São Paulo: Malheiros Editores, 2004, p. 142. Para o autor, melhor seria se a atual redação do parágrafo único do artigo 966 pudesse ser substituída por "salvo se o exercício da profissão constituir parte do objeto da empresa".

[198] SZTAJN, Rachel. *Obra citada*, p. 109.

de um escultor que, embora contrate diversos auxiliares para funções operacionais, não pode ser considerado um empresário.

Todavia, se esse mesmo profissional contrata outros profissionais para dar maior celeridade à produção, "pode ocorrer a transição dele da condição jurídica de profissional intelectual para a de *elemento de empresa*. Será o caso, se a reprodução de esculturas assinaladas com a sua assinatura não depender mais de nenhuma ação pessoal direta dele".[199]

Mônica Gusmão esclarece que "não haverá organização da atividade quando a atuação pessoal, o trabalho de quem a exerce, for o fator preponderante da atividade" nos seguintes termos:

> Se o interesse de quem busca o serviço for em razão de quem o exerce, não haverá o elemento de empresa. Por outro lado, se a atividade-fim do empreendimento não depender precipuamente da atuação pessoal dos profissionais ou sócios, mas de terceiros contratados, a atividade será organizada. Neste caso, o consumidor só tem interesse na contratação da atividade, sendo irrelevante quem a exerça. [...] Para concluir: a atividade não será considerada empresarial se for exercida de forma personificada ou *intuito personae*. Caso contrário, se exercida de forma impessoal, despersonificada, será considerada empresária em razão da presença do elemento de empresa.[200]

O jurista português Jorge Manuel Coutinho de Abreu considera "excessiva" a posição da doutrina que equipara os escritórios profissionais aos estabelecimentos comerciais e argumenta, com razão, que "parece mais ajustado sustentar que, em regra, os escritórios, consultórios, estúdios dos profissionais liberais não constituem empresas", porque:

> O que aí avulta é a pessoa dos profissionais (com específica capacidade técnico-científica para a prestação de serviços), não um objetctivo complexo produtivo; o conjunto dos instrumentos de trabalho não tem autonomia funcional nem identidade própria, não mantém idêntica eficiência ou produtividade na titularidade de terceiro (profissional da mesma especialidade); a actividade do sujeito exaure praticamente o processo produtivo (de prestação de serviços).[201]

---

[199] COELHO, Fábio Ulhoa. *Obra citada*, p. 17.

[200] GUSMÃO, Mônica. *Curso de direito empresarial*. 5. ed. Rio de Janeiro: Lumen Juris, 2007. p 10. A autora utilizou os vocábulos "personificada e despersonificada" com o sentido de "personalizada e despersonalizada", respectivamente, considerando que personificar, em matéria empresarial, é dar existência à sociedade empresarial, conforme se verifica no Título II – Da Sociedade, Subtítulo II – Da Sociedade Não-Personificada que regular a Sociedade em Comum e a Sociedade em conta de Participação – ambas despersonificadas – e no Subtítulo III – Da Sociedade Personificada que trata da Sociedade Simples, da Sociedade em Nome Coletivo, da Sociedade em Comandita Simples, da Sociedade Limitada, da Sociedade Anônima, da Sociedade em Comandita por Ações e da Sociedade Cooperativa, toda personificadas, cuja existência legal, nos termos do art. 45 do Código Civil começa "com a inscrição do ato constitutivo no respectivo registro, precedida, quando necessário, de autorização ou aprovação do Poder Executivo, averbando-se no registro todas as alterações por que passar o ato constitutivo".

[201] ABREU, Jorge Manuel Coutinho de. *Da empresarialidade* (as empresas no direito). Coimbra: Livraria Almedina, 1996, p. 102.

O jurista lusitano também sustenta a inaplicabilidade, como regra, da cláusula de proibição de concorrência na alienação de um escritório de advocacia, considerando que não há cessão de clientela e também porque o advogado-alienante não estaria obrigado a *"garantir a manutenção da eficiência de uma objectiva organização* ao advogado-adquirente, ressalvadas situações excepcionais baseadas na boa-fé objetiva".[202]

Na mesma direção, José Edwaldo Tavares Borba, para quem "A empresa produz. O intelectual cria, e assim a sua criação, por ser uma emanação do espírito, não seria assimilável aos chamados processos produtivos".[203]

Em relação à prestação de serviços advocatícios, o Estatuto da Ordem dos Advogados (Lei 8.906, de 4 de julho de 1994) contém regras claras para excluir a advocacia da atividade realizada por empresa.[204]

Haroldo Malheiros Duclerc Verçosa refere que os escritórios de advocacia, mesmo quando assumem uma organização tecnicamente empresarial, "não atuam, e nem poderiam atuar, para o mercado, remanescendo sua atividade plenamente no campo intelectual, não podendo ser caracterizada como elemento de empresa".[205]

No mesmo sentido decisão do Tribunal de Ética e Disciplina da Ordem dos Advogados do Brasil, Secção de São Paulo:

> Sociedade de advogados não se assemelha ou se equipara a empresa mercantil, liberada que está para a publicização de produtos ou bens de consumo, na busca somente de notoriedade e da aferição de lucros. O advogado ou a sociedade de advogados não devem se utilizar da propaganda ou publicidade mercantilizada, para núncio público dos seus méritos ou habilidades, em clima de competição ou concorrência. Limitar-se-ão, com discrição e moderação, no espaço e no tempo, à informação da sua disponibilidade profissional, sem inspiração ou conotação mercadológica, ou intenção de captar clientes ou causas. A atual

---

[202] Obra citada, p. 104-5.

[203] BORBA, José Edwaldo Tavares. *Temas de direito comercial*. Rio de Janeiro: Renovar, 2007. p 114.

[204] Art. 15. Os advogados podem reunir-se em sociedade civil de prestação de serviço de advocacia, na forma disciplinada nesta lei e no regulamento geral. § 1º A sociedade de advogados adquire personalidade jurídica com o registro aprovado dos seus atos constitutivos no Conselho Seccional da OAB em cuja base territorial tiver sede. § 2º Aplica-se à sociedade de advogados o Código de Ética e Disciplina, no que couber. Art. 16. Não são admitidas a registro, nem podem funcionar, as sociedades de advogados que apresentem forma ou características mercantis, que adotem denominação de fantasia, que realizem atividades estranhas à advocacia, que incluam sócio não inscrito como advogado ou totalmente proibido de advogar. § 1º A razão social deve ter, obrigatoriamente, o nome de, pelo menos, um advogado responsável pela sociedade, podendo permanecer o de sócio falecido, desde que prevista tal possibilidade no ato constitutivo. § 2º O licenciamento do sócio para exercer atividade incompatível com a advocacia em caráter temporário deve ser averbado no registro da sociedade, não alterando sua constituição. § 3º É proibido o registro, nos cartórios de registro civil de pessoas jurídicas e nas juntas comerciais, de sociedade que inclua, entre outras finalidades, a atividade de advocacia.

[205] VERÇOSA, Haroldo Malheiros Duclerc. *Obra citada*, p. 146.

corrida desenvolvimentista e a internacionalização da advocacia não influem no comprometimento dela com os direitos da cidadania, insuscetível de figurar nas urdiduras publicitárias. A abusividade e capciosidade na propaganda, aludidas no Código de Defesa do Consumidor, não possuem pertinência com os propósitos da ética advocatícia. Prevalência da Resolução n. 02/92 deste Tribunal e dos arts. 5º, 7º, e 28 a 34 do Código de Ética e Disciplina, combinado com o art. 15, § 2º, do Estatuto da Advocacia. A imagem pública da dignidade e confiabilidade da advocacia é das virtudes primordiais ao êxito da sua notável missão social.[206]

Idêntica decisão foi proferida pelo Tribunal de Ética de Disciplina da Ordem dos Advogados do Brasil, Secção do Rio Grande do Sul: "são vedadas informações de serviços jurídicos suscetíveis de implicar, direta ou indiretamente, na captação de causa ou clientes".[207]

Como visto, não existe um critério unívono que possa distinguir o empresário do não empresário. A organização – conforme anotou a jurista das arcadas – não é critério suficiente pois, empresarial ou não, toda a atividade exige o mínimo de organização.

Talvez a infungibilidade da prestação e o seu caráter personalíssimo (*intuito personae*) possam contribuir para definir situações que caracterizem ou não a natureza da atividade realizada por empresa.

A empresa existe quando as pessoas coordenadas ou os bens materiais utilizados, no concernente à produção ou à prestação dos serviços operados pela sociedade, suplantam a atuação pessoal dos sócios. A coordenação, a direção e a supervisão são pertinentes ao empresário ou à sociedade empresária; o exercício direto do objeto social, vale dizer, a produção ou a circulação de bens e a prestação de serviços são operadas pela organização. Se os próprios sócios, ou principalmente os sócios, operam diretamente o objeto social, exercendo eles próprios a produção de bens ou a sua circulação, ou a prestação de serviços, o que se tem é uma sociedade simples.[208]

---

[206] Proc. E. 1.237 – V.U. – Rel. Dr. ELIAS FARAH – Rev. Dr. JOSÉ URBANO PRATES – Presidente Dr. ROBISON BARONI. Disponível em <http://www2.oabsp.org.br/asp/tribunal_etica/ted 2.8.4.asp#> Acesso em: 15 mar. 2009.

[207] Processo disciplina 193400/2005: "São vedadas informações de serviços jurídicos suscetíveis de implicar, direta ou indiretamente na captação de causa ou clientes". Disponível em <http://www.oabrs.org.br/ementarios_ted_resultado.php>. Acesso em: 15 mar. 2009.

[208] BORBA, José Edwaldo Tavares. *Obra citada*. Rio de Janeiro: Renovar, 2007, p. 110. Em seguida o autor apresenta os seguintes exemplos: "Comecemos com o exemplo do comércio de tecidos, a fim de vislumbrar o exercício dessa mesma atividade por uma sociedade simples e por uma sociedade empresária. O comércio de tecidos, se exercido por uma sociedade em que o trabalho dos sócios é a essência da atividade, posto que são eles próprios que compram e que revendem, estaremos diante de uma sociedade simples. Os empregados, meros auxiliares, apenas completam o trabalho dos titulares da sociedade. Cuidando-se, porém, de comércio de tecidos conduzido por uma estrutura hierarquizada, que compre e revende as mercadorias sob a coordenação dos sócios e administradores sociais que, mesmo presentes, não operam, de forma prevalecente, o objeto social, a hipótese seria de uma sociedade empresária. Um bar conduzido pelos sócios seria uma sociedade simples, mas se estiver entregue a um grupo, ainda que diminuto, mas ao qual seja confiada a realização do objeto social, ter--se-ia a configuração da organização, que denota a empresa. Um supermercado, pela dimensão de sua atividade, teria que ser operado por uma organização, e, por ser assim, a sua condição empre-

Mas, além dessa caracterização, o exercente da atividade somente adquire a condição jurídica de empresário após o ato de registro previsto no artigo 967 do Código Civil de 2002.[209] Ao adquirir essa condição jurídica, o empresário passa a ser sujeito de direitos e obrigações previstas na legislação própria daqueles que dedicam à atividade realizada por empresa, como, por exemplo, na Lei de Recuperação de Empresas, que submete o devedor-empresário inadimplente aos rigores do processo falencial, mas também lhe assegura os benefícios da recuperação extrajudicial e recuperação judicial, institutos próprios e aplicáveis exclusivamente aos empresários, ou *"el estatuto del empresario comercial"*, na expressão de Galgano.[210]

Esse registro, ressalva a doutrina, não é constitutivo da condição de empresário que exige a prática efetiva da atividade, assumindo mero caráter declaratório dessa condição,[211] mas a sua ausência "coloca-o à margem

---

sarial resultaria evidente, o que não ocorreria com uma mercearia a cujos sócios estivesse entregue, de forma direta, a operação do estabelecimento. Um restaurante, tanto poderia ser operado pelos próprios sócios, que atuariam, de forma prevalecente, no atendimento dos clientes, e nesse caso a sociedade seria simples, ou os sócios apenas coordenariam o trabalho dos profissionais encarregados de exercer o objeto social – a organização – e teríamos uma sociedade empresária. Na área industrial, o objeto social compreende o processo de produção em escala, que, pela sua própria natureza, demanda uma estrutura organizacional que envolverá pessoas hierarquicamente ordenadas, além de máquinas e equipamentos necessários ao processo produtivo. A atividade industrial, pela sua complexidade, tende a conferir, ao seu titular, em quase todos os casos, a condição de empresário ou de sociedade empresária. [...] Hoje, com o avanço científico e o automatismo, algumas indústrias quase não têm empregados, os quais foram substituídos pelo aparato tecnológico, que processa a matéria-prima, elabora o produto, e até mesmo o acondiciona para o mercado. Nesses casos, ainda que não se tenha uma organização de pessoas, tem-se a coordenação de meios materiais, e a sociedade empresária, por essa razão, avulta indiscutível. [...] No setor de prestação de serviços, muitas são as variantes. Se, como quotistas de uma sociedade, cabeleireiros, costureiras, bombeiros, técnicos em geral, eles e seus auxiliares, mas principalmente eles próprios, cortam os cabelos da clientela, costuram as roupas encomendadas, consertam os canos danificados e executam a assistência técnica solicitada, as correspondentes sociedades, de que participam esses profissionais, seriam sociedades simples. Estruturada uma organização nessas sociedades, para o efeito de prestar o serviço a que elas se propõem, os sócios refluiriam para uma posição de coordenação, deixando a operação para os empregados e, como conseqüência, despontaria a sociedade empresária". *Obra citada*, p. 110-112.

[209] Dispõe o artigo 967 do Código Civil: "É obrigatória a inscrição do empresário no Registro Público de Empresas Mercantis da respectiva sede, antes do início de sua atividade". O Registro Público de Empresas Mercantis e Atividades Afins foi instituído pela Lei nº 8.934, de 18 de novembro de 1994, regulamentado pelo Decreto 1.800, de 20 de janeiro de 1996. Conforme artigo 1º da Lei 8.934/94, o Registro Público de Empresas Mercantis e Atividades Afins tem as seguintes finalidades (I) dar garantia, publicidade, autenticidade, segurança e eficácia aos atos jurídicos das empresas mercantis, submetidos a registro na forma desta lei; e (II) cadastrar as empresas nacionais e estrangeiras em funcionamento no País e manter atualizadas as informações pertinentes, entre outras.

[210] GALGANO, Francesco. *Obra citada*, p. 169.

[211] De acordo com o enunciado nº 198 do Centro de Estudos Judiciários – CEJ, do Conselho da Justiça Federal – CJF aprovado nas Jornadas de Direito Civil "a inscrição do empresário na Junta Comercial não é requisito para a sua caracterização, admitindo-se o exercício da empresa sem tal providência. O empresário irregular reúne os requisitos do art. 966, sujeitando-se às normas do Código Civil e da legislação comercial, salvo naquilo em que forem incompatíveis com a sua condição ou diante de expressa disposição em contrário", sendo que o enunciado 199 complementa que "a inscrição do

das prerrogativas plenas previstas nas inúmeras leis que regulamentam sua atividade".[212]

Exemplo típico desse efeito declaratório se passa com a atividade do produtor rural. De acordo com o artigo 971 do Código Civil em vigor, o registro é facultativo, razão pela qual somente após essa providência é que o produtor rural "ficará equiparado, para todos os efeitos, ao empresário sujeito a registro".

Isto quer dizer que o produtor rural que deixou de exercer a prerrogativa do registro previsto no referido artigo 971 do Código Civil não poderá ser considerado empresário e, nessa condição, estará impedido de exercer os direitos assegurados na legislação aplicável exclusivamente aos empresários, como é o caso da Lei 11.101/2005, em razão da clareza do artigo 1º, segundo o qual "esta lei disciplina a recuperação judicial, a recuperação extrajudicial e a falência do empresário e da sociedade empresária, doravante referidos simplesmente devedor".

Paulo F. C. Salles de Toledo, em comentários ao artigo 1º da referida lei, esclarece que os empresários rurais estarão sujeitos ou não aos termos da Lei de Recuperação de Empresas "conforme estiverem ou não inscritos no Registro Público de Empresas Mercantis. [...] É que, por força do artigo 971 do Código Civil, uma vez inscritos, estarão equiparados, "para todos os efeitos, ao empresário sujeito a registro".[213]

Essa situação do produtor rural também é destacada por Sergio Campinho, ao admitir que o produtor rural "[...] fica submetido, em princípio, ao regime do Direito Civil, não estando, desse modo, sujeito à falência ou à recuperação" para, em seguida, concluir que, a partir do seu registro na Junta Comercial, o produtor rural "[...] passará a ser sujeito passivo da falência ou da recuperação".[214]

O produtor rural até poderá ser um empresário de fato, porém, em razão da inexistência desse registro e na condição de empresário de fato, "não poderá obter os privilégios legais" na correta observação de Maria

---

empresário ou sociedade empresária é requisito delineador de sua regularidade, e não de sua caracterização". Disponível em <http://columbo2.cjf.jus.br/portal/publicacao/download.wsp?tmp.arquivo=1296>. Acesso em: 16 Fev. 2009.

[212] NOGUEIRA, Ricardo José Negrão. *Manual de direito comercial e de empresa*. vol. 1. São Paulo: Saraiva, 2003, p. 174-180. O autor indica as restrições causadas pela ausência desse registro, como, por exemplo, a proibição de participar de licitações públicas (artigo 28, II e II, da Lei 8.666/93) e a vedação de requerer a falência do seu devedor-empresário (artigo 97, § 1º da Lei 11.101/2005).

[213] TOLEDO, Paulo F. C. Salles de. *Comentários à lei de recuperação de empresas e falência*. Paulo F. C. Salles de Toledo, Carlos Henrique Abrão (coord.). São Paulo: Saraiva, 2005, p. 3.

[214] CAMPINHO, Sergio. *Falência e recuperação de empresa*. O novo regime da insolvência empresarial. Rio de Janeiro: Renovar, 2006, p. 17.

Helena Diniz.[215] No mesmo sentido, os Enunciados 201 e 202 Centro de Estudos Judiciários (CEJ), do Conselho da Justiça Federal (CJF), aprovados nas Jornadas de Direito Civil.[216]

De outro lado, o Código Civil de 2002 faz diversas referências ao empresário, à sociedade empresária e à empresa, razão pela qual é necessário identificar o vocábulo mais adequado para os fins do presente livro, afastando imprecisões, dúvidas ou ambiguidades.[217]

2.4. EMPRESA-OBJETO OU EMPRESA-SUJEITO: INSTRUMENTO DA ATIVIDADE EXERCIDA PELO EMPRESÁRIO OU AGENTE DE INCLUSÃO SOCIAL?

2.4.1. Introdução ao tema

Se o tema do presente trabalho consiste na mitigação dos deveres de conduta decorrentes da boa-fé objetiva nos contratos empresarias, urge que se identifique o protagonista principal dessa conduta: empresário ou empresa?

Nessa perspectiva, o livro alinha-se com a expressão de Clóvis do Couto e Silva, o qual – embora não tenha examinado especificamente a questão ora abordada (*empresa-objeto* ou *empresa-sujeito*) – reconheceu que:

> Numa certa medida, a empresa (referida pelo autor com o significado de instituição, da corporação, de exercente da atividade) separou-se do próprio empresário (referindo-se aos sócios, acionistas, *shareholders*) tendo em vista a sua relevância social, como fator de progresso econômico e de criação de emprego.[218]

O já citado art. 966 do Código Civil define os atributos do sujeito detentor das titularidades asseguradas pela legislação àquele que exerce

---

[215] DINIZ, Maria Helena Diniz. *Obra citada*, p. 83.

[216] Enunciado 201: arts. 971 e 984: O empresário rural e a sociedade empresária rural, inscritos no registro público de empresas mercantis, estão sujeitos à falência e podem requerer concordata. Enunciado 202: arts. 971 e 984: O registro do empresário ou sociedade rural na Junta Comercial é facultativo e de natureza constitutiva, sujeitando-o ao regime jurídico empresarial. É inaplicável esse regime ao empresário ou sociedade rural que não exercer tal opção. Disponível em <http://columbo2. cjf. jus.br/portal/publicacao/download.wsp?tmp.arquivo=1296> Acesso em: 16 FEV 2010.

[217] Embora a atual Lei de Falência e de Recuperação Judicial e Extrajudicial (Lei 11.101, de 09/02/2005) tenha pretendido afastar qualquer possibilidade de equívoco ao estabelecer no seu artigo 1° que: "Esta Lei disciplina a recuperação judicial, a recuperação extrajudicial e a falência do empresário e da sociedade empresária, doravante referidos simplesmente como devedor", a verdade é que vários dispositivos adotaram o vocábulo "empresa", como adiante se demonstrará.

[218] COUTO E SILVA, Clóvis do. "O Conceito de empresa no Direito Brasileiro". *Revista da Ajuris*, n. 37, ano XIII, julho, 1986, p. 45.

atividade própria de empresário, isto é, àquele que exerce profissionalmente atividade econômica organizada para a produção ou a circulação de bens ou de serviços.

O empresário é entendido, juridicamente, como o sujeito de direito que exerce a empresa. São empresários as pessoas naturais ou jurídicas (sociedades) exercentes dessa atividade econômica qualificada", esclarece Marcelo Andrade Feres.[219]

Também é detentora das mesmas titularidades a sociedade empresária, pessoa jurídica criada para o exercício regular das atividades realizada por empresas, cuja existência legal começa com a inscrição do ato constitutivo no registro de empresas mercantis (artigo 45), resultando, desse ato registral, a formação de personalidade jurídica da sociedade empresária.[220]

A ausência de distinção[221] entre o empresário e sociedade empresária é reconhecida, por exemplo, nos artigos 226, 1.150, 1.179, 1.181, 1.184, 1.185, 1.187, inciso II, 1.190, 1.194, 2.031 e 2.037 do Código Civil, conforme demonstrado no quadro a abaixo.

Quadro I
AUSÊNCIA DE DISTINÇÃO ENTRE EMPRESÁRIO E
SOCIEDADE EMPRESÁRIA NO CÓDIGO CIVIL

ARTIGO	SIGNIFICADO
226	Regula o valor probante dos livros e fichas dos empresários e sociedades.
1.150	Vincula o empresário e a sociedade empresária ao Registro Público de Empresas Mercantis a cargo das Juntas Comerciais
1.179	Impõe ao empresário e à sociedade empresária a obrigação de seguir um sistema de contabilidade
1.181	Condiciona o registro dos livros e ficha do empresário e da sociedade empresária ao seu prévio registro no Registro Público de Empresas Mercantis
1.184	Regula as condições para o registro das operações realizadas pelo empresário ou sociedade empresária no livro diário

---

[219] FERES, Marcelo Andrade. "Empresa e empresário: do Código Civil italiano ao novo Código Civil brasileiro". *Direito de empresa no novo Código Civil.* Frederico Viana Rodrigues (coord.). Rio de Janeiro: Forense, 2004, p. 53.

[220] Art. 45. Começa a existência legal das pessoas jurídicas de direito privado com a inscrição do ato constitutivo no respectivo registro, precedida, quando necessário, de autorização ou aprovação do Poder Executivo, averbando-se no registro todas as alterações por que passar o ato constitutivo.

[221] O aprofundamento dessa distinção entre empresário e sociedade empresária, todavia, teria relevância em matéria de responsabilidade patrimonial, em razão da repercussão nos bens da pessoa do empresário, da sociedade empresarial e dos seus sócios, cujo tema não é objeto da investigação proposta no presente livro.

1.185	Faculta ao empresário ou à sociedade empresária adotar o livro Balancetes Diários e Balanços
1.187, inciso II	Faculta ao empresário ou à sociedade empresária na coleta dos elementos para o inventário, considerar a quantia efetivamente paga a título de aviamento de estabelecimento adquirido
1.190	Assegura a inviolabilidade dos livros e fichas do empresário e da sociedade empresária, ressalvados os casos previstos em lei
1.194	Impõe ao empresário e à sociedade empresária a obrigação de conservar em boa guarda toda a escrituração, correspondência e mais papéis concernentes à sua atividade, enquanto não ocorrer prescrição ou decadência no tocante aos atos neles consignados
2.031	Concede ao empresário e às sociedades a obrigação de se adaptarem às disposições do Código até 11 de janeiro de 2007, posteriormente prorrogado
2.037	Sujeita os empresários e as sociedades empresárias às disposições de lei não revogadas pelo Código, referentes a comerciantes, ou a sociedades comerciais, bem como a atividades mercantis

A *empresa-objeto* pode ser considerada a forma ou a organização indispensável para que o empresário possa empreender a prática contínua dos atos empresariais, tal como reconhecido na Lei das Sociedades por Ações (Lei 6.404, de 16/12/1976), no artigo 2º (ao estabelecer que pode ser objeto social da companhia qualquer empresa de fim lucrativo, não contrário à lei, à ordem pública e aos bons costumes) e no artigo 3º, § 1º, (ao permitir que o nome do fundador, do acionista, ou da pessoa que por qualquer outro modo tenha concorrido para o êxito da empresa, poderá figurar na denominação da companhia).

A mesma acepção do vocábulo *empresa-objeto* é adotada no artigo 1.142 do Código Civil, que considera estabelecimento todo complexo de bens organizado para exercício da empresa (*com o sentido de empresa-objeto*), e no artigo 1.155, que considera nome empresarial a firma ou a denominação adotada para o exercício de empresa (*com o sentido de empresa-objeto*).

2.4.2. Posição da doutrina

Raquel Sztajn, embora se alinhe à posição de que a empresa "nada mais é do que a projeção da figura do empresário", reconhece que "é comum ver a palavra empresa utilizada como sinônimo de sociedade", concluindo que essa proximidade é "tal que o Código Civil inclui, no Direito de Empresa, matéria relativa à organização das sociedades em suas diferentes formas".[222]

---

[222] SJTAJN, Rachel, *Teoria jurídica da empresa*: atividades empresárias e mercados. São Paulo: Atlas, 2004, p. 195.

No mesmo sentido, Carvalho de Mendonça, para quem a empresa é a organização que reúne trabalho, capital, bens ou serviços, "correndo o risco por conta do empresário, isto é, daquele que reúne, coordena e dirige esses elementos sob sua responsabilidade".[223] Fabio Ulhoa Coelho também entende que o empresário é aquele que explora a atividade econômica, e a empresa designa apenas a atividade.[224] Fran Martins igualmente é incisivo ao afirmar que o exercício das atividades comerciais é realizado através das "empresas, ficando essas, no entanto, subordinadas ao empresário comercial (chefe da empresa ou, na concepção clássica do direito, comerciante)".[225] Galgano, com base em dispositivo expresso do Código Civil italiano (2085), esclarece que *el empresario es lo jefe de la empresa.*[226]

Para Ricardo Negrão e Haroldo Malheiros Duclerc Verçosa, a empresa deve ser considerada como a atividade exercida pelo empresário, pois "ela não existe como pessoa (sujeito de direito), tampouco como objeto de direito, porque é a própria atividade de alguém", sendo que esse alguém é o empresário "titular da empresa, pessoal, natural ou jurídica. É quem assume o risco da atividade para o bem (proveito dos lucros) ou para o mal (responsabilidade pelos prejuízos causados a terceiros)".

Ainda para Ricardo Negrão, a "sua concepção é, pois, abstrata e corresponde ao conceito de fatos jurídicos, ou exercício de negócios jurídicos qualificados (atividade econômica organizada, com fim próprio, lícito), e Haroldo Malheiros Duclerc Verçosa sustenta – com apoio em Barreto Filho, que "a empresa não é um ser. Trata-se apenas de um fato. São existentes o empresário (sujeito de direito) e o estabelecimento (objeto de direito)".[227]

Em Portugal também se suscita essa questão da *empresa-sujeito* e *empresa-objeto*. Jorge Manuel Coutinho de Abreu esclarece que no âmbi-

---

[223] CARVALHO MENDONÇA, J. X. Carvalho. *Obra citada*, p. 492.

[224] "A pessoa jurídica empresária é cotidianamente denominada empresa e os seus sócios são chamados de empresários. Em termos técnicos, contudo, empresa é a atividade, e não a pessoa que a explora; o empresário não é o sócio da sociedade empresarial, mas a própria sociedade. É necessário, assim, acentuar, de modo enfático, que o integrante de uma sociedade empresária (o sócio) não é empresário; não está, por conseguinte, sujeito as normas que definem os direitos e deveres do empresário." (COELHO, Fabio Ulhoa. *Curso de direito comercial.* vol. 1, 11. ed. rev. e atual. São Paulo: Saraiva, 2007, p. 63-64).

[225] O autor aponta que Michel Despax, por exemplo, pretende classificar a empresa "como sujeito, caso em que caberia à empresa, e não ao seu chefe, o empresário, assumir obrigações e exercer direitos." (MARTINS, Fran. *Obra citada.* 1999, p. 11. Ver também: REQUIÃO, Rubens. *Obra citada*, p. 52-61. DINIZ, Maria Helena. *Obra citada.* 2008, p. 33-34. TOMAZETTE, Marlon. *Curso de direito empresarial:* teoria geral e direito societário. vol. 1. São Paulo: Atlas, 2008, p. 16-22. GUSMÃO, Monica. *Obra citada*, p. 8.

[226] GALGANO, Francesco. *Obra citada*, p. 134.

[227] NOGUEIRA, Ricardo José Negrão. *Obra citada*, p. 58. VERÇOSA, Haroldo Malheiros Duclerc. *Obra citada*, p. 155-165.

to do direito comunitário não se colhe um conceito unitário de empresa que aparece basicamente com dois sentidos: "um subjetivo (o dominante) – a empresa como sujeito jurídico [...] – e um objetivo – a empresa como mecanismo ou organização de meios destinada à produção de bens para troca".

O jurista português, após análise dos dispositivos legais do Tratado que institui a Comunidade Europeia, esclarece que ocorreu uma "europeização desse conceito", (*empresa-sujeito*), indicando sua influência nas legislações dos Estados-membros, comentando os exemplos da França, Espanha, Itália e Alemanha.[228]

2.4.3. Empresa-sujeito na Constituição Federal, no Código Civil e nas leis esparsas

A Constituição Federal, em diversos dispositivos, utiliza o vocábulo *empresa* com o seu sentido subjetivo (*empresa-sujeito*)[229] conforme demonstrado no quadro abaixo.

Quadro II
DISPOSITIVOS DA CONSTITUIÇÃO FEDERAL QUE UTILIZAM
O VOCÁBULO EMPRESA COMO EMPRESA-SUJEITO, ATRIBUINDO-LHE
SIGNIFICADO DE SOCIEDADE EMPRESÁRIA

ARTIGO	SIGNIFICADO
5º, XXIX	Estabelece que a lei deve assegurar aos autores de inventos industriais privilégio temporário para sua utilização, bem como proteção às criações industriais, à propriedade das marcas, aos *nomes de empresas* e a outros signos distintivos, tendo em vista o interesse social e o desenvolvimento tecnológico e econômico do País.
7º, XI	Assegura aos trabalhadores o direito à participação nos lucros, ou resultados, desvinculada da remuneração, e, excepcionalmente, participação na gestão da *empresa*, conforme definido em lei;
11	Estabelece que, nas *empresas* de mais de duzentos empregados, é assegurada a eleição de um representante destes com a finalidade exclusiva de promover-lhes o entendimento direto com os empregadores.

A Constituição Federal, ao tratar da administração pública, em reiteradas oportunidades adota o vocábulo *empresa* com o seu sentido sub-

---

[228] ABREU, Jorge Manuel Coutinho de. *Obra citada*, p. 286-291.

[229] Márcia Lipert esclarece que a empresa, quando classificada como sujeito de direito, "teria existência própria, independentemente da vontade do empresário, em decorrência da sua relevância social como fator de progresso econômico e de criação de emprego." (LIPERT, Márcia Mallmann. *A empresa no Código Civil* – elemento de unificação no direito privado. São Paulo: Revista dos Tribunais, 2003, p. 30).

jetivo, como se verifica, por exemplo, nas seguintes passagens: *empresas* concessionárias e permissionárias de serviços públicos, *empresas* distribuidoras de energia elétrica, *empresas* controladas pela Administração Pública, diretores de *empresa* e, por último e de maneira inconfundível, quando estabelece que "a lei regulamentará as relações da *empresa* pública com o Estado e a sociedade" (artigo 173, § 3º) e que "a União poderá contratar com *empresas* estatais ou privadas" (artigo 177, § 1º).

Outras referências do vocábulo *empresa* na Constituição Federal também apontam para o significado de *empresa-sujeito:* No artigo 170, inciso IX, ao estabelecer que a ordem econômica observará o tratamento diferenciado e favorecido para as *empresas* de pequeno porte. No art. 195, inciso I, ao estabelecer que a seguridade social será financiada por contribuições sociais do empregador e da *empresa*. No artigo 218, § 4º, ao estabelecer que a lei apoiará e estimulará as *empresas* que invistam em pesquisa, criação de tecnologia adequada ao País. No artigo 222 ao regular a propriedade de *empresa* jornalística e de radiodifusão sonora e de sons e imagens.

Nessa mesma perspectiva, o Código Civil também utiliza o vocábulo empresa com o seu sentido subjetivo (*empresa-sujeito*), atribuindo-lhe significado de sociedade empresária, conforme demonstrado no quadro abaixo.

Quadro III
DISPOSITIVOS DO CÓDIGO CIVIL QUE UTILIZAM
O VOCÁBULO EMPRESA COMO EMPRESA-SUJEITO,
ATRIBUINDO-LHE SIGNIFICADO DE SOCIEDADE EMPRESÁRIA

ARTIGO	SIGNIFICADO
931	Estabelece que os empresários individuais e as *empresas* (com o significado de *empresa-sujeito*) respondem independentemente de culpa pelos danos causados pelos produtos postos em circulação.
1.085	Permitie a exclusão de sócios, quando a sua maioria entender que estão pondo em risco a continuidade da *empresa* (com o significado de *empresa-sujeito*).
1.504	Estabelece que os credores hipotecários poderão opor-se à fusão com outra *empresa* (com o significado de empresa-sujeito), sempre que com isso a garantia do débito enfraquecer.

O mesmo ocorre com a Lei das Sociedades por Ações (Lei 6.404, de 16/12/1976). Diversos dispositivos da lei utilizam o vocábulo empresa quando se referem à companhia ou sociedade, conforme demonstrado no quadro ao lado.

Quadro IV
DISPOSITIVOS DA LEI 6.404/76 QUE UTILIZAM O VOCÁBULO EMPRESA COMO EMPRESA-SUJEITO, ATRIBUINDO-LHE SIGNIFICADO DE SOCIEDADE EMPRESÁRIA

ARTIGO	SIGNIFICADO
8º	Estabelece que a avaliação dos bens conferidos ao capital social da companhia será feita por três peritos ou por *empresa* especializada (com o significado de *empresa-sujeito*).
45	Também se refere à *empresa* especializada (com o significado de *empresa-sujeito*).
116, parágrafo único	Atribui ao acionista controlador, no uso do poder de controle, deveres e responsabilidades para com os demais acionistas da *empresa* (com o significado de *empresa-sujeito*).
117	Responsabiliza o acionista controlador pelos danos causados por atos praticados com abuso de poder em prejuízo dos demais acionistas e dos que trabalham na *empresa* (com o significado de *empresa-sujeito*).
137	Faculta aos órgãos da administração convocar a assembleia-geral para ratificar ou reconsiderar a deliberação da qual resulte direito de retirada aos acionistas dissentes, se entenderem que o pagamento do preço do reembolso das ações àqueles que exerceram esse direito porá em risco a estabilidade financeira da *empresa* (com o significado de *empresa-sujeito*).
140	Estabelece que o estatuto pode prever a participação no conselho administração da companhia de representantes dos empregados, escolhidos pelo voto destes, em eleição direta, organizada pela *empresa* (com o significado de *empresa-sujeito*).
154	Impõe ao administrador o dever de exercer as atribuições que a lei e o estatuto lhe conferem para lograr os fins e no interesse da companhia, satisfeitas as exigências do bem público e da função social da empresa (com o significado de *empresa-sujeito*).
154, § 4º	Confere ao conselho de administração ou a diretoria competência para autorizar a prática de atos gratuitos razoáveis em benefício dos empregados ou da comunidade de que participe a *empresa* (com o significado de *empresa-sujeito*), tendo em vista suas responsabilidades sociais.
264, § 1º	Estabelece que na incorporação, pela controladora, de companhia controlada, a avaliação das sociedades será feita por três peritos ou *empresa* especializada (com o significado de *empresa-sujeito*).

A Lei de Falência e de Recuperação Judicial e Extrajudicial (lei 11.101, de 09/02/2005) também adota empresa com a acepção de empresário ou de sociedade empresária, como se verifica no quadro abaixo.

Quadro V
DISPOSITIVOS DA LEI 11.101/05 QUE UTILIZAM O VOCÁBULO EMPRESA COMO EMPRESA-SUJEITO ATRIBUINDO-LHE SIGNIFICADO DE SOCIEDADE EMPRESÁRIA

ARTIGO	SIGNIFICADO
3º	Define a competência do juízo do local da filial de *empresa* (com o significado de *empresa-sujeito*) que tenha sede fora do Brasil.

47	Estabelece que a recuperação judicial tem por objetivo promover a preservação da *empresa* (com o significado de *empresa-sujeito*), sua função social e o estímulo à atividade econômica.
50, inciso XIII	Define o usufruto da *empresa* (com o significado de *empresa-sujeito*) como um dos meios de recuperação judicial.
51, § 2º	Permite que as *empresas* de pequeno porte (com o significado de *empresa-sujeito*) podem instruir a petição judicial com os livros e escrituração contábil simplificados nos termos da legislação específica, em substituição às demonstrações contábeis relativas aos três últimos exercícios sociais.
64, inciso IV, letra "c",	Cria hipótese de afastamento dos administradores do devedor quando os mesmos, durante o procedimento de recuperação judicial, descapitalizarem injustificadamente a *empresa* (com o significado de *empresa-sujeito*) ou realizarem operações prejudiciais ao seu funcionamento regular.
70	Refere à *empresa* de pequeno porte (com o significado de *empresa-sujeito*).
75	Refere aos bens, ativos e recursos produtivos, inclusive os intangíveis da *empresa* (com o significado de *empresa-sujeito*).
140	Define, entre as várias hipóteses de alienação dos bens da *empresa* (com o significado de *empresa-sujeito*).
141, 142 e 143	Tratam das hipóteses de alienação conjunta ou separada de ativos, inclusive da *empresa* (com o significado de *empresa-sujeito*).
181	Estabelece, entre os efeitos da condenação por crime previsto na lei, a impossibilidade de gerir *empresa* (com o significado de *empresa-sujeito*).

Os artigos 20, 21 e 54 da Lei Anticoncorrencial (Lei 8.884/94), ao definirem as condutas anticompetitivas, utilizam o vocábulo *empresa* com o significado de *empresa-sujeito*, conforme quadro abaixo.

Quadro VI
DISPOSITIVOS DA LEI 8.884/94 QUE UTILIZAM
O VOCÁBULO EMPRESA COMO EMPRESA-SUJEITO
ATRIBUINDO-LHE SIGNIFICADO DE SOCIEDADE EMPRESÁRIA

ARTIGO	SIGNIFICADO
20, inciso V	Com a expressão "criar dificuldades à constituição, ao funcionamento ou ao desenvolvimento de *empresa* concorrente." (com o significado de *empresa-sujeito*).
21, IV, V e XXI	Com as expressões "novas empresas ao mercado", "empresa concorrente" e "atividades da empresa" (com o significado de *empresa-sujeito*).
54	Trata dos atos de concentração econômica, estabelece que estão sujeitos ao controle do órgão regulador os atos que visem a qualquer forma de concentração econômica, seja através de fusão ou incorporação de *empresas*, constituição de sociedade para exercer o controle de *empresas* ou qualquer forma de agrupamento societário, que implique participação de *empresa* ou grupo de *empresas* resultante em vinte por cento de um mercado relevante (com o significado de *empresa-sujeito*).

Finalmente, o artigo 2º da Consolidação das Leis do Trabalho (Decreto-Lei 5.452, de 1º/05/1943) considera "empregador a *empresa*, individual ou coletiva, que, assumindo os riscos da atividade econômica, admite, assalaria e dirige a prestação pessoal de serviço", entre diversos outros dispositivos que utilizam o vocábulo *empresa* com o sentido de *empresa--sujeito*.

2.4.4. Algumas referências do Superior Tribunal de Justiça

Com o máximo respeito e consideração ao posicionamento majoritário da doutrina,[230] verifica-se que os Tribunais Superiores (Supremo Tribunal Federal e Superior Tribunal de Justiça), embora não tenham sido instados a examinar especificamente esse tema, em reiteradas decisões adotam o vocábulo *empresa* conforme estudamos aqui, como sendo sujeito de direitos (*empresa-sujeito*) e não como instrumento do exercício da atividade empresarial (*empresa-objeto*), como se vê, por exemplo, na decisão assim ementada:

> Não há como aferir a potencialidade de lucro de uma empresa sem que tenha um período anterior de atividade a servir como parâmetro, posto que a experiência revela que, mesmo explorando o mesmo ramo de negócio, algumas empresas têm lucro e outras não; aí conta, entre outros fatores, o dinamismo do empresário e a organização da empresa, que precisam ser postos à prova [...].[231]

O eminente Ministro Relator, por exemplo, concluiu que não há como aferir a capacidade de lucro de uma "empresa sem que esteja em funcionamento", porque "a experiência revela, como já acentuado, que, mesmo explorando o mesmo ramo de negócio, algumas empresas têm lucro e outras não"

O certo é que, embora o caso não tratasse de decidir a respeito da correta designação do exercente da atividade – empresário ou empresa – com base no voto do eminente Relator, é possível extrair do vocábulo *empresa* o sentido proposto neste trabalho com o significado de *empresa--sujeito*.

---

[230] Aqui representados por Túlio Ascarelli, para quem "empresa é, antes de tudo, o exercício profissional de uma atividade organizada e empresário, o que exerce, profissionalmente, a atividade econômica organizada." (ASCARELLI, Túlio. "O desenvolvimento histórico do direito comercial e o significado da unificação do direito privado". Trad. de Fabio Konder Comparato. *Revista de Direito Mercantil* n. 114, abr./jun., 1999, p. 244-250. Na mesma direção Fabio Ulhoa Coelho que, em outra obra de sua autoria, escreve que "empresa é a atividade econômica organizada para produção ou circulação de bens ou serviços. Sendo uma atividade, empresa não tem natureza jurídica de sujeito de direito nem de coisa. Em outros termos, não se confunde com o empresário (sujeito, nem com o estabelecimento (coisa)." (COELHO, Fabio Ulhoa. *Manual de direito comercial*. 13. ed. rev. e atual. de acordo com o novo Código Civil. São Paulo: Saraiva, 2002, p. 18).

[231] STJ. REsp 253.068/SP, Rel. Min. Ari Pargendler, 3ª Turma, j. em 17/12/2002.

O saudoso Min. Carlos Alberto Menezes Direito participou desse julgamento quando judicava naquela Corte de Justiça, destacando-se do seu voto a seguinte passagem que também representa um reforço da posição adotada neste livro para o melhor sentido do vocábulo empresa: "não é possível, em se tratando de uma empresa, presumir que esta vá ter lucros, porque, em um mesmo ramo de atividade, uma empresa pode ter lucros e outra, prejuízos".

Em outra decisão da mesma Corte de Justiça, que examinou a responsabilidade civil de uma concessionária de transporte ferroviário pela morte de um pedestre, vítima de atropelamento, o vocábulo *empresa* também pode ser considerado com o sentido ora proposto (empresa-sujeito), ao ser admitida a responsabilidade da empresa pelo trágico evento "porquanto incumbe à empresa que explora tal atividade cercar e fiscalizar, eficazmente, a linha, de modo a impedir a sua invasão por terceiros, notadamente em locais urbanos e populosos".[232]

Em decisões do mesmo Tribunal que examinaram a possibilidade de penhora sobre o faturamento da empresa, o vocábulo também pode ser considerado com o mesmo sentido ora proposto (empresa-sujeito) ao reconhecerem, por exemplo, que "a jurisprudência mais atualizada desta Casa vem se firmando no sentido de restringir a penhora sobre o faturamento da empresa", desde que observados rigorosamente os requisitos procedimentais essenciais, entre os quais, por exemplo, se destaca a "fixação de percentual que não inviabilize a atividade econômica da empresa", considerando que – no dizer do Relator – essa medida:

> pode ensejar deletérias consequências no âmbito financeiro da empresa, conduzindo-a, compulsoriamente, ao estado de insolvência, em prejuízo não só de seus sócios, como também, e precipuamente, dos trabalhadores e de suas famílias, que dela dependem para sobreviver.[233]

---

[232] STJ. REsp 257.090/SP, Rel. Min. Castro Filho, j. em 16/12/2003. Há outros julgados que examinaram esse mesmo tema da responsabilidade civil e reconheceram a culpa concorrente da vítima e da empresa conforme REsp. 38.152/RJ, relator Ministro Nilson Naves, DJ de 06/12/1993; REsp. 244.745/SP, relator Ministro Ari Pargendler, DJ de 03/06/2002; REsp. 227010/SP, relator Ministro Ruy Rosado de Aguiar, DJ de 19/11/1999; REsp 107.230, RJ, relator Ministro César Asfor Rocha, DJ de 18.10.99; REsp. 45872/SP, relator Ministro Ari Pargendler, DJ de 24/03/2003; REsp. 480357/SP, relator Ministro Ruy Rosado de Aguiar, DJ de 15/09/2003.

[233] STJ. REsp 994089/RJ, Rel. Min. José Delgado, 1ª Turma, j. em 04/12/2007. Há inúmeras decisões proferidas pelo mesmo Tribunal, nas quais o vocábulo empresa é utilizado no mesmo sentido: REsp nº 163549/RS, Rel. Min. Garcia Vieira, DJU 14/09/1998; REsp 105.247/SP, Rel. Min. Milton L. Pereira, DJU 15/12/97; REsp 89.694/SP, Rel. Min. Milton L. Pereira, DJU 22/04/97; EAG nº 459940/RJ, 1ª Seção, Rel. Min.Franciulli Netto, DJ de 11/10/2004; EREsp nº 267449/SP, 1ª Seção, Rel. Min. Franciulli Netto, DJ de 25/08/2003; REsp nº 35.838/SP e REsp nº 37.027/SP, ERESP nº 48959/SP, 1ª Seção, Rel. Min. Adhemar Maciel, DJ de 20/04/1998; EREsp nº 24030/SP, 1ª Seção, Rel. Min. Humberto Gomes de Barros, DJ de 02/06/1997; MC nº 7647/SP, 2ª Turma, Rel. Min. Castro Meira, DJ de 25/10/2004; REsp nº 221627/SP, 2ª Turma, Rel. Min. Castro Meira, DJ de 11/10/2004; AGRMC nº 8725/RJ, 1ª Turma, Rel. Min. Luiz Fux, DJ de 30/09/2004; REsp nº 609212/RO, 2ª Turma, Rel. Min.

Em decisão que examinou litígio envolvendo pleito indenizatório apresentado contra uma instituição financeira, o vocábulo *empresa* em diversas passagens pode ser considerado com o sentido proposto pelo presente livro, como se vê, por exemplo, quando o Relator faz referências como: *"empresa* autora [...] ofensa à *empresa* [...] lucratividade que a *empresa*-apelante fatalmente obteria [...] *empresa* recorrida já operada há muitos anos" entre outras passagens do seu voto.[234]

Castro Meira, DJ de 20/09/2004; REsp n° 609151/RJ, 1ª Turma, Rel. Min. Luiz Fux, DJ de 30/08/2004; REsp n° 584915/RJ, 1ª Turma, Rel. Min. Luiz Fux, DJ de 23/08/2004; AGA n° 523311/MT, 2ª Turma, Rel. Min. Franciulli Netto, DJ de 30/06/2004; REsp n° 594927/RS, 2ª Turma, Rel. Min. Franciulli Netto, DJ de 30/06/2004; REsp n° 488000/SP, 2ª Turma, Relª. Minª Eliana Calmon, DJ de 28/06/2004; REsp n° 628406/BA, 1ª Turma, Rel. Min. Luiz Fux, DJ de 31/05/2004; AGREsp n° 261883/SP, 2ª Turma, Rel. Min. Franciulli Netto, DJ de 22/03/2004; AGREsp n° 407223/SP, 2ª Turma, Relª. Minª Eliana Calmon, DJ de 05/05/2003.

[234] STJ. REsp 846455. MS, Rel. Min. Sidnei Beneti, 3ª Turma, julg. em 10/03/2009, conforme seguintes expressões: "projeto de implantação de um complexo agro-industrial da *empresa autora* [...] *empresas encarregadas da execução dos serviços* já haviam contratado mão-de-obra especializada o dinamismo do empresário e a *organização da empresa* [...] *a ofensa à empresa* tanto pode causar-lhe prejuízo de ordem material quanto de ordem apenas moral, devendo recompor-se o seu patrimônio dessa natureza atingido [...] constata-se do projeto que ele previa, além do *recurso próprio da empresa-apelante* – e que foi efetivamente aplicado – o valor do investimento e o *valor do rendimento que a empresa ia obter* [...] se a *empresa-autora* estava no mercado há quatorze anos, operando com sucesso e tendo se firmado como empresa tradicional na sua área de atuação, a paralisação de suas atividades causa prejuízos à sua imagem, ensejando indenização por danos morais, cujos valores são fixados segundo prudentes critérios do julgador [...] o pagamento daqueles financiamentos, sem qualquer dúvida, adviriam dos *lucros obtidos pela empresa-apelante* no funcionamento do complexo industrial. Entendo, pois, que a *empresa apelante* reclama com razão o pagamento dos lucros cessantes [...] Com efeito, o banco recorrido aprovou o projeto e se propôs a financiá-lo baseado na *lucratividade que a empresa-apelante* fatalmente obteria, esta real e concreta, porquanto em conformidade com um ajustado planejamento, portanto não uma simples estimativa ou hipótese imaginada [...] Todavia, passados 90 dias da assinatura dos contratos, *já esgotados os recursos particulares da empresa*, nenhum valor tinha sido liberado pelo recorrente, que afirmava não ter havido repasse pelo FCO e pelo BNDES [...] Afirma a casa bancária que a *empresa recorrida*, ao ensejo de seu recurso de apelação, inovou matéria, ao trazer à baila questão relativa à imediatidade da utilização do crédito [...] A demora na liberação do financiamento foi considerada causa determinante apenas no comprometimento da *atividade da empresa* [...] todavia, o numerário retido pela casa bancária visou tão-somente a abater o débito decorrente dos *empréstimos tomados pela empresa* para dar continuidade à obra, diante da demora do BNDES e do FCO em liberar a verba [...] Em outras palavras, tudo indica que, se a instituição financeira não tivesse *emprestado dinheiro à empresa* e, por conseguinte, não tivesse retido parte do financiamento para pagamento dessa dívida, ainda assim a obra não teria sido concluída [...] não há certeza em relação aos *ganhos que seriam auferidos pela empresa* caso o empreendimento fosse concluído [...] Na espécie, não vislumbro a presença dessa razoável probabilidade de que os lucros cessantes suscitados pela empresa recorrida de fato ocorreriam [...] Por mais detalhado e preciso que fosse o *projeto elaborado pela empresa* [...] *a empresa recorrida* jamais autorizou a casa bancária a efetuar a compensação de valores [...] em se tratando de pessoa jurídica, o dano moral deriva dos prejuízos causados ao seu nome e tradição no mercado. Trata-se da denominada honra objetiva, que se reflete na *reputação da empresa no mercado* [...] não cabe dúvida de que à época dos fatos *a empresa recorrida já operava há muitos anos*, sendo conhecida na região e detentora de confiança e credibilidade no mercado, vindo tudo isso a ser seriamente abalado pela paralisação do empreendimento [...] com efeito, conforme visto nos itens anteriores: (i) o atraso na liberação do financiamento não ocasionou *prejuízos à empresa recorrida*, pois suas necessidades de caixa foram supridas pelo banco; e (ii) a retenção parcial da verba não foi fator determinante para a não conclusão das obras, pois o *dinheiro desviado já havia sido antecipado à empresa* pela própria instituição financeira".

BOA-FÉ OBJETIVA NOS CONTRATOS EMPRESARIAIS

O mesmo sentido se pode extrair no julgamento do AI-AgR 675496/ SP na Suprema Corte do país, no qual ficou assentado que uma determinada incidência tributária dependeria da análise "da atividade da *empresa*". Ora, se *empresa* é a atividade exercida pelo empresário – conforme sustentado pela posição majoritária da doutrina nacional – neste caso o vocábulo *empresa* pode ser considerado com o significado de sociedade empresária.[235]

Em outra oportunidade, em acórdão da lavra da Min. Ellen Greice, com apoio em diversos julgados da Corte Suprema, ficou decidido que "as *empresas* de construção civil, ao adquirir em outros estados, materiais para empregar em suas obras, não estão sujeitas a satisfazer a diferença em virtude de alíquota maior do ICMS cobrada pelo Estado destinatário".[236]

Da mesma forma, quem adquire materiais são as sociedades empresárias e, no caso, a decisão referiu-se às *empresas*, termo que pode ser considerado com o sentido proposto no presente livro (*empresa-sujeito*).[237]

2.4.5. Os perfis da empresa: conclusões

Ademais, a doutrina trava profundo debate a respeito do conceito jurídico de empresa. Jorge Lobo faz um apanhado da doutrina italia-

---

[235] STF. AI-AgR 675496/SP, Relª. Min. Carmen Lúcia, 1ª Turma, j. em 15/12/2009.

[236] STF. RE 356335-AgR/CE, Relª. Min. Ellen Greice, 2ª Turma, j. em 01/12/2009. No mesmo sentido os seguintes julgados: RE 572811-AgR/RN, rel. Min. Ricardo Lewandowski, 1ª Turma, DJ 19/06/2009. AI 505-364-AgR/MG, rel. Min. Carlos Velloso, 2ª Turma, DJ 22/04/2005; RE 579084-AgR/AL, rel. Min. Carmen Lúcia, DJ 01/09/2008; RE 511593/AM, rel. Min. Carlos Britto. DJ 27/11/2008; RE 547341/RJ, rel. Min. Carmen Lúcia, DJ 24/09/2009.

[237] Vejam-se, ainda, as seguintes súmulas de jurisprudência do Superior Tribunal de Justiça que adotaram o vocábulo *empresa* com o sentido proposto nesta obra: Súmula 435: Presume-se dissolvida irregularmente a *empresa* que deixar de funcionar no seu domicílio fiscal, sem comunicação aos órgãos competentes, legitimando o redirecionamento da execução fiscal para o sócio-gerente. Súmula 432: As *empresas* de construção civil não estão obrigadas a pagar ICMS sobre mercadorias adquiridas como insumos em operações interestaduais. Súmula 425: A retenção da contribuição para a seguridade social pelo tomador do serviço não se aplica às *empresas* optantes pelo Simples. Súmula 361: A notificação do protesto, para requerimento de falência da *empresa* devedora, exige a identificação da pessoa que a recebeu. Súmula 351: A alíquota de contribuição para o Seguro de Acidente do Trabalho (SAT) é aferida pelo grau de risco desenvolvido em cada *empresa*, individualizada pelo seu CNPJ, ou pelo grau de risco da atividade preponderante quando houver apenas um registro. Súmula 333: Cabe mandado de segurança contra ato praticado em licitação promovida por sociedade de economia mista ou *empresa* pública. Súmula 305: É descabida a prisão civil do depositário quando, decretada a falência da *empresa*, sobrevém a arrecadação do bem pelo síndico. Súmula 283: As *empresas* administradoras de cartão de crédito são instituições financeiras e, por isso, os juros remuneratórios por elas cobrados não sofrem as limitações da Lei de Usura. Súmula 250: É legítima a cobrança de multa fiscal de *empresa* em regime de concordata. Súmula 150: Compete à Justiça Federal decidir sobre a existência de interesse jurídico que justifique a presença, no processo, da União, suas autarquias ou *empresas* publicas. Finalmente, em consulta realizada na jurisprudência do Superior Tribunal de Justiça surgem as seguintes respostas: com o vocábulo *empresário*, 213 documentos; com o vocábulo *sociedade empresária*, surgem 520 documentos encontrados; e com o vocábulo *empresa*, surgem 17315 documentos.

na, alemã, espanhola, francesa e brasileira.[238] Jorge Manuel Coutinho de Abreu também faz um estudo a respeito do conceito unitário de empresa, suas concepções econômica, sociológica e jurídica, conforme antes mencionado. Mas foi Fabio Konder Comparato que traduziu para o idioma nacional uma das mais importantes contribuições doutrinárias sobre o tema, escrita por Alberto Asquini.

Após comentar que não agradou a muitos que o Código Civil não tenha dado uma definição jurídica da empresa, Asquini assumiu posição inovadora em relação aos comentadores do Código que se prestaram "às mesmas ironias sobre a obra dos juristas", e propôs superar o "estado de ânimo de insatisfação, verificando as coisas como são", resultando, dessa posição, o seu consagrado conceito de empresa como sendo "[...] um fenômeno econômico poliédrico, o qual tem sob o aspecto jurídico, não um, mas diversos perfis em relação a diversos elementos que o integram".[239]

O jurista italiano elaborou os já consagrados perfis jurídicos da empresa: subjetivo, funcional, objetivo e corporativo. Dentre eles, o mais significativo para os fins do presente livro é o "perfil corporativo: da empresa como instituição".

Enquanto nos demais perfis a "empresa é considerada do ponto individualista do empresário", Asquini ressalta que, no perfil corporativo, a empresa:

> [...] vem considerada como aquela especial organização de pessoas que é formada pelo empresário e pelos empregados, seus colaboradores. O empresário e os seus colaboradores dirigentes, funcionários, operários, não são de fato, simplesmente, uma pluralidade de pessoas ligadas entre si por uma soma de relações individuais de trabalho, com fim individual; mas formam um núcleo social organizado, em função de um fim econômico comum, no qual se fundem os fins individuais do empresário e dos singulares colaboradores: a obtenção do melhor resultado econômico na produção.[240]

Na linha do perfil corporativo da empresa como instituição, há íntima relação entre a empresa e os seus empregados na medida em que estes também são os consumidores dos bens e serviços produzidos pela empresa. Afinal, *"muchas personas piensan que las empresas son de su accionistas, ¿pero es esto realmente cierto?"*:

> Los accionistas y los inversores forman las asambleas y los consejos de administración que eligen los órganos rectores de las empresas. Sin embargo, las empresas subsisten, crecen o se deterioran, gracias a que existen clientes que compran sus productos o servicios.

---

[238] LOBO, Jorge. "A empresa: novo instituto jurídico". *Revista dos Tribunais*, vol. 795, p. 84 e segs.

[239] COMPARATO, Fabio Konder. Perfis da empresa. *Revista de direito mercantil, industrial, econômico e financeiro*, nº 104. out-dez/96, p. 114 e segs.

[240] COMPARATO, Fabio Konder. *Obra citada*, p. 122.

¿Son las empresas también de estos? Los clientes votan en cada licitación o cada vez que vamos al supermercado premiando en la elección de los accionistas al poner a esos gestores al frente de la empresa. Pero en la misma situación se encuentran los empleados responsables de la puesta en funcionamiento de la empresa e incluso su familias, los estados que otorgan licencias para operar o protegen los activos de la compañía, las comunidades locales que permiten construir fabricas, los proveedores que confían sus inversiones al éxito de sus clientes, etc. ¿Son las empresas de sus accionistas?.[241]

A empresa (*enterprise, unternehmen, entrepise, impresa*) constitui uma das mais relevantes "instituições econômicas, sociais, políticas e até culturais do último século",[242] razão pela qual poder-se-ia até considerar a empresa como uma instituição, como postula Asquini: "a consideração da empresa como organização de pessoas, para um fim comum, no sentido ora indicado, leva a enquadrar, juridicamente, a empresa na figura de instituição".[243]

Além disso, a noção de instituição do jurista italiano – formulada com apoio nas contribuições de Romano (Itália), Gierke (Alemanha) e Hauriou (França) – se aproxima muito da noção de sociedade, embora o fenômeno da personificação da sociedade possa absorver o conceito de instituição:

> Instituição é toda organização de pessoas – voluntária ou compulsória – embasada em relações de hierarquia e cooperação entre os seus membros, em função de um escopo comum. Cada instituição cria, no seu interior, um ordenamento elementar que ainda que reconhecido pelo ordenamento jurídico do Estado, que é a instituição soberana, pode por sua vez considerar-se como um ordenamento jurídico de grau inferior.

De igual forma, os "elementos institucionais da empresa" destacados por Aquini também coincidem com a estrutura da sociedade, dentre os quais:

> [...] *o fim comum*, isto é, a conquista de um resultado produtivo, socialmente útil que supera os fins individuais do empresário (intermediação, lucro) e dos empregados (salário). O *poder ordenatório do empresário* em relação aos trabalhadores subordinados; *a relação de cooperação entre esses*; *a consequente formação de um ordenamento interno da em-*

---

[241] BLASCO, José Luis. "La empresa del futuro, la empresa que queremos". *Comité Econòmic i Social de la Comunitat Valenciana*, p. 49.

[242] DAEMZ. *The rise of the Modern Industrial Enterprise*, p. 203 e segs.; HORN/KOCKA. *Recht un Entwicklung der GroBunternehmen im 19. un frühen 20. Jahrhundert*, p. 123 e segs.; WILLIAMSON. *The modern corporation: origins, evolution, attributes*, p. 131 e segs.; SEKZNICK. *Law, society and industrial justice*, p. 43 e segs.; LATHAM. *The Body Politic of the Corporation*, p. 218 e segs.; OTT. *Rech und Realität der Unternehmens-korporation*, sepc, p. 127 ff.; STEIMANN. *Das grobunternehmen im interessenkonflit*, espec. 36 r ss.; CHAYES. *The modern corporation anad the rule of law*, p. 25. Apud ANTUNES, José Engrácia. "Estrutura e responsabilidade da empresa: o moderno paradoxo regulatório". *O direito da empresa e das obrigações e o novo Código Civil brasileiro*. Alexandre dos Santos Cunha (org.). São Paulo: Quartier Latin, 2006, p.18.

[243] ASQUINI, Alberto. *Apud* COMPARATO, Fabio Konder. *Obra citada*. 1996, p. 123.

presa, que confere às relações de trabalho, além do aspecto contratual e patrimonial, um particular aspecto institucional.

Para aqueles que sustentam que "a configuração da empresa como instituição toma relevo somente nas empresas de grande porte", Asquini esclarece que não impede de se considerar como instituição a pequena empresa, de base familiar: "pode-se dizer que, em tal caso, a empresa, como instituição tende a coincidir com a instituição família".

Mas, afinal, qual seria a importância desse tema para o presente trabalho? Ora, se o funcionamento da empresa assume grande relevância social em um sistema econômico capitalista com a geração e a circulação de riquezas produzidas pela empresa para financiar as políticas públicas do Estado – como adiante se demonstrará – a identificação da empresa como agente de inclusão social assume relevância porque "as oportunidades e perspectivas dependem crucialmente de que instituições existam e do modo como elas funcionam", pois "não só as instituições contribuem para nossas liberdades, como também podem ser sensivelmente avaliadas à luz das suas contribuições para nossa liberdade".[244]

Não há dúvida que a "empresa do século XXI se encontra impregnada de fortes componentes sociais, em razão dos novos parâmetros legislativos insertos na Constituição de 1988 e no Código Civil de 2002"[245] e – como agente de inclusão social – pode contribuir na redução das desigualdades sociais com a adoção de programas sociais que privilegiem a inclusão social, como, por exemplo, políticas não discriminatórias entre os seus empregadores, clientes, fornecedores e demais colaboradores.[246]

Por essas razões – seja porque há supedâneo legal para a adoção do significado *empresa-sujeito*, seja pelos traços comuns com uma instituição – o presente trabalho adotará o vocábulo *empresa* como agente de inclusão social, e seu papel relevante em relação aos direitos fundamentais sociais será abordado adiante ao se tratar da função social e da responsabilidade social da empresa. Reconhece-se, todavia, que as acepções de *empresa* – no sentido subjetivo (como sujeito jurídico que exerce uma atividade, *empresa-sujeito*) e no sentido objetivo (como instrumento do exercício da atividade do empresário, *empresa-objeto*) – não formam "um conceito uni-

---

[244] SEN, Amartya Kumar. *Desenvolvimento como liberdade*. Amartya Sen; trad. Laura Teixeira Motta; ver. téc. Ricardo Doniselli Mendes. São Paulo: Companhia das Letras, 2000, p. 168.

[245] REIS, Clayton. *Obra citada*, p. 47.

[246] São exemplos concretos: o Pacto Empresarial pela Integridade e contra a Corrupção e o Pacto Nacional pela Erradicação do Trabalho Escravo assinados por diversas empresas, cuja adesão foi promovida e estimulada pelo ETCO – Instituto Brasileiro de Ética Concorrencial. Disponível em <www.etco.org.br>. Acesso em: 20 jul. 2006.

tário de empresa" ou "um conceito geral que valha para todas as espécie empresariais e em todos os ramos do direito".[247]

2.5. UMA ABORDAGEM CONSTITUCIONAL DAS ATIVIDADES REALIZADAS PELA EMPRESA

Se uma das funções da boa-fé objetiva é a de impor certos deveres de conduta aos contratantes e considerando que a atuação da empresa é diretamente influenciada pela atuação do Estado que ora adota modelo passivo (de nenhuma intervenção no exercício e funcionamento das atividades produtivas, deixando-as para a livre atuação da iniciativa privada), ora modelo mais atuante (com a participação de diversos entes estatais nessas atividades produtivas e com a adoção de políticas intervencionistas),[248] passa-se, agora, a examinar o maior ou menor grau de interferência

---

[247] ABREU, Jorge Manuel Coutinho de. *Obra citada*, p. 188.

[248] Essas transformações foram assim sintetizadas por Daniel Sarmento: "Com efeito, o Estado Liberal baseou-se numa rígida separação entre Estado e sociedade. O Estado deveria cuidar da segurança interna e externa, protegendo a propriedade privada, mas não lhe cabia intervir nas relações travadas no âmbito da sociedade. Nesta, indivíduos, formalmente igualizados após a abolição dos privilégios estamentais, perseguiriam livremente os seus próprios interesses privados, ao abrigo das interferências do poder público. Tratava-se, em suma, de limitar juridicamente o poder do Estado em prol da liberdade dos governados, seja através de mecanismos institucionais de contenção, como separação dos poderes, seja pela garantia de uma esfera individual intangível, identificada pelos filósofos iluministas como representativa de direitos naturais e pré-políticos. [...] Essa separação entre público e privada tornava a economia um campo infenso à intervenção estatal. À 'mão invisível' do mercado caberia equacionar todos os problemas sociais, competindo ao estado tão-somente proteger a acumulação e circulação de riquezas, operada espontaneamente pelas forças econômicas na sociedade. Pensava-se no mercado como se ele fosse uma instituição natural, pré-política, independente de qualquer ação governamental – visão distorcida, tendo em vista que o mercado só viceja onde existam determinadas instituições que o amparam, tais como leis tutelando direito de propriedade e contrato, e órgãos estatais, como Polícia e Poder Judiciário, prontos para protegê-los de fato. Durante o Estado Liberal, o Código Civil desempenhou, nos países de traição jurídica romano-germânica, o papel de uma espécie de constituição da sociedade. Naturalmente, os códigos exprimiam os valores mais caros à burguesia, tendo como pilares fundamentais a proteção da propriedade e a liberdade de contratar. Tarefa muito mais modesta cabia às constituições da época, seja pela limitação do seu objeto – não tratavam de relações privadas – seja pela sua reduzida eficácia jurídica, decorrente da visão ligicentrista então prevalecente e da carência de instrumentos de jurisdição constitucional que permitissem sua efetivação. [...] com o advento do *Welfare State* no século XX assistiu-se a uma crescente intervenção do Estado nos mais diversos domínios. Premido pelas mais variadas pressões sociais, e condicionado agora também pelas demandas das classes sociais subalternas – tendo em vista a progressiva universalização do direito do voto –, o Poder Público, de mero expectador, vai convertendo-se em protagonista das relações econômicas, passando a discipliná-las de forma cogente, através da multiplicação de normas de ordem pública, que se impõem diante da autonomia da vontade das partes. Vivencia-se o fenômeno da 'inflação legislativa', e os códigos civis vão paulatinamente despindo-se da absoluta hegemonia de que antes gozavam na regulamentação das atividades privadas, caracterizando o que já foi chamado, em obra importante, de 'Era da Descodificação'. Nesse contexto, a proteção das liberdades privadas e relativizada e novos direitos ganham reconhecimento nas leis, e, mais tarde, até nas constituições, exigindo do Estado não mais meras abstenções, mas prestações positivas, cuja implementação dependia da estruturação de novos serviços, que demandavam um exponencial crescimento do tamanho do Estado. Diante da constatação da desigualdade existente no campo das relações privadas, o Poder Público abandona a sua posição de absenteísmo, e passa a

do Estado e os valores que informam a livre iniciativa e os fundamentos da liberdade de concorrência na concepção da Constituição de 1988.

A relação dos deveres de conduta decorrentes da boa-fé objetiva nos contratos empresariais com o modelo de atuação ou intervenção estatal na economia se justifica pelo maior ou menor grau de liberdade de atuação concedida às empresas, de modo que a relativização desses deveres possui relação direta com essa autonomia.[249]

A abordagem dos princípios constitucionais da livre iniciativa e da liberdade de concorrência que regem a atividade realizada pela empresa tem passagem obrigatória pela transformação do Estado Liberal em Estado do Bem-Estar Social, decorrente do movimento do *Welfare State*,[250] com a alteração do modelo estatal passivo, que apenas tinha a função de garantir a segurança e a paz, para um Estado ativo, com a expansão dos direitos sociais visando assegurar mínima qualidade de vida para os cidadãos.[251]

> Os direitos econômicos, sociais e culturais, identificados, abreviadamente, como direitos sociais, são de formação mais recente, remontando à Constituição mexicana de 1917, e à

---

nelas intervir, no afã de proteger as partes mais débeis. É nesse cenário que surge o Direito social, de que é exemplo o Direito do Trabalho. (SARMENTO, Daniel. "A trajetória da dicotomia público/privado". *Revista Trimestral de Direito Civil*. vol 22, abr/jun. Rio de Janeiro: Padma, 2000, p. 243-247)

[249] Nessa perspectiva, Paulo Mota Pinto esclarece que a autonomia privada "enquanto liberdade de modelação da própria esfera jurídica, é justamente o poder *de fazer escolhas e diferenciações*", com a expressa ressalva de que a "licitude da discriminação dependerá, em muitos casos, da *esfera em que se projectem os seus efeitos*". Para o autor, a "autonomia privada, e, em particular a liberdade contratual, para além de ser um princípio fundamental do direito civil, é também objecto de protecção constitucional – pelo menos, de uma garantia fundamental geral de ação que é uma das dimensões do direito ao desenvolvimento da personalidade". (PINTO, Paulo Mota. "Autonomia privada e discriminação: algumas notas". *Constituição, direitos fundamentais e direito privado*. Ingo Wolfgang Sarlet (org.). Porto Alegre: Livraria do Advogado, 2003, p. 379-383 e 394). Na doutrina nacional, Daniel Sarmento comenta que "a proteção à autonomia privada decorrente da Constituição de 88 é heterogênea: mais forte, quando estão em jogo as dimensões existenciais da vida humana; menos intensa quando se tratar de relações de caráter exclusivamente patrimonial (SARMENTO, Daniel. *Direitos fundamentais e relações privadas*. 2. ed. Rio de Janeiro: Lumen Juris, 2006, p. 177).

[250] "Este novo tipo de Estado assumiu várias denominações, como *Estado Social* ou *Estado Social de Direito*, *Estado Intervencionista*, *Estado Social-Democrático* (esta devida a Boulding, como um tipo autoritário), *Estado Providência*, *Estado do Bem-Estar Social*, ou *Welfare State*, daí derivando também para *Estado do Bem-Estar Social*". A expressão *Welfare State* "foi inicialmente forjada na França (*État Providence*), durante o Segundo Império, por pensadores liberais como Émile Olivier, em busca de um terceiro caminho entre estatismo e individualismo. Posteriormente, na Alemanha, o termo *Wohlfahrstaat* seria usado pelos 'socialistas de cátedra', notadamente por Alfred Wagner, já com uma conotação mais antiliberal. E, finalmente, o termo *Welfare State* surgiu nos anos quarenta do séc. XX na Grã-Bretanha, com relação à análise keynesiana, tornando-se amplamente difundido tanto nos círculos jornalísticos quanto nos acadêmicos depois da Segunda Guerra Mundial." (BENITEZ, Gisela Maria Bester. "Quando, por que, em que sentido e em nome de que tipo de empresa o Estado contemporâneo deixa de ser empresário?". *Direito empresarial & cidadania. Questões Contemporâneas*. Jair Gevaerd e Marta Marília Tonin (orgs.). Curitiba: Juruá Editora, 2004, p. 129-131).

[251] ALBUQUERQUE, Fabíola Santos. "Liberdade de contratar e livre iniciativa". *Revista Trimestral de Direito Civil*, vol. 15, jul/set – Rio de Janeiro: Padma, p. 73/88.

de Weimar de 1919. Sua consagração marca a superação de uma perspectiva estritamente liberal, em que se passa a considerar o homem para além de sua condição individual. Com eles surgem para o Estado certos deveres de prestações positivas, visando à melhoria das condições de vida e à promoção da igualdade material.[252]

2.5.1. O Estado e a empresa: políticas do *Welfare State*

Já no século XX, as Constituições mexicana, em 1917, e a alemã, em 1919, impulsionaram o Estado a implantar uma política distributiva da renda, de oportunidades e de amplo sistema de seguro-assistencial, os grandes pilares do bem-estar social.

Foram as primeiras *Constituições dirigentes*, que impulsionavam o *Estado* a ser um *empresário* em nome dos interesses de uma coletividade de desvalidos, empobrecidos, excluídos do gozo da falsa idéia de igualdade social, cuja concretização era impedida pelo fator econômico.[253]

Eros Roberto Grau esclarece que "mítica foi a Constituição mexicana, de 1917, dedicando um longo capítulo à definição de princípios aplicáveis ao trabalho e à previdência social, sem, porém, institucionalizar os direitos que enunciou – atribuiu ao Congresso da União a emissão de leis que o fariam".[254]

Gomes Canotilho destacou o novo papel do texto constitucional nos seguintes termos:

Trata-se de uma lei fundamental não reduzida a um simples instrumento de governo, ou seja, um texto constitucional limitado à individualização dos órgãos e à definição de competências e procedimentos da acção dos poderes públicos. A idéia de programa associava-se ao caráter dirigente da Constituição. A Constituição comandaria a acção do Estado e imporia aos órgãos competentes a realização das metas programáticas nela estabelecidas.[255]

O Estado Social foi caracterizado por Paulo Bonavides quando o Estado, coagido pela pressão das massas,

[...] intervém na economia como distribuidor, dita o salário manipula a moeda, regula os preços, combate o desemprego, protege os enfermos, dá ao trabalhador e ao burocrata casa própria, controla as profissões, compra a produção, financia as exportações, concede crédito, institui comissões de abastecimento, prevê necessidades individuais, enfrenta crises econômicas, coloca na sociedade todas as classes na mais estreita dependência de seu poderio econômico, político e social, em suma, estende sua influência a quase todos

---

[252] BARROSO, Luís Roberto. *O direito constitucional e a efetividade de suas normas* – limites e possibilidades da Constituição brasileira. Rio de Janeiro: Renovar, 2003, p. 101.

[253] BENITEZ, Gisela Maria Bester. *Obra citada,* p. 130.

[254] GRAU, Eros Roberto. *A ordem econômica na Constituição de 1988* (interpretação criítica). 5. ed. rev. e atual. São Paulo: Malheiros Editores, 2000, p.27.

[255] CANOTILHO, Gomes. *Obra citada,* p. 213.

os domínios que dantes pertencia, em grande parte, à área de iniciativa individual, nesse instante o Estado pode, com justiça, receber a denominação de Estado Social.[256]

Seguem-se o pós-Primeira Guerra Mundial e a grande depressão de 1929 nos Estados Unidos da América do Norte, com o Plano *New Deal*, que continha medidas econômicas e sociais para restabelecer a economia americana da sua maior crise da história. Mas, na chamada "Era Lochner" (primeiras décadas do século XX), a própria Suprema Corte norte-americana declarou a inconstitucionalidade de diversas leis federais editadas no período do *New Deal*, que concediam aos trabalhadores direitos sociais mínimos, como a limitação da jornada de trabalho e os pisos salariais. As decisões baseavam-se justamente na ideia de que a "livre iniciativa", ou a "liberdade contratual", era um direito assegurado constitucionalmente, e que o legislador não poderia interferir nessa liberdade, sob pena de violar o "due process of law", em seu sentido material.[257]

Na década de trinta do século XX, o ideal keynesiano representa um grande avanço na consolidação das medidas intervencionistas do Estado em direção ao *Welfare State*. A publicação da obra "Teoria da moeda e do emprego", do economista inglês John Maynard Keynes, é uma significativa contribuição doutrinária para a consolidação dos seus ideais, que pregavam uma forte intervenção estatal na economia.[258]

Os efeitos do pós-Segunda Guerra Mundial influenciaram as constituições da França, Alemanha e Itália e, mais recentemente, de Portugal e Espanha, que "preocuparam-se de uma maneira dominante ou mesmo praticamente exclusiva com os direitos fundamentais ou com os limites ao(s) poder(es)".[259]

---

[256] BONAVIDES, Paulo. *Do Estado liberal ao Estado social*. 7. ed. São Paulo: Malheiros Editores, 2004, p. 186.

[257] MARMELSTEIN, George. *Críticas à teoria das gerações (ou mesmo dimensões) dos direitos fundamentais*. Jus Navigandi, Teresina, ano 8, n. 173, 26 dez. 2003. Disponível em: <http://jus2.uol. com.br/ doutrina/texto.asp?id=4666>. Acesso em: 09 Jul. 2006.

[258] "A posta em prática desse *Estado Benfeitor*, no entanto, somente deu-se com maior efetividade a partir das teorizações de John Maynard Keynes, sobretudo após a crise econômica de 1929, passando pelo *New Deal* e vindo a generalizar-se depois de 1945, impondo-se como vigente em grande parte dos países ocidentais desenvolvidos (Estados Unidos, Alemanha, Inglaterra, França, Itália, etc). O keynesianismo defendia uma intervenção estatal pesada na economia". BENITEZ, Gisela Maria Bester. *Obra citada*, p. 130. Toshio Mukai sustenta que o pensamento keynesiano "introduz na Ciência Econômica a idéia revolucionária (então), da necessidade de uma intervenção mais ou menos permanente dos poderes públicos na economia." (MUKAI, Toshio. *Participação do Estado na atividade econômica* – limites jurídicos. São Paulo: RT, p. 15).

[259] CASALTA NABAIS. José. *O dever fundamental de pagar impostos*. Lisboa: Livraria Almedina, 1998, p. 17. Para Paulo Bonavides, na sociedade de massa do século XX "sem estado social e sem constituição, não há como criar a ordem econômica e social." (BONAVIDES, Paulo. *Teoria do Estado*. 3. ed. São Paulo: Malheiros, 1995, p. 225).

Nos Estados Unidos, surge, na sequência, o Plano Marshall, conhecido como Programa de Recuperação Europeia para reconstrução dos países aliados da Europa afetados pelos efeitos da guerra. Na Inglaterra, o economista William Beveridge apresenta o *Report on Social Insurance and Allied Services* (Plano Beveridge), com proposta de um nível mínimo de vida e recomendação para o governo inglês encontrar solução para combater os cinco males da sociedade: escassez, doença, ignorância, miséria e ociosidade.[260]

Em meados do século XX, todavia, aparecem os primeiros sinais da crise do *Welfare State*. O gigantismo do Estado e os elevados gastos sociais ameaçam os ideais do Estado do Bem-Estar: o keynesianismo começa a ruir.

A intervenção do Estado assegurou os serviços públicos essenciais e a manutenção de empresas públicas que movimentavam a economia e fortaleciam o mercado. Mas o Estado não tinha o dinamismo necessário para responder às necessidades da sociedade. Lentidão, gigantismo, ineficiência e elevados gastos públicos são aspectos que comprometem a política do *welfare state*.

Os malefícios da atuação estatal nas atividades econômicas ficam evidenciados nesse impressionante relato de Orlando Gomes e Antunes Varela:

> À medida que cresciam as necessidades da sociedade e amadurecia o pensamento de que concorreria para promover o bem-estar social a organização estatal de serviços públicos industriais e comerciais, a noção de lucro, que, em princípio, é estranha à atividade administrativa, infiltrou-se na evolução do conceito de Estado. O aparecimento da empresa pública lato sensu não demoraria, surgindo diversas formas de organização de atividades estatais caracterizadas por seu aspecto lucrativo. Passa o Estado, como se fosse um empresário particular, a participar da atividade econômica na qualidade de produtor e vendedor de bens de consumo com estatuto de direito privado. Criando monopólios ou concorrendo com os particulares através de sociedades de economia mista, ou atuando, ainda, por meio de empresas que lhe pertencem inteiramente, o Estado contemporâneo vai se tornando o grande capitalista a exercer atividades tradicionalmente regidas pelo Direito Comercial.[261]

---

[260] "As origens propriamente ditas do Estado de Bem-Estar remontam à criação de 'serviços sociais' fornecidos pelo Estado na esteira da industrialização do séc. XIX, com particular ênfase na Alemanha de Bismark, e à Grã-Bretanha dos primórdios do séc. XX. Nasceu, assim, com a finalidade imediata de socorrer os necessitados, mas durante a Segunda Guerra Mundial acabou perdendo esse estrito caráter de ajuda aos pobres, ligando os esforços de guerra e a preocupação com o bem-estar. Este tipo de Estado foi defendido academicamente, entre outros, pelo sociólogo inglês T. H. Marshall, para quem o Estado de Bem-Estar era a 'culminação de um longo processo de havia começado com a afirmação dos direitos civis, passando pela luta pelos direitos políticos e terminando com a identificação e o estabelecimento dos direitos sociais." (BENITEZ, Gisela Maria Bester. *Obra citada*, p. 131).

[261] GOMES, Orlando *et al*. *Direito econômico*. São Paulo: Saraiva, 1977, p. 68.

No Japão, ficou claro que o sistema de emprego vitalício não combinava bem com a competitividade. Na Alemanha tornou-se visível que a prodigalidade do Estado-Providência já não encontrava recursos disponíveis suficientes, sem falar nas dificuldades muito maiores do que aquelas que eram esperadas na reunificação das Alemanhas.

Foi necessário, então, transferir para a iniciativa privada as atividades econômicas e reservar para o Estado apenas o papel de agente regulador, fazendo surgir um novo modelo econômico de desenvolvimento, agora baseado exclusivamente nas forças da iniciativa privada.

Esse novo modelo, inspirado na quimera dos ideais da Revolução Francesa, também sustentava que os indivíduos deveriam ser livres para fazer suas escolhas. Somente a plena liberdade poderia assegurar o desenvolvimento econômico. As atividades deveriam ser livres e o Estado não deveria regular e, muito menos, intervir sob pena de retirar a liberdade dos indivíduos e colocar em risco o progresso da sociedade.[262]

O economista austríaco Hayek na obra "O caminho da servidão",[263] além de fazer um duro ataque aos ideais keynesianos, também sustentou que o planejamento estatal e o Estado-Providência poderiam levar à tirania.[264] A premiação de Hayek com o Nobel da Economia em 1974 teve forte repercussão e foi um grande impulso para a adaptação dos conceitos do Estado Liberal para a realidade do século XX: o Estado deveria deixar de ser protagonista principal, passando a garantir a livre concorrência.

Sob a liderança de Hayek, funda-se a Sociedade Mont Pèlerin, que teve em Milton Friedman[265] o seu mais fiel discípulo. O principal propósito dessa sociedade era o de disseminar a plena liberdade para as atividades econômicas, com o completo afastamento do Estado da economia, ou seja, menos Estado, mais mercado.[266]

Amartya Sem, referindo-se aos anseios de liberdade de Hayek, pondera com exatidão:

---

[262] ANDERSON, Perry. *O fim da história*: de Hegel a Fukuyama. Rio de Janeiro: Jorge Zahar Ed. 1992. Trad. de Álvaro Cabral.

[263] HAYEK, Friedrich August von. *A Caminho da servidão*. Rio de Janeiro: Instituto Liberal, 1984.

[264] BENITEZ, Gisela Maria Bester. *Obra citada*, p. 133. No mesmo sentido: MUKAI, Toshio. *Obra citada*. GODOY, Arnaldo Sampaio de Moraes. *Direito constitucional e globalização*. Jus Navigandi, Teresina, ano 9, n. 525, 14 dez. 2004. Disponível em: <http://jus2.uol.com.br/doutrina/texto.asp?id= 6041> . Acesso em: 05 NOV 2006. DIAS, Maurício Leal. *O neoliberalismo é intervencionista?*. Jus Navigandi, Teresina, ano 3, n. 31, maio 1999. Disponível em: <http://jus2.uol.com.br/doutrina/ texto.asp?id=73>. Acesso em: 05 NOV 2006. Entre outros.

[265] Milton Friedman se destacou na famosa Escola de Chicago e a sua principal obra é *Capitalismo e Liberdade*. São Paulo: Abril Cultural, 1984.

[266] Conforme relato de Perry Anderson. *Obra citada*.

la libertad tiene al menos dos facetas valiosas que, respectivamente, llamaré la face de oportunidad e la faceta de proceso. [...] La faceta de oportunidad ha de prestrar atención particular a la oportunidad de conseguir lo mejor que se pueda conseguir, pero es posible extenderla teniendo en cuenta además el espectro de oportunidades ofrecidas. La faceta de proceso, referiéndose a la libertad de las decisones de las personas, há que tener em cuenta tanto (a) el ámbito de la autonomia de las elecciones individuales como (b) la imunidad frente a la interferencia de los demás.[267]

Na segunda metade do século XX, os governos de Margaret Tatcher, na Inglaterra, e de Ronald Reagan, nos Estados Unidos, consolidaram os propósitos do movimento neoliberal liderado por Hayek. O Governo inglês implantou um amplo programa de privatização das atividades econômicas e de descentralização dos serviços públicos.[268] A primeira ministra Margaret Tatcher, conhecida como "Dama de Ferro", defendeu o programa de privatização do seu governo:

> Ninguém está dando nada a ninguém. A verdade é o contrário: em geral as estatais têm de ser subsidiadas com o dinheiro dos contribuintes. O governo não sabe administrar empresas, quase sempre o faz de modo inepto. Logo, logo a empresa está perdendo dinheiro, e o contribuinte tem ao mesmo tempo de comprar o que ela produz e pagar o prejuízo.[269]

São criadas Agências Executivas para regulação das atividades econômicas, embora, nos Estados Unidos, essa preocupação já se tenha feito sentir bem antes, com a promulgação do *Sherman Act,* em 1890, do *Clayton Act* em 1914, e da *FTC – Federal Trade Comission,* no mesmo ano.[270]

---

[267] SEN, Amartya. "Mercados y libertades. Logros y limitaciones del mecanismo de mercado en el fomento de las libertades individuales", *Bienestar, Justicia Y Mercado.* Barcelona: Editorial Paidos Iberica, 1967, p. 128-132.

[268] "Foi na Inglaterra que o economista austríaco naturalizado inglês assistiu à vitória do seu pensamento, com a assunção de Margaret Thatcher ao governo em 1979: naquele momento a teoria de Hayek iniciou a transitar para a prática, pois a "Dama de Ferro" se incumbiu de soltar as amarras da economia britânica implementando o liberalismo econômico e assim recolocando o país em velocidade de cruzeiro. Ao ter assumido o cargo de Primeira-Ministra, a Inglaterra era a menos viável das nações industrializadas, mas em seus longos onze anos e meio no poder Thatcher encolheu o governo, privatizou furiosamente, enfrentou sindicalistas e recuperou a prosperidade dos ingleses." (BENITEZ, Gisela Maria Bester. *Obra citada,* p. 133).

[269] *Revista Veja,* ed. Set/2003, p. 72.

[270] Isabel Vaz refere que, a economia americana – desde a sua independência – repousava sobre dois postulados: "a riqueza ilimitada do continente em recursos de toda espécie e o da superioridade incontestável do livre empresa e da livre concorrência". A autora também menciona que a obra de Max J. Wasserman demonstra "a maneira pela qual se desenrolaram os processos de crescimento das grandes empresas norte-americanas, as fusões, os métodos utilizados, a formação de trustes e a brutalidade das técnicas comerciais adotadas. As reações da sociedade em face dos métodos concorrenciais praticados motivaram, não sem protestos dos conservadores, a criação de uma legislação destinada a regulamentar a concorrência e o regime dos negócios, em geral." (VAZ, Isabel. *Obra citada,* p. 77-80). A partir do caso *Standard Oil,* posicionaram-se, de um lado, os grandes empresários e economistas sustentando que a concentração do poder propiciava o desenvolvimento e, de outro, consumidores, agricultores, trabalhadores e pequenos empresários defendendo posição oposta. Em 1890 é promulgado o *Sherman Act.* Posteriormente, em 1914, surge o *Clayton Act* e, no mesmo ano, é criada a *FTC – Federal Trade Comission* (FORGIONI, Paula A. *Os fundamentos do antitruste.* 2. ed. São Paulo: Revista

Foi o triunfar da liberdade econômica. Para Arnoldo Wald, tratou-se de acabar com o que se denominou megalomania do Estado: "Reconheceu-se que o Poder Público não mais pode estar onipresente, limitando a atuação do indivíduo, retirando-lhe as liberdades essenciais e a criatividade que necessita para inovar, progredir e melhorar sua qualidade de vida".[271] Ao mesmo tempo, acentuam-se os movimentos de mundialização da economia, cujos propósitos iniciais eram de impulsionar a eco-

---

dos Tribunais, 2005, p. 72-82). Esse conjunto de leis americanas é considerado "divisor de águas" em matéria anticoncorrencial (FRANCESCHINI, José Inácio Gonzaga. "A lei antitruste brasileira e o Conselho Administrativo de Defesa Econômica (CADE): alguns aspectos". *Revista de Direito Público*, n. 75, p. 291-308). No campo societário, a depressão de 29, no início do século XX motivou a criação da *Securities and Exchange Commission (SEC)*. As propostas do governo federal para exigir a divulgação de informações financeiras e impedir a venda fraudulenta de ações não eram levadas á sério pelos investidores que – atraídos por promessas de riquezas – deram pouca atenção ao risco sistêmico que surgiu a partir de abuso generalizado dos investimentos e das poucas informações confiáveis sobre os valores investidos. Com o crash em outubro de 1929, despencou a confiança dos investidores. Durante o pico da depressão, o Congresso aprovou o *Securities Act* de 1933. Esta lei, juntamente com a *Securities Exchange Act* de 1934, que criou a *Securities and Exchange Commission* (SEC), foi concebida para assegurar mais informações e, com isso, restaurar a confiança dos investidores. O principal objetivo dessas leis foi o de impor: (i) às empresas públicas que ofereçam garantias para investimentos em dólares, o dever de informar o público sobre seus negócios, os títulos que estão vendendo, e os riscos envolvidos no investimento; e (ii) às pessoas que vendem e negociam valores mobiliários – corretores, distribuidores e outros – o dever de tratar investidores de forma justa e honesta, colocando os interesses destes em primeiro lugar". No original: "The SEC's foundation was laid in an era that was ripe for reform. Before the Great Crash of 1929, there was little support for federal regulation of the securities markets. This was particularly true during the post-World War I surge of securities activity. Proposals that the federal government require financial disclosure and prevent the fraudulent sale of stock were never seriously pursued. Tempted by promises of "rags to riches" transformations and easy credit, most investors gave little thought to the systemic risk that arose from widespread abuse of margin financing and unreliable information about the securities in which they were investing. During the 1920s, approximately 20 million large and small shareholders took advantage of post-war prosperity and set out to make their fortunes in the stock market. It is estimated that of the $50 billion in new securities offered during this period, half became worthless. When the stock market crashed in October 1929, public confidence in the markets plummeted. Investors large and small, as well as the banks who had loaned to them, lost great sums of money in the ensuing Great Depression. There was a consensus that for the economy to recover, the public's faith in the capital markets needed to be restored. Congress held hearings to identify the problems and search for solutions. Based on the findings in these hearings, Congress — during the peak year of the Depression — passed the Securities Act of 1933. This law, together with the Securities Exchange Act of 1934, which created the SEC, was designed to restore investor confidence in our capital markets by providing investors and the markets with more reliable information and clear rules of honest dealing. The main purposes of these laws can be reduced to two common-sense notions: (i) Companies publicly offering securities for investment dollars must tell the public the truth about their businesses, the securities they are selling, and the risks involved in investing. (ii) People who sell and trade securities – brokers, dealers, and exchanges – must treat investors fairly and honestly, putting investors' interests first. Monitoring the securities industry requires a highly coordinated effort. Congress established the Securities and Exchange Commission in 1934 to enforce the newly-passed securities laws, to promote stability in the markets and, most importantly, to protect investors. President Franklin Delano Roosevelt appointed Joseph P. Kennedy, President John F. Kennedy's father, to serve as the first Chairman of the SEC". (Disponível em <http://www.sec.gov/about/whatwedo.shtml> Acesso em: 11 fev. 2009). No Brasil Agências Reguladoras ANATEL, ANEEL, ANP, ANA , ANAC e CADE (COELHO, Fabio Ulhoa. *Direito antitruste brasileiro*: comentários à Lei 8.884/1994. São Paulo: Saraiva, 1995).

[271] WALD, Arnoldo. "O direito da crise e a nova dogmática". *Revista de direito bancário e do mercado de capitais – RDB*, vol. 43, p. 26.

nomia dos países em desenvolvimento e, consequentemente, combater a miséria e melhorar a qualidade de vida das pessoas.[272]

Paralelamente a esse movimento mundial, o Brasil também assistiu ao movimento pendular em torno da atuação estatal, ora tendo o Estado como mero espectador, ora para ocupar posições ativas na economia, como antes referido no presente livro.[273]

2.5.2. *Welfarismo* brasileiro[274]

A Constituição do Império, de 1824, já continha o "germe de uma declaração social de direitos", pois prometia escolas e universidade nos mais apropriados locais, catequese e civilização dos índios, emancipação lenta dos negros, casas de trabalho para os que não acham empregos, revelando "uma sensibilidade precursora para o social [...] que deixaria bastante envergonhados os constituintes republicanos de 1891", conforme anotaram Paulo Bonavides e Paes de Andrade.[275]

No entanto, coube à Constituição de 1934 inaugurar o modelo social, com direitos sociais assegurados ao cidadão, que deveriam ser atendidos pelo Estado.[276] Assim, quanto à proteção da dignidade da pessoa humana, o artigo 115 da Carta Política de 1934 estabeleceu que a atividade econômica deveria ser exercida "de modo que possibilite a todos existência digna", acrescentando que a liberdade econômica estava garantida "dentro

---

[272] Sob o título "A promessa das instituições globais" Stiglitz faz impressionante relato dos propósitos desse movimento que o mundo conheceu como globalização (STIGLITZ, Joseph E. *A globalização e seus malefícios*. Trad. Bazán Tecnologia e Lingüística. São Paulo: Futura. 2002, p. 28-49).

[273] Apesar da "constatação inevitável e desconcertante" de Luís Roberto Barroso de que o Brasil chega à Pós-Modernidade sem ter conseguido ser liberal nem moderno: "Herdeiros de uma tradição autoritária e populista, elitizada e excludente, seletiva entre amigos e inimigos – e não entre certo e errado, justo ou injusto – mansa com os ricos e dura com os pobres, chegamos ao Terceiro Milênio atrasados e com presa." (BARROSO, Luís Roberto. *Obra citada*. 2003, p. 26.)

[274] TIMM, Luciano Benetti. "As origens do contrato no novo Código Civil: uma introdução à função social, ao welfarismo e ao solidarismo contratual". *Revista dos Tribunais*, vol. 844, p. 85-95.

[275] BONAVIDES, Paulo; ANDRADE, Paes. "*História constitucional do Brasil*. Brasília: OAB Editora, 2002, p.110. Os autores também referem que o texto de 1891, em termos jurídicos, foi o "grande monumento de nossa erudição liberal." (p. 258).

[276] Paulo Bonavides destaca que: "família, educação, cultura, funcionários públicos e segurança nacional ocuparam três títulos da nova Constituição, que refletiu nesse ponto uma ponderável influência do constitucionalismo da Republica de Weimar, e das idéias estatizantes que se expandiam na década de 1930." (BONAVIDES, Paulo. *Curso de direito constitucional*. São Paulo: Malheiros Editores, 2005, p. 546). Nesse mesmo sentido Luís Carlos Martins Alves Junior: "A Carta Política de 1934 se afivela ao paradigma social de Estado. Nela estão consagradas as normas reguladoras dos direitos sociais e a proteção dos hipossuficientes, especialmente os empregados, as gestantes, os inválidos e todos quantos necessitam de uma intervenção estatal para garantir o equilíbrio das relações." (ALVES JR., Luís Carlos Martins. *O Supremo Tribunal Federal nas constituições brasileiras*. Belo Horizonte: Mandamentos, 2004, p. 244).

desses limites". No mesmo sentido, as Constituições Federais posteriores.[277]

Quanto aos "direitos sociais de segunda dimensão",[278] o art. 149 da Carta Magna de 1934 declarou que "a educação é direito de todos". Embora Luís Carlos Martins Alves Jr. reconheça que as liberdades e direitos individuais sofreram forte restrição no Estado Novo da Constituição de 1937, o texto constitucional, no entanto, transformou os cidadãos em "clientes do Estado que deveria satisfazer as suas necessidades".[279]

Já os direitos de solidariedade e fraternidade de terceira dimensão também estão inseridos e proclamados nos textos constitucionais anteriores ao de 1988. O artigo 149 da Carta de 1934 faz exaltação para que o ensino desenvolva "a consciência da solidariedade humana".[280] Inspirada nos ideais da Constituição de Weimar de 1919, a Constituição de 1934, trouxe "a admirável marca social dos direitos do homem". Apesar de vários avanços sociais (criação do salário mínimo, justiça do trabalho, sindicalismo e da consagração da função social da propriedade, entre outros), "a dose de socialismo inoculada em nosso Estado liberal para reformá-lo de alto a baixo foi, porém, forte demais. Pereceu a Constituição submersa nas agitações que abalaram o País".[281]

Já a Constituição de 1937, além de ter sido outorgada por ato discricionário do Presidente da República, também "foi terrivelmente insincera [...] Daí ser a Constituição de 37 uma coisa e o regime constitucional praticado à sua sombra, outra", conforme Fábio Lucas. Em outra passagem do seu livro, o autor descreve:

> Uma coisa é a Carta, sua organização, sua distribuição de poderes, seu significado ideológico, sua motivação, seus princípios diretores; outra coisa é o seu aplicador, homem sagaz

---

[277] O artigo 136 da Constituição de 1937 também garantiu a todos "o direito de subsistir mediante o seu trabalho honesto e este, como meio de subsistência do indivíduo, constitui um bem que é dever do Estado proteger, assegurando-lhe condições favoráveis e meios de defesa". O art. 145, parágrafo único, da Constituição de 1946 assegurou a todos "trabalho que possibilite existência digna." O art. 158 da Carta de 1967 contém um rol de direitos prestacionais que, na locução do texto constitucional, visam melhoria da condição social dos trabalhadores.

[278] Sobre o tema, a obra de SARLET, Ingo Wolfgang. *A eficácia dos direitos fundamentais*. 6. ed. rev. atual. e ampl. Porto Alegre: Livraria do Advogado, 2006.

[279] ALVES JR., Luís Carlos Martins. *Obra citada*, p. 262. Contudo, o mesmo autor faz uma dura crítica ao texto constitucional de 1967, o qual, apesar de conter dispositivos "pertinentes às relações de trabalho e com tutela do Estado sobre a família, educação e cultura", não poderia ser encartado no paradigma de estado democrático de direito porque "a sociedade civil não participava dos processos de escolha das decisões" (p. 364). O art. 128 da Constituição de 1937 impôs ao Estado o dever de contribuir para o estímulo e desenvolvimento do ensino. O art. 166 da Constituição de 1946 e o artigo 168 da Carta de 1967 declaravam que "a educação é direito de todos".

[280] De igual modo, as Constituições de 1946 (art. 166) e de 1967 (art. 168) proclamam os "ideais de solidariedade humana".

[281] BONAVIDES, Paulo; ANDRADE, Paes de. *Obra citada*, p. 330-331.

e visionário, psicologia complexa, paradoxal, contraditória. Dono de uma grande visão, no jogo movediço de suas decisões, ora pendia para a direita, ora ampliava as concessões; ora protegia os interesses capitalistas, ora atendia aos reclamos da massa trabalhadora. Equilibrista sutil, espírito de filigranas, tinha as antenas alertas para as tendências do momento, procurando sempre auscultá-las e decidindo sempre com a corrente mais forte.[282]

A Carta de 1937, exceção feita aos dispositivos autoritários que serviam aos interesses imediatos do poder, não teve aplicação, conforme destacam Paulo Bonavides e Paes de Andrade: "A primeira fraude constitucional estava precisamente no dispositivo que condiciona a manutenção da Lei Maior à manifestação plebiscitária da Nação. Esta, jamais se efetivou".[283] Recebeu a denominação pejorativa de polaca, dada a forte influência no seu texto da Constituição da Polônia, do fascismo vitorioso na Itália e do nazismo implantado por Hitler na Alemanha.

Após os quinze anos do regime autoritário de Vargas, surge a Carta de 1946. Apesar de o Brasil estar comprometido com os vitoriosos da guerra, em especial com o modelo americano, o texto constitucional não comprometeu as estruturas do Estado Social existente, conciliando esse propósito de alinhamento aos ideais liberais com a estrutura social vigente. Bem-estar social, justiça social, valorização do trabalho humano, existência digna, ideais da solidariedade humana retornam ao sistema jurídico brasileiro.[284]

A Carta de 1967 foi aprovada pelo Congresso Nacional especifica e extraordinariamente convocado pelo Ato Institucional nº 04, de 07/12/1966 – o qual, inclusive, fixou o exíguo prazo de pouco mais de um mês para votação. "Submetido a esta convocação autoritária e premido pela exiguidade de um prazo fatal, o Congresso antes homologou do que elaborou o novo texto", como observa Luís Roberto Barroso.[285]

Substituída posteriormente pela Emenda nº 01, de 17/10/1969, teve grande parte dos seus dispositivos duramente afetados pela vigência do Ato Institucional nº 05, apesar de conter amplo capítulo que versava sobre direitos e garantias individuais e, assegurava, ainda, a livre iniciativa e a liberdade de concorrência.[286]

---

[282] LUCAS, Fábio. *Obra citada*, p. 72-73.

[283] BONAVIDES, Paulo; ANDRADE, Paes de. *Obra citada*, p. 346-348.

[284] "Reacionária não é a Constituição. Reacionários são os que, vencidos pelo tempo ou esmagados pelas ideias do século, engrossam as forças que se opõem ao espírito da Constituição. E o espírito da Constituição, de nossa maltratada Constituição de 1946, não é outro senão o da ampla justiça social." (BONAVIDES, Paulo; ANDRADE, Paes de. *Obra citada*, p. 423).

[285] BARROSO, Luís Roberto. *O direito constitucional e a efetividade de suas normas* – limites e possibilidades da Constituição brasileira. Rio de Janeiro: Renovar, 2003, p. 36.

[286] O artigo 150 continha um vasto leque dos direitos e garantias individuais, e o artigo 157 assegurava a livre iniciativa e a liberdade de concorrência.

Como visto, as Constituições brasileiras anteriores a 1988 também consagraram em seus textos os principais ideais da Constituição em vigor, mas, ao que parece, foram meras "barreiras de papel (*perchment barriers*), vazias e sem significado no mundo real", na genial expressão de Sustein.[287] Trata-se de modelo constitucional com expressa previsão de direitos sociais, mas que afasta o Poder Judiciário do controle da efetividade das políticas públicas, como ocorre, por exemplo, na Índia.

Fábio Lucas fez um diagnóstico das dificuldades existentes na metade do século XX em relação ao hábito de respeitar os mandamentos constitucionais e de tê-los efetivamente na cúpula da ordem legal: "Mesmo quando as constituições alteram as normas da vida em vigor e prometem modificações substanciais, a praxe, os costumes e até as leis ordinárias se incumbem de, pouco a pouco, fazê-las regredir ao estado primitivo, reabilitando a tradição e impondo o espírito da conservação".[288]

Na correta apreciação de Luís Roberto Barroso, estas normas "ressoam preciosamente inócuas, padecem de um mesmo mal: não são eficazes na prática, não se realizam efetivamente no dia a dia da vida das pessoas. O ideário constitucional torna-se, assim, vazio e vão". A história constitucional brasileira foi marcada "pela insinceridade e pela frustração".[289]

No Brasil esse movimento pendular entre Estado liberal e Estado intervencionista[290] foi sintetizado por Arnoldo Wald em três momentos: "o primeiro, com governo forte, sacrifício da liberdade individual e pouco desenvolvimento da livre iniciativa, que foi o que aconteceu durante o Estado Novo. A antítese veio com a Constituição de 1946 e o liberalismo se sedimentou com as privatizações e parcerias, a partir de 1990".[291]

---

[287] SUNSTEIN, Cass R. "Direitos sociais e econômicos? Lições da África do Sul". *Jurisdição e direitos fundamentais*: anuário 2004/2005. Escola Superior da Magistratura do Rio Grande do Sul – AJURIS; Ingo Wolgang Sarlet (org.). Porto Alegre: Escola Superior da Magistratura: Livraria do Advogado, 2006, vol. I, tomo II, p. 14.

[288] LUCAS, Fábio. *Obra citada*, p. 43.

[289] Em seguida, o autor faz referência à classificação das Constituições feita por Karl Loewenstein, diferenciando-as segundo seu caráter "normativo, nominal ou semântico". A Constituição normativa é aquela "não apenas juridicamente válida, mas que está, além disso, vivamente integrada na sociedade. [...] Para usar uma expressão de todos os dias: a Constituição é a roupa que assenta bem e que realmente veste". A Constituição semântica estaria à "exclusivo benefício dos detentores do poder de fato, que dispõem do aparato coativo do Estado. [...] A roupa não veste, como no caso da Constituição normativa, mas esconde, dissimula ou disfarça." Entre ambas, estaria a Constituição nominal que se caracteriza por "uma desarmonia entre os pressupostos sociais e econômicos existentes e a aspiração constitucional a ser sanada com o passar do tempo e pelo amadurecimento esperado. A roupa fica por certo tempo, guardada no armário e será vestida quando o corpo nacional haja crescido." (BARROSO, Luís Roberto. *O direito constitucional e a efetividade de suas normas – limites e possibilidades da Constituição brasileira*. Rio de Janeiro: Renovar, 2003, p. 63-65 e 284).

[290] TÁCITO, Caio. "O retorno do pêndulo: serviço público e empresa pública". *Revista de Direito Administrativo – RDA* – n. 202, p. 1-10.

[291] WALD, Arnoldo. *Obra citada*, p. 27.

Pouco a pouco, o Estado brasileiro vai se retirando da economia, com a implantação de um forte programa de privatização de importantes atividades econômicas (petróleo, telecomunicações, energia, gás, etc.), a partir da opção da Constituição Federal de 1988 de afastar o Estado do exercício das atividades econômicas, reservando-as para a iniciativa privada, conforme adiante se verificará nos valores da livre iniciativa e da liberdade de concorrência.

2.5.3. Valores da livre iniciativa e fundamentos da liberdade de concorrência na concepção da Constituição de 1988

Se no pórtico da Carta Constitucional de 1988 – artigo 1º, inciso IV, – está declarado que a República Federativa do Brasil constitui-se em Estado Democrático de Direito e tem como um dos seus fundamentos [...] "os valores sociais do trabalho e da iniciativa privada", a Constituição, apesar de demonstrar inclinação pelo social, "não abandona o regime capitalista de produção, nos seus pilares essenciais. Nesse sentido, a livre iniciativa é consagrada como fundamento da ordem econômica, a liberdade da empresa é assegurada".[292]

Nessa perspectiva e considerando que a autonomia privada normalmente é tratada no "pórtico do tratamento do negócio jurídico",[293] os contratos empresariais podem desempenhar importante papel no funcionamento da empresa porque representam uma das formas do livre exercício das relações interempresariais e, assim sendo, é preciso reconhecer certa liberdade na autonomia negocial em se tratando de relações patrimoniais, sendo "possível lastrear a dimensão correspondente da autonomia da vontade na cláusula da livre iniciativa, pois esta naturalmente pressupõe a capacidade dos agentes de celebrar contratos e outros negócios jurídicos".[294]

Daí, então, a importância da boa-fé objetiva na sua função criadora dos deveres de conduta, que deverá interagir com essa liberdade de ini-

---

[292] SARMENTO, Daniel. *Obra citada*, p. 175.

[293] PINTO, Paulo Cardoso Correia da Mota. *Declaração tácita e comportamento concludente no negócio jurídico*. Coimbra: Livraria Almedina, 1995, p. 419. O jurista português esclarece que "o negócio jurídico é o veículo por excelência da autonomia privada no aspecto dinâmico da conformação de relações com os outros. Isto não tem de significar que haja verdadeiramente um *imediato poder jurígeno* da vontade, como *causa efficiens* do negócio, sem a interposição ou o reconhecimento do ordenamento. Implica apenas que o Direito, dentro de certos limites, *reconhece* esse poder aos particulares. Dir-se-á, pois, que o Direito, através de 'regras constitutivas', determina que a actuação 'conta como' certo tipo de acto para o ordenamento jurídico, do mesmo modo que, por exemplo, um certo gesto 'conta como' um lance de xadrez de acordo com as respectivas regras. De qualquer modo, dentro dessas balizas, o ordenamento reconhece aos particulares a faculdade de livremente conformarem as suas relações através de negócios jurídicos." (*Obra citada*, p. 422).

[294] *Obra citada*, p. 422.

ciativa, com a autonomia da vontade para, no caso concreto, exercer o que se poderia denominar de dupla função nos contratos empresariais: ora para mitigar os efeitos e o alcance desses deveres com a prevalência da autonomia da vontade, ora para relativizar a autonomia contratual das empresas, em função desses mesmos deveres.

A regra geral da Constituição Federal é o modo privado de produção. O artigo 170 da CF assegura o livre exercício de qualquer atividade econômica, fundada na valorização do trabalho humano e na livre iniciativa, e tem por fim assegurar a todos existência digna, conforme os ditames da justiça social.

O que significa isto?", indagou a propósito José Afonso da Silva, para em seguida responder nos seguintes termos:

> Em primeiro lugar quer dizer precisamente que a Constituição consagra uma economia de mercado, de natureza capitalista, pois a iniciativa privada é um princípio básico da ordem capitalista. Em segundo lugar significa que, embora capitalista, a ordem econômica dá prioridade aos valores do trabalho humano sobre todos os demais valores da economia de mercado. Conquanto se trata de declaração de princípio, essa prioridade tem o sentido de orientar a intervenção do Estado, na economia, a fim de fazer valer os valores sociais do trabalho que, ao lado da iniciativa privada, constituem o fundamento não só da ordem econômica, mas da própria República Federativa do Brasil.[295]

A Constituição Federal, em seu artigo 173, estabelece que a exploração direta de atividade econômica pelo Estado só será permitida quando necessária aos imperativos da segurança nacional ou a relevante interesse coletivo, enumerando, no artigo 177, as atividades sujeitas ao monopólio da União.[296]

Tem-se, assim, que a regra geral da Constituição Federal é o modo privado de produção (art. 170), sendo a exploração estatal da atividade econômica uma exceção à regra constitucional e somente ocorrerá quando presentes as exigências estampadas no art. 173, tal como ocorre na Itália, segundo a carta *Del Lavoro*:

---

[295] SILVA, José Ferreira da. *Curso de direito constitucional positivo*. 24. ed. São Paulo: Malheiros Editores, 2005, p. 788.

[296] Art. 177. Constituem monopólio da União: I – a pesquisa e a lavra das jazidas de petróleo e gás natural e outros hidrocarbonetos fluidos; II – a refinação do petróleo nacional ou estrangeiro; III – a importação e exportação dos produtos e derivados básicos resultantes das atividades previstas nos incisos anteriores; IV – o transporte marítimo do petróleo bruto de origem nacional ou de derivados básicos de petróleo produzidos no País, bem assim o transporte, por meio de conduto, de petróleo bruto, seus derivados e gás natural de qualquer origem; V – a pesquisa, a lavra, o reprocessamento, a industrialização e o comércio de minérios e minerais nucleares e seus derivados.

Somente quando falte ou seja insuficiente a iniciativa privada, ou quando estejam em jogo interesses políticos do Estado, a empresa privada é substituída pela empresa pública com a gestão direta do Estado.[297]

Esse entendimento não escapou à apreciação do Supremo Tribunal Federal por ocasião do julgamento da Ação Direta de Inconstitucionalidade nº 562-6, movida pelo Partido Socialista Brasileiro – PSB.[298] Torna-se elucidativo e esclarecedor o voto do Ministro Carlos Ayres Brito por ocasião do julgamento da Ação Direta de Inconstitucionalidade nº 1649, requerida pelo Partido dos Trabalhadores:

A Constituição já havia dito que atividade econômica, art. 170, parágrafo único, é própria da iniciativa privada. Assim como o serviço público é próprio do Poder Público, atividade econômica é própria da iniciativa privada. São dois comandos claríssimos da Constituição. Entretanto, no art. 173, a nossa Lei das Leis permite que o Estado, em caráter excepcional, quebrante a força do parágrafo único do artigo 170, empresarie atividades econômicas e assim concorra com os particulares, mas em casos excepcionas, quando presentes ou o relevante interesse coletivo ou o imperativo da segurança nacional.[299]

Para o atendimento do novo modelo econômico criado pela Carta Política de 1988, foi instituído o Programa Nacional de Desestatização, visando à retirada do Estado do exercício das atividades econômicas.[300]

---

[297] Conforme esclarece Alberto Asquini. "Perfis da empresa". *Apud* COMPARATO, Fabio Konder. *Obra citada*. 1996, p. 112.

[298] STF. Ação Direta de Inconstitucionalidade nº 562-6, Tribunal Pleno, rel. Min. Ilmar Galvão, julgada em 1º/07/1998, publicada no DJ de 16/10/1998. OLIVEIRA, Jorge Rubem Folena de. "O Estado empresário. O fim de uma era". *Revista de informação legislativa do Senado Federal*, nº 134, abr/jun. 1997, p. 297-310.

[299] STF. Ação Direta de Inconstitucionalidade nº 1649-1, Tribunal Pleno, rel. Min. Maurício Correa, julgada em 24/03/2004, publicada no DJ de 28/05/2004.

[300] O artigo 1º da Lei 8.031/90 define que os objetivos do Programa Nacional de Desestatização são: "I – reordenar a posição estratégica do Estado na economia, transferindo à iniciativa privada atividades indevidamente exploradas pelo setor público; III – permitir a retomada de investimentos nas empresas e atividades que vierem a ser transferidas à iniciativa privada; [...] V – permitir que a administração pública concentre seus esforços nas atividades em que a presença do Estado seja fundamental para a consecução das prioridades nacionais." Márcio Souza Guimarães esclarece que: "Apesar das conhecidas críticas aos programas de desestatização, é indiscutível que a entrada do capital privado nos setores de infra-estrutura está possibilitando ganhos de eficiência. O tempo e o custo das operações portuárias privatizadas, por exemplo, já tiveram uma queda dramática, embora ainda insuficiente para equiparar os portos brasileiros aos padrões mundiais. E, principalmente, está possibilitando aquilo que de outro modo seria um sonho, dada a exaustão da capacidade de financiamento do Estado: atender às imensas necessidades de investimento em infra-estrutura. Isto é vital do ponto de vista das perspectivas de expansão da economia e traz benefícios diretos para os consumidores. A telefonia é um bom exemplo do papel da iniciativa privada na universalização de serviços que significam, em última análise, acesso à cidadania para os brasileiros. O número de terminais de telefonia móvel saltou de 1,3 milhão em 1995 para 11,6 milhões em setembro de 1999. O uso do celular parecia, no começo, um símbolo de status para a classe média. Mostrou-se rapidamente um instrumento de trabalho para microempresários e trabalhadores autônomos, além de bem-estar para domicílios que ainda teriam de esperar pela instalação de um terminal fixo". *O Estado empresário e a nova ordem*

Em face da opção da Assembleia Nacional Constituinte de 1988 de afastar o Estado do exercício das atividades econômicas, reservando-as para a iniciativa privada, as atividades realizadas pelas empresas assumem papel relevante para a melhoria da vida dos cidadãos, propiciando condições para que os trabalhadores tenham salário digno, assistência à saúde e à previdência e educação, sobretudo para o pleno atendimento dos objetivos fundamentais declarados no pórtico da Carta Constitucional.[301]

Mas o Constituinte de 1988 não optou pelo sistema liberal em face do enunciado no artigo 3º do texto constitucional, como adverte Eros Roberto Grau, ao afirmar que a Carta Política de 1988 adotou "um modelo econômico de bem-estar".[302]

No mesmo sentido, Marcio Souza Guimarães esclarece que "a certa altura se poderia imaginar um retorno ao paradigma de Estado Liberal, na medida em que o particular seria o responsável pelo desenvolvimento econômico. Contudo, a grande diferença é a de que o modelo de Estado traçado é o de Estado Regulador, situado entre o Estado Liberal e Estado Intervencionista".[303]

Egon Moreira esclarece que, em decorrência da reforma administrativa, o Estado retirou-se do cenário empresarial e passou a exercer a regulação das atividades econômicas. O papel do Estado – esclarece o autor – "não mais é o de proprietário (ou endoregulador), sendo agora um regulador externo ao mercado (ou heteroregulador).[304]

Portanto, cabe ao Estado, como agente regulador, criar mecanismos que assegurem um ambiente de competição saudável para a atuação e funcionamento das atividades econômicas em condições de normalida-

---

constitucional. Disponível em: <http://www.femperj.org.br/artigos/popup.php?pagina=estado empresário.php#topo2>. Acesso em: 16 jul. 2006.

[301] Artigo 3º – Constituem objetivos fundamentais da República Federativa do Brasil: I – construir uma sociedade livre, justa e solidária; II – garantir o desenvolvimento nacional; III – erradicar a pobreza e a marginalização e reduzir as desigualdades sociais e regionais; IV – promover o bem de todos, sem preconceitos de origem, raça, sexo, cor, idade e quaisquer outras formas de discriminação.

[302] GRAU, Eros Roberto. *A ordem econômica na Constituição de 1988* (Interpretação e crítica). 3. ed. rev. e ampl. São Paulo: Malheiros Editores, 2000, p. 37.

[303] GUIMARÃES, Marcio Souza. *Obra citada.*

[304] MOREIRA, Egon Bockmann. "As agências executivas brasileiras e os contratos de gestão". *Estudos de direito econômico.* Leila Cuéllar, Egon Bockmann Moreira. Belo Horizone: Fórum, 2004, p. 238. Para José Afonso da Silva, a atuação do Estado "não é nada menos do que uma tentativa de pôr ordem na vida econômica e social, de arrumar a desordem que provinha do liberalismo." (SILVA, José Afonso da. *Obra citada*, p. 786).

de.[305] Esta regulação não importa em intervenção para determinar o modo de funcionamento ou resultar no controle das atividades produtivas.

Quanto ao controle das atividades produtivas, o Supremo Tribunal Federal decidiu que "a intervenção estatal na economia, mediante regulamentação e regulação de setores econômicos, faz-se com respeito aos princípios e fundamentos da ordem econômica". Todavia, deixou assente que a fixação do preço de produtos em valores abaixo da realidade caracteriza empecilho ao livre exercício da atividade econômica, com desrespeito ao princípio da livre iniciativa.

> [...] de fato, o texto constitucional de 1988 é claro ao autorizar a intervenção estatal na economia, por meio da regulamentação e da regulação de setores econômicos. Entretanto, o exercício de tal prerrogativa deve se ajustar aos princípios e fundamentos da Ordem Econômica, nos termos do art. 170 da Constituição. Assim, a faculdade atribuída ao Estado de criar normas de intervenção estatal na economia (Direito Regulamentar Econômico, na lição de Bernard Chenot e Alberto Venâncio Filho, *Droit public économique, Dictionnaire des Sciences Économiques*, 1958, p. 420-423 e A intervenção do Estado no domínio econômico. O direito econômico no Brasil, 1968, respectivamente) não autoriza a violação ao princípio da livre iniciativa, fundamento da República (art. 1º) e da Ordem Econômica (art. 170, *caput*). No caso, a fixação de preços a serem praticados pela Recorrente, por parte do Estado, em valores abaixo da realidade e em desconformidade com a legislação aplicável ao setor constitui-se em sério empecilho ao livre exercício da atividade econômica, em desrespeito ao princípio da liberdade de iniciativa.

Ao final do voto, colhe-se seguinte advertência do Min. Relator:

> No caso, o acórdão recorrido ignorou os prejuízos causados à recorrida pelo poder público, prejuízos apurados na instância ordinária, inclusive mediante perícia. Ignorou, olimpicamente, os prejuízos, ao curioso argumento de que assiste ao Estado o poder discricionário "na adequação das necessidades públicas ao contexto econômico estatal. É dizer, com base nessa discricionariedade inadmissível num Estado de Direito, é possível ao Estado, ao intervir no domínio econômico, desrespeitar liberdades públicas e causar prejuízos aos particulares, impunemente.[306]

---

[305] Fiscalizar – escreveu Eros Grau – "significa prover a eficácia das normas produzidas e medidas encetadas, pelo Estado, no sentido de regular a atividade econômica. Essas normas e medidas, isso é evidente – nítido como a luz solar passando através de um cristal, bem polido – hão de necessariamente estar e dar concreção aos princípios que conformam a ordem econômica." (GRAU, Eros Roberto. *Obra citada*, p. 306).

[306] STF – RE 422.941-2 DISTRITO FEDERAL – 2ª Turma – j. 06/12/2005, rel. Min. Carlos Velloso. No mesmo sentido, o voto do Min. Joaquim Barbosa considerando que o controle de preços: "é forma de intervenção do Estado na economia e somente pode ser considerado lícito se praticado em caráter de excepcionalidade, uma vez que a atuação do Estado está limitada pelos princípios da liberdade de iniciativa e de concorrência (art. 170, caput e IV, da Constituição de 1988 e art. 157, I e V, da Constituição de 1967/1969). Não pode o governo suprimir integralmente a liberdade de concorrência e de iniciativa dos particulares sem que haja razoabilidade nessa medida, vale dizer, sem que ela decorra de uma situação de anormalidade econômica tal que seja imprescindível impor restrição tão radical e, por fim, desde que os preços fixados não sejam inferiores aos custos de produção".

Os empreendedores são livres para a livre escolha sobre o quê, como, quando e quanto produzir. "Isto não significa, porém, uma ordem do *laissez faire*, posto que a livre iniciativa se conjuga com a valorização do trabalho humano, mas a liberdade, como fundamento, pertence a ambos", adverte Tércio Sampaio Ferraz Jr para concluir que "não há, pois, propriamente, um sentido absoluto e ilimitado na livre iniciativa, que por isso não exclui a atividade normativa e reguladora do Estado".[307]

Sob o título original "Algemas no Comércio", o poeta Fernando Pessoa, após criteriosa análise dos prós e contras da intervenção estatal na economia, conclui que a legislação protecionista pode:

> 1) prejudicar o comerciante; 2) produzir perturbações econômicas; 3) nunca beneficiar, e as mais das vezes prejudicar, as próprias classes em cujo proveito essas leis foram feitas. A legislação restritiva, em todos os seus ramos, resulta, portanto, inútil e nociva. Nenhuma lei é benéfica se ataca qualquer classe social ou restringe a sua liberdade. As classes sociais não vivem separadas, em compartimentos estanques. Vivem em perpétua interdependência, em constante entrepenetração. O que lesa uma, lesa todas. A lei que ataca uma, é todas que ataca. Todo este artigo é uma demonstração desse fato. Não é, pois, só o comerciante, mas o público em geral, que tem o dever para consigo mesmo de reagir enérgica e constantemente contra a promulgação das leis restritivas, invariavelmente maléficas, como se demonstrou, por benéficas que pareçam ou as intitulem.[308]

A liberdade de iniciativa ou livre iniciativa, na locução do texto constitucional, é a projeção da liberdade individual no plano da produção, circulação e distribuição de riquezas, assegurando não apenas a livre escolha das atividades econômicas, mas também a autônoma eleição dos meios mais adequados à consecução dos fins visados. Liberdade de fins e de meios informa o princípio da livre iniciativa, conferindo-lhe um valor

---

[307] "Afirmar a livre iniciativa como base é reconhecer na liberdade um dos fatores estruturais da ordem; é afirmar a autonomia empreendedora do homem na conformação da atividade econômica, aceitando a sua intrínseca contingência e fragilidade; é preferir, assim, uma ordem aberta ao fracasso a uma 'estabilidade' supostamente certa e eficiente. Afirma-se, pois, que a estrutura da ordem está centrada na atividade das pessoas e dos grupos e não na atividade do Estado. Isto não significa, porém, uma ordem do *laissez faire*, posto que a livre iniciativa se conjuga com a valorização do trabalho humano, mas a liberdade, como fundamento, pertence a ambos. Na iniciativa, em termos de liberdade negativa, da ausência de impedimentos e da expansão da própria criatividade. Na valorização do trabalho humano, em termos de liberdade positiva, de participação sem alienações na construção da riqueza econômica. Não há, pois, propriamente, um sentido absoluto e ilimitado na livre iniciativa, que por isso não exclui a atividade normativa e reguladora do Estado. Mas há ilimitação no sentido de principiar a atividade econômica, de espontaneidade humana na produção de algo novo, de começar algo que não mais estava antes. Esta espontaneidade, base da produção da riqueza, é o fator estrutural que não pode ser negado pelo Estado. Se, ao fazê-lo, o Estado a bloqueia e impede, não está intervindo, no sentido de normar e regular, mas está dirigindo e, com isso, substituindo-se a ela na estrutura fundamental do mercado." (Tércio Sampaio Ferraz Jr, *apud* CLÈVE, Clèmerson Merlin. "Proscrição da propaganda do tabaco nos meios de comunicação de massa. Regime constitucional da liberdade de conformação legislativa e limites da atividade normativa de restrição a direitos fundamentais". *Revista dos Tribunais*, vol. 845, p. 121-122).

[308] PESSOA, Fernando. *A economia em Pessoa:* verbetes contemporâneos. organização, prefácio e notas Gustavo H. B. Franco. Rio de Janeiro: Reler, 2006, p. 76-77.

primordial, como resulta da interpretação conjugada dos citados artigos 1º e 170 da Constituição Federal.[309]

Essa liberdade deve estar em conformidade com o modelo econômico de bem-estar referido por Eros Grau, isto é, levando-se em conta os valores fundantes da ordem constitucional em vigor representados pela valorização do trabalho humano e pela redução das desigualdades sociais, de modo a realizar a tão almejada justiça social.

A expressão "intervenção sensata" – cunhada por Egon Moreira – revela a dificuldade para identificar a linha tênue que separa, que divide, que limita, a licitude do poder regulador do Estado. Para o autor "a intervenção estatal na economia importa celebrar não uma desproporção ou uma invasão desmedida, nem tampouco uma abstenção estatal, mas um equilíbrio de forças no próprio mercado em questão – seja de forma a corrigir os desvios constatados na conduta dos agentes, seja instalando uma nova realidade econômica até então inédita. [...] há de ser necessária, ponderada, excepcional e pontual – com finalidade pública e específica".[310]

O desafio é encontrar o caminho apaziguador entre as forças que movem a iniciativa privada no modo de produção e funcionamento das atividades econômicas e a função reguladora do Estado, na sua nobre e suprema função de regular e de manter as condições necessárias para o funcionamento normal dessas atividades.

Nessa perspectiva, o presente livro se alinha com o caminho apontado por Daniel Sarmento no sentido de se levar em consideração não somente "o grau de desigualdade na relação jurídica, mas também em função da natureza da questão a ser examinada" para conceder uma proteção mais forte quando estiverem em jogo "bens de caráter supérfluo" e aceitando-se um dirigismo contratual de maior intensidade quando a "questão envolver bens essenciais para a vida humana".[311]

2.5.4. Empresa: função social, responsabilidade social e direitos fundamentais sociais

Assim como o contrato passou por uma profunda crise, sofrendo forte influência do movimento de repersonalização do direito civil, com o deslocamento da patrimonialidade para a pessoa, a atividade realizada pela empresa também perdeu a sua "concepção privatista identificada

---

[309] REALE, Miguel. *Temas de direito positivo*. São Paulo: RT, p. 250.

[310] MOREIRA, Egon Bockmann. *Obra citada*, p. 80 e segs.

[311] O autor, inclusive, cita o seguinte exemplo: "a proteção da autonomia privada deve ser mais forte num negócio jurídico envolvendo a alienação de uma jóia, do que num contrato de compra e vende de um medicamento." (SARMENTO, Daniel. *Obra citada*, p. 180 e 268).

pela maximização dos lucros"[312] ou a visão inicial apontada Adolf Berle.[313]

O funcionamento da empresa assume grande relevância social em um sistema econômico capitalista, dado o seu relevante papel como instrumento de transformação e realização dos interesses comunitários.

A geração e a circulação de riquezas produzidas pela empresa financiam as políticas públicas do Estado de proteção à vida (segurança pública) e de assistência à saúde (gratuidade do tratamento médico, com a construção de hospitais públicos e o fornecimento gratuito de medicamentos), sendo possível, então, estabelecer uma interdependência entre o Estado e as atividades realizadas pela empresa em prol dos direitos fundamentais sociais que se estabelece a partir da contribuição das atividades realizadas pelas empresas no fornecimento dos recursos financeiros (via arrecadação tributária) necessários para que o Estado possa executar as políticas públicas.[314]

Contudo, no passado, a empresa era vista como "coisa dos sócios", ao assegurar, por exemplo, "a absoluta autonomia da Assembleia Geral para definir o interesse social e a organização interna", por expressa previsão legal do *Code de Commerce* francês de 1807, inspirado nos ideais da Revolução Francesa; portanto, possuía "princípios societários bastante individualistas".

Os controladores podiam "definir livremente não só o interesse social, mas a própria organização societária interna", conforme relata Calixto Salomão Filho:[315]

Cedo, fica bastante evidente que esse autocentrismo societário não poderia perdurar. Um mínimo de consenso interno é necessário para que a nova sociedade anônima possa atrair

---

[312] SALOMÃO FILHO, Calixto. *Obra citada*, p. 13.

[313] No prefácio à segunda edição da obra *The modern corporation & private property*, o autor americano esclarece que os investidores eram equiparados aos proprietários de terras que cultivavam e vendiam os seus produtos. Essa era a contribuição e a utilidade da atividade da empresa. No original: "Corporations were originally groups of investors pooling their individual contribution of risk capital to organize and carry on an enterprise. Since they had saved their earnings or gains had risked them in the undertaking, they were assimilated to the owner of land, who cleared and cultivated it, and sold its products. As the economics of the time went, this was justifiable. They had sacrificed, risked and, to some extent, worked at the development of the product. Presumably they had done something useful for the community, since it was prepared to pay for the product" (BERLE, Adolf Augustus. *The modern corporation and private property*. Adolf A. Berle and Gardiner C. Means. United States of America: Library of Congress, 1997, p. xxvi/xxvii).

[314] "A empresa não pode ser corolário de filantropia e nem de selvageria, mas apenas deve ser a contribuição privatista para o desenvolvimento social, mediante a reunião dos fatores produtivos." (SALLES, Marcos Paulo de Almeida. "A visão jurídica da empresa na realidade brasileira atual". *Revista de direito mercantil*, n. 119, ano XXXIX, jul-set 2000, p. 97).

[315] SALOMÃO FILHO, Calixto. "Sociedade anônima: interesse público e privado". *Revista de Direito Mercantil*, n. 127, ano XLI, jul-set 2002, p. 10-20.

BOA-FÉ OBJETIVA NOS CONTRATOS EMPRESARIAIS

investimentos, necessários ao desenvolvimento tecnológico. Abre-se, então, um período de consenso interno. [...] A crise de 1929 e os anos de chumbo que se seguiram demonstraram várias coisas. Para o capitalismo, a insuficiência do modelo individualista. [...] A verdadeira *débâcle* social que se seguiu à crise de 1929 demonstrou um direito societário fechado em si e restrito aos interesses dos sócios não podia fazer frente às demandas sociais, que obrigavam a todos naqueles anos difíceis.

A partir de 1937, a lei alemã passa a associar o interesse social a um "vago e mal definido interesse público", encarregando o administrador da sociedade – "intimamente vinculado ao controlador" – a perseguir tal interesse. A Assembleia Geral é enfraquecida. Contudo os resultados não foram animadores:

O controlador fortaleceu-se e pôde tudo fazer em nome do mal definido interesse público. A concentração de poder e influência empresarial que se seguiu foi bem aproveitada pelo esforço de guerra nazista. Não por acaso, portanto, a lei alemã de 1965 fez meia-volta, revitalizando a Assembleia e os acionistas minoritários.

No âmbito das relações internas das sociedades, o institucionalismo assegurou "a participação operária nos Conselhos de Supervisão *(Aufsichtsrat)* das empresas alemãs" como forma de incentivar um "pacto capital-trabalho e o desenvolvimento industrial alemão na segunda metade do século XX". Esse modelo, contudo, ficou enfraquecido porque apenas privilegiou os interesses dos trabalhadores, deixando de lado vários outros interesses, destaca o jurista brasileiro.

Já o modelo contratualista, ao lançar mão do "conceito de maximização do valor das ações", acabou por favorecer a especulação. Reduzir o interesse social ao interesse pela maximização do valor das ações "implica justificar atuação de administradores e acionistas que visem exclusivamente esse objetivo, inclusive aqueles que impliquem manobras especulativas", alertou Calixto Salomão.

Esses modelos não tiveram em conta "os vários interesses envolvidos pelas estruturas empresariais de porte: interesses dos consumidores, concorrentes, comunidade afetada por consequências ambientais da atividade empresarial, etc", dando espaço à teoria organizativa, fundada na "famosa ideia coasiana da empresa como feixe de relações jurídicas ou um feixe de interesses" e na conhecida construção do contrato de sociedade como "um contrato-organização".

No âmbito das relações externas, passou-se a reconhecer a importância do mercado de capitais, não como modelo identificado no interesse do acionista controlador. Agora – o jurista continua – "o interesse afetado é o de milhares de investidores e da própria poupança." O interesse em jogo passa ser a "proteção do investidor" mediante "regras crescentes de transparência e cumprimento de regras éticas de mercado".

Finalmente, o reconhecimento da função social impõe à empresa, certos *deveres positivos* conforme adiante se verificará.

2.5.4.1. Função social da empresa

A respeito do histórico da função social e de suas origens, Eduardo Tomasevicius Filho faz uma minuciosa abordagem a partir da formulação de São Tomás de Aquino e da importância da encíclica *Rerum Novarum* que, apesar de não falar em função social, reclamou "melhorias nas condições de vida dos trabalhadores com fundamento na dignidade da pessoa humana" para a redução das desigualdades geradas pela Revolução Industrial, sob o fundamento de que "era conveniente promover melhores condições de trabalho do que correr o risco de a classe trabalhadora instituir o socialismo", fantasma que rondava a Europa.

O jurista prossegue fazendo relato dos significados de função social usado em "sentido amplo", isto é, como "finalidade" ou "papel", como, por exemplo, no artigo 5º da LICC,[316] e em "sentido escrito", para atender à exigência de que o exercício do direito "seja também uma prestação de serviço em benefício da sociedade" ou, ainda, para impor "deveres para quem exerce determinado direito. Daí se falar que a função social é um "poder-dever", como, por exemplo, nos artigos 170 e 186 da CF, artigos 187 e 412 do CC/2002.[317] Em relação à empresa, esclarece que:

> [...] ao mesmo tempo em que a livre iniciativa é um valor fundamental da ordem econômica (CF, art. 170), porque seu exercício é socialmente útil, exige-se do empresário o exercício da atividade econômica de forma não nociva à comunidade. Impõem-se limites a esse direito, com o dever de não ferir a dignidade dos trabalhadores, nem prejudicar a concorrência, o consumidor ou o meio ambiente de forma indiscriminada.[318]

---

[316] LICC, art. 5º. Na aplicação da lei, o juiz atenderá aos fins sociais a que ela se dirige e às exigências do bem comum.

[317] CF, art. 170. A ordem econômica, fundada na valorização do trabalho humano e na livre iniciativa, tem por fim assegurar a todos existência digna, conforme os ditames da justiça social; art. 186. A função social é cumprida quando a propriedade rural atende, simultaneamente, segundo critérios e graus de exigência estabelecidos em lei, aos seguintes requisitos: I – aproveitamento racional e adequado; II – utilização adequada dos recursos naturais disponíveis e preservação do meio ambiente; III – observância das disposições que regulam as relações de trabalho; IV – exploração que favoreça o bem-estar dos proprietários e dos trabalhadores. CC/2002, art. 187. Também comete ato ilícito o titular de um direito que, ao exercê-lo, excede manifestamente os limites impostos pelo seu fim econômico ou social, pela boa-fé ou pelos bons costumes; art. 421. A liberdade de contratar será exercida em razão e nos limites da função social do contrato.

[318] TOMASEVICIUS FILHO, Eduardo. "A função social do contrato: conceito e critérios de aplicação". *O direito da empresa e das obrigações e o novo Código Civil brasileiro*. Alexandre dos Santos Cunha (org.). São Paulo: Quartier Latin, 2006, p. 198. Sobre função social ver: MARTINS-CONSTA, Judith. "Reflexões sobre o princípio da função social dos contratos". *O direito da empresa e das obrigações e o novo Código Civil brasileiro*. Alexandre dos Santos Cunha (org.). São Paulo: Quartier Latin, 2006, p. 218-248, e diversos outros autores mencionados nas referências bibliográficas deste trabalho.

Ainda sobre a função social da empresa, Carla Osmo relata que a empresa deve ser conduzida de maneira a propiciar "a dignidade coletiva, ou de cada um dos cidadãos, e deve promover uma equitativa distribuição de renda, de forma a reduzir a desigualdade social", sendo que ao seu objetivo central de produzir lucros "o direito acresce outros: o de distribuir equitativamente os lucros produzidos e o de melhorar a qualidade de vida dos sujeitos que integram a comunidade". Contudo, a comentarista faz uma importante advertência no sentido de que "o direito positivo nada diz sobre a forma como se deve dar tal justa distribuição, e em que medida pode essa obrigação contrariar o interesse particular da empresa e dos seus sócios ou acionistas. Em termos diversos, o fim a norma aponta. Sobre os meios, ela silencia".[319]

Além dessa importante contribuição, a empresa também desenvolve relevante papel na realização dos direitos fundamentais sociais por uma práxis empresarial de concessão de diversos benefícios sociais. Aqui o vocábulo *práxis* é tomado simplesmente como transcrição da palavra grega que significa ação[320] ou "como o poder que o homem tem de transformar o ambiente externo".[321]

Por último, para fechar esse traçado, o Estado deve garantir condições razoáveis para o funcionamento das atividades realizadas pelas empresas, assegurando, portanto, a geração e circulação de riqueza e a implementação de programas sociais.

Mas não são poucos os que veem nas empresas uma simples posição de intermediárias entre produtores e consumidores, como uma classe parasitária que nada mais faz do que transmitir riquezas de uma mão para outra, tendo em vista que o capitalismo é comumente entendido com o objetivo maior da maximização da exploração da riqueza para os sócios ou acionistas da empresa e tem sido amplamente criticado como uma prática do aquecimento global, do abuso de direitos humanos e violação de direitos laborais, embora muitas dessas afirmações sejam altamente discutíveis e os lucros das empresas certamente tenham sido aplicados em melhorias sociais.[322]

---

[319] OSMO, Carla. "Pela máxima efetividade da função social da empresa". *Função do direito privado no atual momento histórico*. Rosa Maria de Andrade Nery (coord.). São Paulo: Revista dos Tribunais, 2006, p. 282.

[320] ABBAGNANO, Nicola. *Dicionário de filosofia*. Trad. da 1ª edição brasileira coord. e ver. por Alfredo Bosi; ver. e trad. dos novos textos por Ivone Castilho Benedetti. 5. ed. São Paulo: Martins Fontes, 2007, p. 922.

[321] BOBBIO, Norberto. *Dicionário de política*. vol. 2, ed. UnB, 1995, p. 988.

[322] No original, a autora assim se expressou: "In the current market-based economy, consumers and directors all over the world are questioning whether corporations should exist solely to maximize shareholder profit. Many for-profit US and European corporations abide by the neoclassic assumption that in order for a manager to maximize profit, he must "take the wage demand as a given

Waldemar Ferreira colocou a questão nos seus devidos termos ao destacar a importância da empresa com as seguintes palavras que, apesar de terem sido produzidas em meados do século XX, são atualíssimas e, quiçá, poderiam ser consideradas uma verdadeira projeção do futuro:

> Para isso, (o comerciante) encurta as distâncias. Aproxima os povos e as nações. Faz desaparecer as diferenças oriundas das diversidades naturais de regiões de raças e de costumes. Não é só transportador. Nem apenas mediador. Especula. Especulador, amplia a oferta, mas antes aguça a procura. Provoca o desenvolvimento do espírito de iniciativas. Torna os produtos sempre mais baratos e melhores. Criador de utilidades, movimentador de riquezas, instrumento de civilização e de progresso, compra. Prepara. Acondiciona. Transporta. Para transportar, constrói veículos, que percorrem a terra, atravessam os mares e cruzam os ares. Assalaria os seus condutores. Segura as mercadorias contra os riscos de acidentes, de naufrágios, de incêndios. Deposita-as, a fim de distribuí-las e revendê-las. Monta estabelecimentos. Abre bazares e lojas, onde as expõe. Firma contratos com auxiliares e prepostos. Revende a dinheiro e a prazo, emite e aceita títulos de crédito, especialíssimos, munidos de poder circulatório.[323]

Túlio Ascarelli atribuiu ao então comerciante o desenvolvimento da indústria de automóveis, aviões, produtos farmacêuticos, esclarecendo, ainda, não fosse o direito comercial, pelos seus clássicos institutos das sociedades, títulos de crédito, responsabilidade limitada, patentes, entre outros, "os aviões não sulcariam os céus".[324]

Desse modo, a empresa não deve ser tomada como um fim em si mesma "pela finalidade de conferir lucro ao seu proprietário mediante o aumento da produção", na expressão de Menezes Cordeiro,[325] "para enriquecer alguns diretores ambiciosos", segundo Jorge Lobo,[326] ou para proporcionar o máximo lucro compatível com um grau razoável de risco, conforme anotou Adolf Berle.[327]

---

and produce its output at the lowest possible cost." Capitalism, as commonly understood to be the institution holding maximization of monetary wealth for enterprise owners as the utmost goal, has widely been criticized as a practice fostering such things as global warming, human rights abuse and labor violations. Many of these claims are highly debatable, and aspects of profit maximization have certainly been applied positively to social betterment". (MICKELS, Alissa. *Effectively enforcing corporate social responsability norms in the European Union and the United States*. Disponível em <http://www.alissamickels.com/publications.htm#pub>. Acesso em: 10 jun. 2009).

[323] FERREIRA, Waldemar. *Obra citada*. 1. vol., p. 474-475.

[324] ASCARELLI, Túlio. "O desenvolvimento histórico do direito comercial e o significado da unificação do direito privado". Trad. de Fábio Konder Comparato. *Obra citada*. 1999, p. 244.

[325] MENEZES CORDEIRO, Antonio Manuel da Rocha e. *Manual de direito comercial*. Coimbra: Almedina, 2001, vol. I, p. 209.

[326] LOBO, Jorge. "A empresa: novo instituto jurídico". *Revista dos Tribunais*, vol. 795, jan.2002, p. 83.

[327] No original: "The corporate stockholder has certain well-defined interests in the operation of the company. [...] In general, it is to his interest, first that the company should be made to earn the maximium profit compatible with the reasonable degree of risk." (BERLE, Adolf A. *Obra citada*, p. 114).

A concepção contemporânea da empresa no projeto solidarista do texto constitucional de funcionalização dos direitos, de submissão de interesses particulares aos coletivos, coloca-a em posição de destaque, de modo que, quando suas atividades são realizadas com eficiência econômica, contribuem para compor "o conjunto de instrumentos voltados para garantir uma existência digna, comum a todos, em uma sociedade que se desenvolva como livre e justa, sem excluídos e marginalizados".[328]

> Ora, quando se fala de empresário como elemento da empresa, que tem deveres e obrigações para com a organização produtiva, embora em posição proeminente nessa estrutura, não é reconhecido como um suserano feudal, de baraço e cutelo, como era concebido o antigo comerciante, senhor absoluto de seu próprio interesse. Hoje, o empresário comercial tem em seus empregados não servos, como não há muito eram os empregados, mas colaboradores integrados, todos, e com interesses bem definidos, no sucesso da empresa.[329]

2.5.4.2. Responsabilidade social da empresa

O tema da responsabilidade social ganhou destaque no debate entre Adolf Berle e Merrick Dodd nos anos 30 do século XX nas páginas da *Harward Law Review,* a respeito das responsabilidades dos gestores das empresas, seus acionistas e de outros grupos, como funcionários, clientes e comunidades.

De um lado, Berle defendia que os deveres fiduciários exigem dos gestores das empresas agir em nome e em benefício exclusivo dos seus acionistas. De outro, Dodd sustentava que essa posição ignora as partes interessadas – empregados, clientes, fornecedores e comunidade – e que os gestores das empresas deviam a sua lealdade à entidade corporativa, como fiduciários para a instituição, e não para os seus membros.[330]

---

[328] MORAES, Maria Celina Bodin de. "O conceito de dignidade humana: substrato axiológico e conteúdo normativo". *Constituição, direitos fundamentais e direito privado.* Ingo Wolfgang Sarlet (org.). Porto Alegre: Livraria do Advogado, 2003, p. 140.

[329] REQUIÃO, Rubens. *Obra citada.* p 76.

[330] No original: "In the 1930s, Adolf Berle and Merrick Dodd famously debated about the responsibilities of corporate managers to their shareholders and to other groups, like employees, customers, and communities. Berle, who through his New York law practice was keenly aware of managerial abuse of stockholders, urged in a 1931 article that managers be treated more like trustees — which was not then the case — and that their power be equitably constrained so as to protect shareholder interests. Dodd questioned Berle's solution, namely, fiduciary duties requiring corporate managers to act on behalf of and for the sole benefit of the company's shareholders. This ignores corporations' other stakeholders such as labor, customers, and the general public, Dodd wrote; the better view is that corporate managers owe their allegiances to the corporate entity, as "fiduciaries for the institution rather than for its members." Berle responded with a brief but powerful critique. He feared that if the fiduciary constraints on managers were weakened or eliminated, managers would become free

O debate em torno desse tema ressurgiu em razão da decisão de uma empresa petrolífera de adquirir um navio-tanque para transporte de petróleo. Essa questão referia-se à decisão de adquirir um navio com casco único ou casco-duplo baseada exclusivamente no menor preço. Certamente a compra de um navio com caso único custaria menos do que o modelo de caso-duplo, mas faltariam requisitos de segurança que possam evitar ou atenuar um acidente ambiental.

Em seguida Judd Sneirson discute a diferença entre uma decisão baseada exclusivamente nos interesses da empresa e uma decisão que avalie e considere todos os seus impactos, seja em relação aos interesses das empresas, seja em relação aos efeitos que essa decisão pode provocar nas comunidades onde atua, esclarecendo que os administradores devem considerar todos os interesses envolvidos, incluindo acionistas, clientes, fornecedores e, no caso, o meio ambiente, em razão dos efeitos que um acidente ambiental pode causar a partir de uma decisão tomada exclusivamente em relação aos custos da aquisição.[331]

No Brasil, o Instituto Ethos de Empresas e Responsabilidade Social é uma organização sem fins lucrativos com 1324 empresas associadas,[332] cuja missão é "mobilizar, sensibilizar e ajudar as empresas a gerir seus negócios de forma socialmente responsável, tornando-as parceiras na construção de uma sociedade justa e sustentável".[333]

Para o Instituto Ethos, a responsabilidade social empresarial é considerada uma forma de gestão da empresa voltada para todos os públicos com os quais ela se relaciona e para o estabelecimento de metas que

---

"to pursue their own interests, under the guise of social responsibility, at the expense of shareholders and non-shareholders alike." (*Apud* SNEIRSON, Judd F. "Doing well by doing good: leveraging due care for better, more socially responsible corporate decisionmaking". *The Corporate Governance Law Review*, 431, p. 440-445).

[331] No original: "To conduct a stakeholder assessment, managers would first isolate the goal or goals they are trying to achieve, here, a means to transport crude oil from Alaska to the lower forty-eight states. Then managers would consider in addition to the single-and double-hulled alternatives tankers with even more hulls and/or safety measures as well as other possibilities such as staffing its oil tankers differently, with redundant personnel. Managers would next assess the firm's stakeholders, including its shareholders but also its customers, who may be less likely to purchase products from a firm with a poor environmental image; the fishing, tourism, and other industries likely to be affected by a catastrophic oil spill; the Alaskan and native-Alaskan communities that would likewise be affected by any environmental degradation; and the environmental consequences of a major oil spill. Once managers assess these stakeholder interests, they would further consider whatever of these effects is material to the tanker purchase in making its final decision" (SNEIRSON, Judd F. *Obra citada*, p. 478-479).

[332] Das 1324 empresas associadas ao Instituto Ethos, 889 são Micros, Pequenas e Médias Empresas, representando 67,15% do total de associadas e as restantes 435 são grandes empresas, representando 32,85% do total de associadas (Disponível em <http://www.ethos.org.br/sistemas/ empresas_entidades/empresas_ associadas/lista_geral/index.asp> Acesso em: 25 fev. 2010).

[333] Disponível em <http://www1.ethos.org.br/EthosWeb/pt/31/o_instituto_ethos/o_instituto_ ethos. aspx> . Acesso em: 25 fev. 2010.

impulsionem o desenvolvimento sustentável da sociedade, preservando recursos ambientais e culturais para as gerações futuras, respeitando a diversidade e promovendo a redução das desigualdades sociais.

Em resposta aos anseios mundiais de desenvolvimento sustentável,[334] surgiram os índices de sustentabilidade empresarial no mercado financeiro. O primeiro deles foi o *Sustainability Index*, lançado em 1999 pela Dow Jones, empresa americana dedicada a informações sobre negócios. Funciona como uma ferramenta para investidores que busquem empresas ao mesmo tempo lucrativas e eficientes na integração dos fatores econômicos, ambientais e sociais nas estratégias de seus negócios.[335]

No Brasil, a Bolsa de Valores de São Paulo (Bovespa) lançou, em 2005, o Índice de Sustentabilidade Empresarial (ISE), que reflete o retorno de uma carteira composta por ações de empresas reconhecidamente comprometidas com a responsabilidade social e a sustentabilidade empresarial e atua como promotor de boas práticas no meio empresarial brasileiro.

O Conselho Deliberativo do ISE (CISE) é o órgão máximo de decisão do qual participam importantes entidades representativas de classe[336] e tem como missão garantir um processo transparente e eficiente de cons-

---

[334] Sem aprofundar esse tema, porque não constitui objeto do presente trabalho, a ideia de desenvolvimento sustentável começa a surgir no final do século XX, quando se constata que o desenvolvimento econômico também deveria considerar o equilíbrio ecológico e a preservação da qualidade de vida das pessoas. Os recursos naturais deveriam ser apropriados de acordo com a sua capacidade de renovação para evitar o esgotamento. No início da década de 1980, a Organização das Nações Unidas (ONU) criou a Comissão Mundial sobre o Meio Ambiente e Desenvolvimento, para debater as questões ambientais, sob a liderança da Primeira-Ministra da Noruega, Gro Harlem Brundtland. O documento final desses estudos ficou conhecido como Nosso Futuro Comum, ou Relatório Brundtland. Apresentado em 1987, com uma visão crítica do modelo de desenvolvimento dos países industrializados e reproduzido pelas nações em desenvolvimento, o relatório aponta os riscos do uso exagerado dos recursos naturais sem considerar a sua capacidade de regeneração e propõe uma série de melhorias para a utilização e preservação dos recursos naturais de modo que o desenvolvimento sustentável seja "aquele que atende às necessidades do presente sem comprometer a possibilidade de as gerações futuras atenderem às suas necessidades." (Ver DERANI, Cristiane. *Direito ambiental econômico*. São Paulo: Max Limonad, 1997, p. 126).

[335] "Launched in 1999, the Dow Jones Sustainability Indexes are the first global indexes tracking the financial performance of the leading sustainability-driven companies worldwide. Based on the cooperation of Dow Jones Indexes, STOXX Limited and SAM they provide asset managers with reliable and objective benchmarks to manage sustainability portfolios. Currently more than 70 DJSI licenses are held by asset managers in 16 countries to manage a variety of financial products including active and passive funds, certificates and segregated accounts. In total, these licensees presently manage over 8 billion USD based on the DJSI." (Disponível em <http://www.sustainability-index.com/> Acesso em: 25 fev. 2010).

[336] ABRAP – Associação Brasileira das Entidades Fechadas de Previdência Complementar; ANBID – Associação Nacional de Bancos de Investimentos; APIMEC – Associação dos Analistas e Profissionais de Investimentos do Mercado de Capitais; BOVESPA – Bolsa de Valores de São Paulo; ETHOS – Instituto Ethos de Empresas e Responsabilidade Social; IBGC – Instituto Brasileiro de Governança

trução do índice, em especial no que diz respeito aos critérios de seleção das empresas que integrarão sua carteira. O CISE escolheu o Centro de Estudos em Sustentabilidade (GVces) da Escola de Administração de Empresas de São Paulo da Fundação Getulio Vargas (EAESP-FGV) para coordenar o processo de seleção das empresas.[337]

O tema da responsabilidade social está cada vez mais presente nos relatórios anuais e páginas eletrônicas das empresas brasileiras e deveria envolver, basicamente, o aprimoramento das relações entre a empresa e seus *stakeholders* de forma a criar condições propícias para o crescimento sustentável da empresa e contribuir para o desenvolvimento social.

Nesse sentido, destaca-se a atuação do Instituto Brasileiro de Análises Sociais e Econômicas (Ibase), que, desde 1997, defende a importância de um modelo único de relatório social, como instrumento de prestação de contas e transparência.

De acordo com o Ibase, a empresa, ao divulgar o relatório social, deve fazê-lo como forma de apresentar periodicamente à sociedade suas ações e sua evolução no tratamento de temas relevantes ao contexto socioambiental brasileiro: educação, saúde, preservação do meio ambiente, contribuições para a melhoria da qualidade de vida e de trabalho de funcionários e funcionárias, valorização da diversidade, desenvolvimento de projetos comunitários, combate à fome e criação de postos de trabalho.[338]

Corporativa; IFC – International Finance Corporation; MMA – Ministério do Meio Ambiente; PNUMA – Programa das Nações Unidas para o Meio Ambiente.

[337] O Índice de Sustentabilidade Empresarial (ISE) mede o retorno total de uma carteira teórica composta por até 40 ações de empresas que adotam estratégias alinhadas com a sustentabilidade e têm práticas e desempenho gerenciais que promovem o desenvolvimento sustentável, ao mesmo tempo em que geram valor ao acionista. Tais ações são selecionadas entre as 150 mais líquidas negociadas na BM&FBOVESPA e ponderadas na carteira pelo valor de mercado das ações disponíveis à negociação. Para o setor empresarial, o conceito de sustentabilidade representa uma nova abordagem de se fazer negócios que promove, simultaneamente, a responsabilidade social (com respeito à diversidade cultural e aos interesses de todos os públicos direta e indiretamente envolvidos no negócio), reduz o uso de recursos naturais e seus impactos negativos sobre o meio ambiente, preservando a integridade do planeta para as futuras gerações, sem desprezar a rentabilidade econômico-financeira do empreendimento. Esta abordagem, ao lado das melhores práticas de governança corporativa, contribui para o desenvolvimento sustentável ao mesmo tempo em que cria valor ao acionista e proporciona maior probabilidade de continuidade do negócio no longo prazo (Disponível em <http://www.bmfbovespa.com.br/Indices/download/ISE_EmpresasElegiveis.pdf>. Acesso em: 25 fev. 2010).

[338] O Instituto não sugere protocolos para levantamento de dados e não exige que as informações apresentadas sejam auditadas. Os auditores desse documento devem ser a sociedade, o cidadão e a cidadã que, direta ou indiretamente, são afetados pela operação da empresa. Neste sentido, a elaboração de forma participativa, a publicação em jornais, revistas e internet e a ampla divulgação entre trabalhadores e trabalhadoras, sindicatos e organizações sociais fazem parte da metodologia e são fundamentais para construir e efetivar um controle social sobre as empresas no Brasil. O balanço social da empresa, elaborado segundo a metodologia do Ibase, apresenta dados e informações de dois exercícios anuais por meio de uma tabela bastante simples e direta, que deve ser publicada e

Contudo, algumas empresas que se declaram socialmente responsáveis não apresentam evidências dos seus investimentos à comunidade, fato que poderia evidenciar se há, de fato, responsabilidade social ou se trata de uma simples jogada de *marketing* sem ações sociais efetivas.

Outro aspecto interessante é que empresas se apresentam praticantes de responsabilidade social porque cumprem as suas obrigações legais, como, por exemplo, o pagamento pontual dos impostos. Todavia, tratando-se de exigência legal, pagar os tributos não deve ser considerada uma atitude voluntária em prol da comunidade, pois a responsabilidade social representa ações voluntárias das empresas além do cumprimento das suas obrigações legais.[339]

---

amplamente divulgada. O modelo atual é composto por 43 indicadores quantitativos e oito indicadores qualitativos, organizados em sete categorias ou partes descritas no ANEXO B deste trabalho (Disponível em <http://www.ibase.br/userimages/BS_4.pdf>. Acesso em: 25 fev. 2010).

[339] Objetivando conhecer o grau de envolvimento corporativo com as práticas que, efetivamente, são voluntárias e direcionadas à comunidade (investimentos sociais privados), realizou-se uma pesquisa comparativa entre grandes empresas brasileiras. Foram analisados dois grupos: o primeiro constituído por empresas listadas na Bolsa de Valores de São Paulo, componentes do Índice de Sustentabilidade Empresarial – ISE (supostamente formado por organizações comprometidas com Responsabilidade Social) e o segundo formado por empresas com produtos associados a externalidades negativas (tabaco, bebida alcoólica e armamento). A seguir, apresentam-se os principais resultados. Constatou-se que 100% das 34 empresas do ISE declaram-se socialmente responsáveis, mas 11,8% delas não apresentaram evidências financeiras sobre investimentos sociais realizados no biênio 2004--2005. As empresas associadas a externalidades negativas possuem, em seu conjunto, relevante participação de mercado (participação total de mercado superior a 90% nos setores de Fumo, Bebidas Alcoólicas/Cerveja e Armas) e verificou-se que 100% das 8 organizações do setor de Fumo, 50% das 6 produtoras de cerveja e 50% das 4 empresas do setor de Armas declaram estar comprometidas com práticas de responsabilidade Social, mas somente as seguintes entidades evidenciaram investimentos sociais: CTA Continental e Souza Cruz (fumo); Ambev e Schincariol (bebidas alcoólicas) e Imbel (armas).O valor médio de gastos sociais das empresas do ISE foi de 1,08% sobre os respectivos resultados operacionais. Destacam-se as entidades do setor de Intermediação Financeira com a maior média (2,12%), seguidas pelas organizações do setor de Petroquímicos (1,56%). Os investimentos sociais das 18 empresas (fumo, bebidas alcoólicas e armas) apresentaram um valor médio de 0,45%, significativamente menor que a média obtida pelo grupo do ISE. Todavia, ao se compararem somente os dados das empresas que evidenciaram ações sociais, há diferenças relevantes nos resultados. O valor médio (2,61%) das empresas do setor de Fumo que evidenciaram investimentos sociais (CTA Continental e Souza Cruz) é superior, significativamente, ao das 30 empresas do ISE que também dimensionaram seus gastos sociais (1,22%). Com relação às empresas de cerveja (Ambev e Schincariol), que apresentaram uma média de gastos sociais de 1,27% sobre os resultados operacionais, os testes não indicaram haver diferenças significativas com a média de gastos sociais de 30 empresas do ISE. O valor médio das ações sociais (0,29%) da Imbel (armas) foi proporcionalmente menor que o de 30 empresas do ISE. O fato de, proporcionalmente, os gastos com ações sociais das empresas de fumo (CTA Continental e Souza Cruz) serem maiores do que a média das empresas do ISE, indica que há incentivos específicos para tal comportamento.Por outro lado, o baixo valor investido socialmente pelas produtoras de armas indicam não haver os mesmos estímulos da indústria do fumo. Pode-se supor que as empresas que não evidenciam ações sociais não sofrem pressões de grupos de interesse e/ou não apresentam desempenho social satisfatório, fazendo com o nível de divulgação das informações sociais (*disclosure* social) também seja baixo (MILANI FILHO, Marco Antonio Figueiredo. "Responsabilidade social e investimento social privado: entre o discurso e a evidenciação". Disponível em <http://www.responsabilidadesocial.com/article/article_view.php?id =937>. Acesso em: 10 jan. 2010).

Se o Estado não pode produzir riqueza porque o modelo econômico reserva esta atividade à iniciativa privada, a empresa surge como núcleo propulsor dos indispensáveis recursos financeiros para que as políticas públicas sejam executadas. Resulta, daí, uma íntima correlação entre os papéis do Estado e da empresa, visando ao atendimento das exigências contidas no artigo 3º da Carta Magna para a construção de uma sociedade solidária, que possa resultar na diminuição da pobreza, na geração de empregos, enfim, na melhoria das condições de vida dos cidadãos.

Ao criar um ambiente propício ao desenvolvimento econômico e garantir a solidez das instituições capazes de gerar e fazer circular riqueza como a propriedade, o contrato e o funcionamento das atividades produtivas, o Estado obterá a base tributária para uma arrecadação progressiva e justa, que viabilize políticas públicas distributivas em prol dos cidadãos.[340]

Com efeito, a empresa, como núcleo propulsor da criação e geração de riquezas, tem capacidade para gerar os recursos econômicos para financiar as políticas públicas do Estado voltadas a assegurar a melhoria das condições de vida dos cidadãos,[341] máxime frente o postulado constitucional que impõe restrições ao Estado para atuar nas atividades econômicas.

2.5.4.3. Direitos fundamentais sociais e a empresa

Todavia, a interlocução entre o Estado e a empresa deve contribuir para a concreção da dignidade da pessoa humana e para a efetividade de direitos fundamentais sociais, como salário digno, proteção do meio ambiente, saúde, educação.

---

[340] Sem adentrar na polêmica da carga tributária, destaca-se a advertência de Gisela Benitez: "[...] face ao esmaecimento do Estado brasileiro como ator social e econômico, naturalmente haver-se-ia de concluir que um Estado que pouco ou nada faz, pouco ou nada deveria cobrar de seus financiadores internos, isto é, dos contribuintes". Para a autora, o Estado brasileiro viola o princípio da proporcionalidade, pois, "[...] cobra uma das cargas tributárias mais altas do mundo e nem de longe devolve prestações à sociedade em proporção assemelhada. Seria de novamente perguntar: cobra tanto para quê? Apenas para automanter-se, para autoreproduzir-se? Diante destas indagações, nunca é demais lembrar que, sendo o Estado o meio de realização do bem-estar, da justiça social, da cidadania e da dignidade à sua população (afinal, estes são seus mais importantes objetivos e fundamentos – arts. 1º e 3º da CF/88), é indefensável que esse meio se sobreponha aos fins." (BENITEZ, Gisela Maria Bester. *Obra citada*, p. 150).

[341] "A administração deve pautar suas atividades no sentido de não só não violar tais direitos (fundamentais), como também de implementá-los praticamente, mediante a adoção de políticas públicas que permitam o efetivo gozo de tais direitos fundamentais por parte dos cidadãos". "Reflexões histórico-evolutivas sobre a constitucionalização do direito privado." (FACCHINI NETO, Eugenio. "Reflexões histórico-evolutivas sobre a constitucionalização do direito privado". *Constituição, direitos fundamentais e direito privado*. Ingo Wolfgang Sarlet (org.). Porto Alegre: Livraria do Advogado, 2003, p. 43).

Tais direitos fundamentais sociais possuem a nota distintiva destacada por Ingo Sarlet, isto é, "a sua dimensão positiva, uma vez que se cuida não mais de evitar a intervenção do Estado na esfera da liberdade individual",[342] pensamento compartilhado por Rodolfo Arango.[343]

De outro lado, para a efetividade dos direitos fundamentais sociais insertos na Carta Política, considera-se necessário o mútuo respeito e consideração entre o Estado e a empresa, reconhecendo, cada qual, a importância da sua contribuição para o desenvolvimento do bem comum.[344]

O Estado e a empresa devem desenvolver as suas atividades para o atendimento máximo ao ideal da dignidade da pessoa, repudiando-se toda e qualquer tentativa de interpretação que faça chocar a atividade da empresa com a atividade do Estado, tendo em vista sua complementariedade e subsidiariedade.[345]

Entende-se, também, que a empresa desorganizada e desestruturada, sem a mínima eficiência econômica, não poderá contribuir na geração dos recursos econômicos para o financiamento das políticas públicas do Estado; ao contrário, representará um ônus para o Estado, pois, certamente, deixará de cumprir as suas obrigações legais e, consequentemente, também desatenderá a sua função social.

Daí, então, a racionalidade econômica e a eficiência serem necessárias como instrumento para a realização dos fins sociais da empresa.

---

[342] "O impacto da industrialização e os graves problemas sociais e econômicos que acompanharam as doutrinas socialistas, e a constatação de que a consagração formal de liberdade e igualdade não gerava a garantia do seu efetivo gozo acabaram, já no decorrer do século XIX, gerando amplos movimentos reivindicatórios e o reconhecimento progressivo de direitos, atribuindo ao Estado comportamento ativo na realização da justiça social. A nota distintiva destes direitos é a sua dimensão positiva, uma vez que se cuida não mais de evitar a intervenção do Estado na esfera da liberdade individual, mas, sim, na lapidar formulação de C. Lafer, de propiciar um direito de participar do bem-estar social." (SARLET, Ingo. *A eficácia dos direitos fundamentais*: uma teoria geral dos direitos fundamentais na perspectiva constitucional. 10. ed. rev. atual. e ampl. Porto Alegre: Livraria do Advogado, 2009, p. 48).

[343] "Los derechos sociales fundamentales son derechos generales, específicamente derechos generales positivos. El carácter general de los derechos sociales fundamentales se refleja en tres planos: el plano del titular del derecho, el de su objeto y de su justificación. En el plano del titular del derecho, todas las personas son portadoras de derechos sociales fundamentales (derechos de todos), pero los obligados son exclusivamente los Estados democráticos modernos. En el plano del objeto los derechos sociales fundamentales, son derechos constitucionales (es decir, no simples derechos legales) a una situación fáctica que puede ser alcanzada mediante la creación de derechos especiales." (ARANGO, Rodolfo. *El concepto de derechos sociales fundamentales*. Bogotá: Legis, 2005, p. 37-38).

[344] Ou "vida boa" na expressão cunhada por Luís Fernando Barzotto – no sentido de que é função precípua da ordem estatal a proteção e a promoção da dignidade individual e uma vida digna (BARZOTTO, Luís Fernando. *A democracia na constituição*. São Leopoldo: Editora Unisinos, 2003, p. 193).

[345] Para José Afonso da Silva, a dignidade da pessoa humana é um valor supremo e fundante de toda a ordem jurídica, social e política, base de toda a vida nacional (SILVA. José Afonso da. "A dignidade da pessoa humana como valor supremo da democracia". *Revista de direito administrativo*, vol. 212, 1998, p. 89-94).

O Estado não pode mais prescindir dos impostos gerados pela circulação de bens, bem como daqueles oriundos do trabalho remunerado formal. Isto porque os programas sociais do Estado dependem substancialmente dessas fontes de recursos. Assim, quando a atividade empresarial no país se encontra regulamente organizada, produzindo bens e serviços, aumentam as contribuições destinadas ao Estado. E melhora a arrecadação e incrementa os programas sociais. Por essa razão, a empresa desempenha importante função no contexto social.[346]

Nos tempos atuais, a empresa também pode ser protagonista do atendimento dos anseios sociais, como "instituição social que, pela sua influência, dinamismo e poder de transformação", deve tornar-se o principal "elemento explicativo e definidor da civilização contemporânea", como assinala Fábio Konder Comparato.[347]

A empresa exerce reconhecida responsabilidade social, sejam as grandes empresas, titulares do processo de produção em massa, ou as de pequeno e médio porte que completam o ciclo de produção e distribuição de bens e serviços, com a expressa ressalva de que essa responsabilidade social não se confunde com a função social da empresa.

Enquanto a função social aponta para o exercício das atividades da empresa mediante o reconhecimento de "interesses internos e externos que devem ser respeitados" como, por exemplo, "das pessoas que contribuem diretamente para o funcionamento da empresa, como os capitalistas e trabalhadores",[348] a responsabilidade social diz respeito a uma "atribuição de deveres não ligados à atividade da empresa, tais como auxiliar na preservação da natureza, no financiamento de atividades culturais, ou no combate de problemas sociais, como o trabalho e a prostituição infantis".[349]

A empresa possui "credores sociais, como os consumidores, os trabalhadores, o meio ambiente e o Estado, que se postam de sorte a exigir-lhe uma conduta ética e responsável", destacou Marcelo Andrade Feres para, em seguida, reconhecer que "empresa, seja jurídica, seja econômica, apresenta-se como centro da preocupação daqueles que buscam o progresso".[350]

A *práxis* solidária da empresa pode, ainda, propiciar uma vida saudável – isenta de discriminações, com igual oportunidade de trabalho e emprego, direito à moradia e à saúde, direitos fundamentais inerentes

---

[346] REIS, Clayton. *Obra citada*, p. 56.

[347] COMPARATO, Fábio Konder. "A Reforma da empresa". *Revista de Direito Mercantil*, n. 50, p. 57.

[348] COMPARATO, Fábio Konder. "Estado, empresa e função social". *Revista dos Tribunais*, vol. 732, p. 44.

[349] TOMASEVICIUS FILHO, Eduardo. *Obra citada*, p. 199.

[350] FERES, Marcelo Andrade. *Obra citada*, p. 54.

à pessoa humana. O *Great Place to Work Institute Brasil* dedica-se a ajudar empresas a compreender e a praticar as ações e comportamentos que conduzem à criação de um excelente lugar para trabalhar. Este esforço conduz a uma melhoria na qualidade de vida no trabalho para os funcionários e a um melhor desempenho financeiro para a organização.[351]

O desafio será superar a visão privatista em torno da empresa,[352] reconhecendo a sua verdadeira importância na vida econômica (como fonte geradora de tributos) e na vida social (como executora de programas de inclusão social), tendo em vista que essa atividade exerce relevante papel na sociedade "gerando recursos públicos e empregos, bem como

---

[351] Qualidade no ambiente de trabalho contribui para a manutenção da produtividade, porém, além disso, empresas que exercem confiança e respeito oferecem aos seus funcionários, além de um excelente lugar para se trabalhar, saúde física e mental. Ademais, empresas que oferecem essas condições atraem os melhores profissionais do mercado, retém esses talentos, prestam excelentes serviços aos seus clientes e estimulam a inovação. *O Great Place to Work Institute Brasil* considera como excelente lugar para trabalhar o local onde os funcionários "acreditam nas pessoas para quem trabalham, têm orgulho do que fazem e gostam das pessoas com quem trabalham". A qualidade dos locais de trabalho pode ser mensurada em três relações que existem na empresa: (1) O relacionamento entre líderes e liderados. (2) O relacionamento dos funcionários com suas tarefas e sua empresa. (3) O relacionamento entre funcionários. *O Great Place to Work Institute Brasil* oferece serviços que ajudam organizações e instituições a identificar oportunidades de melhoria para seu ambiente de trabalho. Melhorar o ambiente de trabalho traz resultados. Em um bom ambiente de trabalho, a forma como as pessoas são tratadas é muito importante. Criar um excelente ambiente é um objetivo comum para muitas organizações. No *Great Place to Work*®, ambos os objetivos são compatíveis: excelente ambiente aliado a maiores lucros. Certamente, funcionários satisfeitos criam um ambiente agradável e levam a organização a bons resultados financeiros. Algumas empresas têm feito isso há anos, pois reconhecem as recompensas de tal cultura. Estudos revelam que os ganhos podem ser mensurados. No Chile, uma pesquisa realizada numa rede de supermercados revelou que o índice de satisfação dos clientes em três diferentes lojas, com três diferentes graus de contentamento por parte dos empregados, mudava bastante. Na loja apontada com o pior local de trabalho, a satisfação dos clientes era de 78%. Onde os empregados estavam mais satisfeitos, chegou a 86%. Por que isso traz lucro? Funcionários mais felizes garantem fidelidade dos clientes, o valor médio de compra tende a ser maior e é sempre mais barato manter clientes antigos do que conquistar novos. Nos Estados Unidos, a rotatividade média do setor de varejo na área de alimentação gira em torno de 53%, isto é, para cada dois funcionários treinados, um se desliga após um ano de trabalho. Nas melhores empresas para se trabalhar nessa atividade o índice ficou em 14%. Por que isso traz lucro? É prejuízo treinar e investir em um funcionário que pouco depois vai embora levando o conhecimento sobre a operação e o valor gasto na sua qualificação. No Brasil, um investidor, aplicando R$ 100 mil em ações a partir do índice Bovespa entre 2000 e 2009, transformaria o capital aplicado em R$ 409 mil. Mas, se os mesmos R$ 100 mil fossem aplicados nas melhores empresas para se trabalhar listadas na Bovespa, o resultado seria R$ 1,2 milhão. Por que isso traz lucro? É um indicador de que a empresa cresceu, suas ações valorizaram mais do que a média e só conquista mais investidores quem tem os melhores indicadores do mercado, inclusive lucro (Disponível em <http://www.greatplacetowork. com.br> Acesso em: 10 mar. 2010).

[352] O magistrado Irineu Mariani, em recente estudo, inseriu a empresa no âmbito do Direito Privado que, segundo suas próprias palavras "diz com interesses individuais, assim entendidos os direitos e deveres dos indivíduos entre si e com o Poder Público na medida em que age como particular". Em outra passagem, o mesmo jurista empresta ao vocábulo "solidariedade" o mero sentido de confiança e boa-fé nas relações privadas (MARIANI, Irineu. "Direito de empresa, atividade empresarial, empresa e empresário (à luz do novo Código Civil)." *Revista da Ajuris*, n. 101, ano XXXIII, março, 2006, p. 111-126.

produzindo bens e serviços importantes na estrutura social e econômica do estado".[353]

Talvez seja necessário admitir que o exame da atividade da empresa nos estreitos limites das relações entre os particulares deixou de lado a sua mais importante e imprescindível contribuição no campo econômico e social, pois, como reconhece Fabio Comparato:

> [...] em se tratando de bens de produção, o poder-dever do proprietário de dar à coisa uma destinação compatível com o interesse da coletividade transmuda-se, quando tais bens são incorporados a uma exploração empresarial, em poder-dever do titular do controle de dirigir a empresa para a realização dos interesses coletivos.[354]

Tal como antes afirmado, o Estado deixou de ser o protagonista principal nas atividades econômicas sem com isso "repetir os mesmos erros cometidos pelo Estado liberal, quando o excesso de liberdade tornou-se seu maior inimigo".[355]

A *práxis* empresarial produz efeitos no campo social quando a empresa executa, em caráter complementar, programas de inclusão social e promove o bem estar dos seus empregados, colaboradores e da comunidade onde se situa, contribuindo para criar conceitos de ação social, lucro social e investidor social,[356] pois – no dizer de Modesto Carvalhosa – "a empresa tem óbvia função social, nela sendo interessados os empregados, os fornecedores, a comunidade em que atua e o próprio Estado, que dela retira contribuições fiscais e parafiscais".[357]

Vê-se, pois, que a empresa não tem apenas capacidade de produzir riqueza material. Também realiza funções no campo social, promovendo programas sociais, tais como projeto aprendiz, empregabilidade de por-

---

[353] REIS, Clayton. *Obra citada*, p. 49.

[354] COMPARATO, Fábio Konder. "Função social da propriedade dos bens de produção". *Revista de direito mercantil*, vol. 63, p. 57.

[355] MIGUEL, Paula Castello. *Contratos entre empresas*. São Paulo: Revista dos Tribunais, 2006, p. 45.

[356] A Bolsa de Valores Sociais (BVS) é uma iniciativa lançada pela BOVESPA – Bolsa de Valores de São Paulo – para impulsionar projetos realizados por ONGs brasileiras, visando acima de tudo promover melhorias na perspectiva social do país. Seu principal objetivo é estabelecer um ambiente que privilegie a crença em projetos que mereçam ser apoiados para que deem certo. A BOVESPA e suas Corretoras associadas apresentam os programas para os investidores, buscando atrair recursos para as ONGs listadas na Bolsa de Valores Sociais. Desse modo, enquanto as organizações fortalecem seus negócios na BOVESPA, devolvendo o capital do investidor com lucros e dividendos, as ONGs tornam-se mais fortes e devolvem o investimento na forma de uma sociedade mais justa, em que crianças e jovens contam com melhores oportunidades. Esse projeto é reconhecido pela Unesco como primeiro e único do mundo (Disponível em <http://www.bovespasocial.com.br/Portugues/ABVS.asp> Acesso em: 20 jul. 2006).

[357] CARVALHOSA, Modesto. *Comentários à lei das sociedades anônimas*. São Paulo: Saraiva, vol. 3, p. 237.

tadores de deficiência, negros, idosos, complementação de aposentadoria, plano de saúde, entre outros.[358]

Para o Instituto Ethos, ação social significa a atividade realizada pela empresa para:

> Atender às comunidades em suas diversas formas (conselhos comunitários, organizações não governamentais, associações comunitárias, etc.), em áreas como assistência social, alimentação, saúde, educação, cultura, meio ambiente e desenvolvimento comunitário. Abrange desde pequenas doações a pessoas ou instituições até ações estruturadas, com uso planejado e monitorado de recursos, seja pela própria empresa, por fundações e institutos de origem empresarial, ou por indivíduos especialmente contratados para a atividade.[359]

Representam exemplos de iniciativas empresariais a inserção de dispositivos no estatuto ou contrato social que assegurem a presença de um representante eleito pelos empregados nos órgãos estatutários da empresa (Conselho de Administração, Diretorias, Comitês especiais),[360] a participação dos empregados nos lucros da empresa[361] ou, ainda, a im-

---

[358] O Instituto Ethos busca contribuir para o desenvolvimento e o aperfeiçoamento critérios mínimos de responsabilidade social empresarial como instrumento da indução do comportamento das empresas para favorecer a expansão e o aprofundamento das práticas de responsabilidade social. A regulação da responsabilidade social empresarial tem sido objeto de diversos projetos de lei no Congresso Nacional, cuja tramitação vem sendo acompanhada pelo Instituto Ethos: PL 1.305/2003, que dispõe sobre a responsabilidade social das sociedades empresárias e dá outras providências, criando a Lei de Responsabilidade Social, bem como o Conselho Nacional de Responsabilidade Social, que será o órgão regulador e fiscalizador. PL 2.110/2003, que dispõe sobre a demonstração social das empresas e dá outras providências (Disponível em <http://www.ethos.org.br/DesktopDefault. aspx?TabID= 3485&Alias=Ethos&Lang=pt-BR>. Acesso em: 20 jul. 2006).

[359] Disponível em <http://www.ethos.org.br/docs/conceitos_praticas/indicadores/glossario/> Acesso em: 17 jul. 2006. Nesse mesmo sentido, Diego Richard Ronconi esclarece que "importa observar que o simples alcance do lucro não deve ser o único objetivo a ser alcançado, pois, se a busca do lucro não estiver revestida de outros valores importantes às relações internas ou externas às empresas, o capitalismo "selvagem" será capaz de dominar todos os ambientes, desde a empresa, até o lar dos funcionários e/ou dos clientes. [...] o objetivo do aumento da riqueza das empresas não pode se restringir ao mero alcance do lucro. O investimento no fator humano torna-se fundamental para um bom resultado na política econômica empresarial." (RONCONI, Diego Richard. "Os códigos de ética e disciplina empresariais e seu impacto na dinâmica da sociedade e na cidadania empresarial". Jus Navigandi, Teresina, ano 8, n. 396, 7 ago. 2004. Disponível em: <http://jus2.uol.com.br/doutrina/texto. asp?id =5530>. Acesso em: 17 jul. 2006).

[360] "Um perfil novo de empresa deve considerar a participação ativa dos trabalhadores nas decisões empresariais, por meio de conselhos, comitês, representação sindical, edição partilhada dos regulamentos, como medida de promoção social do empregado e desenvolvimento integral do empreendimentro." (ARAUJO, Eneida Melo Correia de. Obra citada, p. 225).

[361] A Refinaria de Produtos de Petróleo Ipiranga S/A, fundada em 1937, no seu estatuto social continha dispositivos que asseguravam a participação dos empregados nos lucros, calculada em 3% (três por cento) sobre o lucro da Atividade Operacional, depois de deduzida a provisão para o imposto de renda. Vejamos os dispositivos estatutários em questão: "Artigo 33 – Do resultado apurado, após dedução dos prejuízos acumulados – se houver – e da provisão para o imposto de renda, serão retiradas sucessivamente, e na ordem abaixo, as seguintes participações nos lucros: a) Participação dos Empregados da Companhia, calculada em 3% (três por cento) sobre o lucro da Atividade Operacional, após deduzida a provisão para o imposto de renda; b) Participação dos Administradores

plantação de políticas que incentivem os empregados e colaboradores a fazer doações incentivadas a programas sociais.[362]

É certo que a função social da empresa "não levou à substituição do Estado pela empresa privada, ente não apto a assumir funções públicas e nem pode ser causa ou estímulo para retração do Estado, como em certo momento chegou a temer a doutrina", na correta visão de Fabio Comparato.[363] Cumpre ao Estado prover e atender as necessidades básicas assistenciais dos cidadãos, já que os direitos fundamentais sociais, de caráter prestacionais e "de cunho positivo",[364] não podem ser exigidos das em-

---

da Companhia, conforme decisão do Conselho de Administração, calculada em até 10% (dez por cento) sobre o lucro remanescente após a dedução das Participações dos Empregados, não podendo esta participação ultrapassar a remuneração global anual fixada para os mesmos pela Assembleia Geral. § 1º – Para os efeitos da participação prevista no item "a", o Lucro da Atividade Operacional será apurado com a exclusão dos resultados decorrentes de Investimentos Societários, registrados no Demonstrativo de Resultados como renda ou despesa por: Equivalência Patrimonial, Amortização de Ágio ou Deságio e Alienação ou Baixa de Investimentos Societários e, ainda, dos Juros pagos ou recebidos pela Sociedade como remuneração sobre o capital próprio. § 2º – O montante da participação nos lucros prevista no item "a" será distribuído entre todos os empregados com base em percentual da folha de pagamento do mês do balanço a que se referir a participação, fixando a Diretoria os critérios a aplicar aos empregados admitidos durante o exercício e aos inativos. § 3º – O montante da participação prevista no item "b" será distribuído entre os Administradores da Companhia a critério do Conselho de Administração. Artigo 34 – O resultado do exercício que remanescer depois de deduzidas as participações mencionadas no artigo anterior constituirá o lucro líquido do exercício [...]." (Disponível em <http://ipiranga.infoinvest.com.br/ptb/898/REFINARIA.pdf>. Acesso em: 28 dez. 2009). Recente matéria jornalística revela que "Quase 99% das empresas brasileiras pagam alguma remuneração variável de curto prazo". Mesmo com a crise financeira mundial, os trabalhadores brasileiros negociaram acordos de participação nos lucros ou resultados (PLR) que garantiram o pagamento de valores até 36% maiores do que os alcançados em 2008 (*Jornal Zero Hora*, segunda-feira, 28 dez. 2009, p. 19).

[362] As doações ao Funcriança possibilitam a qualificação da rede de atendimento, auxiliam no processo de inclusão de jovens cidadãos que vivem em vulnerabilidade social e em situação de rua e evitam que outras crianças e adolescentes passem a fazer da rua seu local de subsistência e moradia. A dedução de doações ao Funcriança no Imposto de Renda está prevista no art. 260 do Estatuto da Criança e do Adolescente e em legislação tributária específica, que regulamenta a contribuição de pessoas físicas e jurídicas. Assim, a empresa também deveria financiar a doação dos seus empregados e colaboradores ao Funcriança.

[363] COMPARATO, Fábio Konder. "Estado, empresa e função social". *Revista dos Tribunais*, vol. 732, p. 38 e segs.

[364] Ingo Sarlet destaca que "ainda na esfera dos direitos de segunda dimensão, há que atentar para a circunstância de que estes não englobam apenas direitos de cunho positivo, mas também as assim denominadas "liberdades sociais", do que dão conta os exemplos de liberdade de sindicalização, do direito de greve, bem como o reconhecimento de direitos fundamentais aos trabalhadores, tais como o direito a férias e ao repouso semanal remunerado, a garantia de um salário mínimo, a limitação da jornada de trabalho, apenas para citar alguns dos mais representativos (SARLET, Ingo Wolfgang. *A eficácia dos direitos fundamentais*: uma teoria geral dos direitos fundamentais na perspectiva constitucional. 10. ed. rev. atual. e ampl. Porto Alegre: Livraria do Advogado, 2009, p. 48). Aqui, com o máximo respeito e consideração à inigualável contribuição e desenvolvimento do tema por Ingo Sarlet, considerava-se que os direitos dos trabalhadores listados acima decorrem da legislação trabalhista e, portanto, a sujeição do empregador não decorre da previsão constitucional de tais direitos.

BOA-FÉ OBJETIVA NOS CONTRATOS EMPRESARIAIS

presas, porque outorgam aos indivíduos "direitos sociais estatais, como assistência médica, social, saúde, educação, trabalho, etc.[365]

Mas, de outro lado, a ineficiência do Estado também não pode servir de pretexto para que a empresa deixe de promover ações de inclusão social, por menor que seja a contribuição, pois "ser socialmente responsable no significa solamente cumplir plenamente las obligaciones jurídicas, sino también ir más allá de su cumplimiento investindo 'más' en el capital humano, en entorno y las relaciones con los interlocutores".

> La experiencia adquirida con la inversión en tecnologías y prácticas comerciales respetuosas del medio ambiente sugiere que ir más allá del cumplimiento de la legislación puede aumentar la competitividad de las empresas. La aplicación de normas más estrictas que los requisitos de la legislación del ámbito social, por ejemplo en materia de formación, condiciones laborales o relaciones entre la dirección y los trabajadores, puede tener también un impacto directo en la productividad. Abre una vía para administrar el cambio y conciliar el desarrollo social con el aumento de la competitividad. La responsabilidad social de las empresas no se debe considerar sustitutiva de la reglamentación o legislación sobre derechos sociales o normas medioambientales, ni permite tampoco soslayar la elaboración de nuevas normas apropiadas. En los países que carecen de tales reglamentaciones, los esfuerzos se deberían centrar en la instauración del marco legislativo o reglamentario adecuado a fin de definir un entorno uniforme a partir del cual desarrollar prácticas socialmente responsables.[366]

Cabe, também, desde logo esclarecer que tais ações sociais devem estar desvinculadas da marca e da imagem institucional e corporativa da empresa. Não podem constituir uma jogada de *marketing*, como ocorre, por exemplo, com uma "ação social" promovida por conhecida multinacional que, a pretexto de repassar o faturamento pela venda dos produtos a uma campanha humanitária, também desenvolve ampla campanha publicitária e atrai consumidores, em geral crianças e adolescentes, para o consumo dos seus produtos, tentando, assim, fidelizá-los.

Aqui a boa-fé objetiva pode "ser chamada a depor", na expressão cunhada por Menezes Cordeiro, na função criadora de deveres anexos à prestação principal, em especial os deveres de aviso, esclarecimento e de informação, "de exponencial relevância no âmbito das relações jurídicas de consumo, seja por expressa disposição legal (CDC, arts. 12, *in fine*, 14,

---

[365] SARLET, Ingo Wolfgang. *Obra citada*, p. 47. A propósito da justiciabilidade dos direitos fundamentais sociais, ver também: MELLO, Cláudio Ari. "Os direitos fundamentais sociais e o conceito de direito subjetivo". *Revista do Ministério Público do Rio Grande do Sul* – volume temático os desafios dos direitos sociais nº 56 (2005). Porto Alegre: Livraria do Advogado, 1973. ARANGO, Rodolfo. *El concepto de derechos sociales fundamentales*. Bogotá: Legis, 2005. ABRAMOVICH, Victor e COURTIS, Christian. *Los Derechos Sociales como Derechos Exigibles*. Madri: Editorial Trotta, 2002.

[366] BLASCO, José Luis. Obra citada, p. 57.

18, 20, 30 e 31, entre outros),[367] seja em atenção ao mandamento da boa-fé objetiva".[368]

Além disso, a empresa deve considerar os aspectos da sua responsabilidade social "que não se reduzem a meras intervenções sociais pontuais, de cunho publicitário, mas que devem ter compromisso definido ao longo do tempo com a redução das desigualdades e com a inclusão das pessoas na vida social digna", na visão de Francisco Cardozo Oliveira.[369]

Finalmente, para que tudo isto seja possível – a geração e circulação de riqueza e a implementação de programas sociais –, o Estado também deve voltar os seus olhos, as suas atenções para a atividade da empresa, assegurando condições para o regular exercício das atividades produtivas, combatendo condutas ilícitas, tais como pirataria, concorrência desleal, entre outras, cumprindo, assim, as suas funções constitucionais insertas no artigo 174 da Carta Política.

A partir do modelo econômico desenhado pela Carta Política de 1988, que impõe ao Estado, como regra, o afastamento da atividade econômica, reservando-a para a iniciativa privada, é indispensável que torne efetiva a existência de condições normais para o desenvolvimento das atividades das empresas, prevenindo e reprimindo as condutas censura-

---

[367] Lei 8.078, de 11/09/1990: Art. 12. O fabricante, o produtor, o construtor, nacional ou estrangeiro, e o importador respondem, independentemente da existência de culpa, pela reparação dos danos causados aos consumidores por defeitos decorrentes de projeto, fabricação, construção, montagem, fórmulas, manipulação, apresentação ou acondicionamento de seus produtos, bem como por informações insuficientes ou inadequadas sobre sua utilização e riscos. Art. 14. O fornecedor de serviços responde, independentemente da existência de culpa, pela reparação dos danos causados aos consumidores por defeitos relativos à prestação dos serviços, bem como por informações insuficientes ou inadequadas sobre sua fruição e riscos. Art. 18. Os fornecedores de produtos de consumo duráveis ou não duráveis respondem solidariamente pelos vícios de qualidade ou quantidade que os tornem impróprios ou inadequados ao consumo a que se destinam ou lhes diminuam o valor, assim como por aqueles decorrentes da disparidade, com a indicações constantes do recipiente, da embalagem, rotulagem ou mensagem publicitária, respeitadas as variações decorrentes de sua natureza, podendo o consumidor exigir a substituição das partes viciadas. Art. 20. O fornecedor de serviços responde pelos vícios de qualidade que os tornem impróprios ao consumo ou lhes diminuam o valor, assim como por aqueles decorrentes da disparidade com as indicações constantes da oferta ou mensagem publicitária, podendo o consumidor exigir, alternativamente e à sua escolha. Art. 30. Toda informação ou publicidade, suficientemente precisa, veiculada por qualquer forma ou meio de comunicação com relação a produtos e serviços oferecidos ou apresentados, obriga o fornecedor que a fizer veicular ou dela se utilizar e integra o contrato que vier a ser celebrado. Art. 31. A oferta e apresentação de produtos ou serviços devem assegurar informações corretas, claras, precisas, ostensivas e em língua portuguesa sobre suas características, qualidades, quantidade, composição, preço, garantia, prazos de validade e origem, entre outros dados, bem como sobre os riscos que apresentam à saúde e segurança dos consumidores.

[368] MARTINS-COSTA, Judith. *Obra citada*, p. 439.

[369] OLIVEIRA, Francisco Cardozo. "Uma nova racionalidade administrativa empresarial". *Direito empresarial & cidadania*. Questões Contemporâneas. Jair Gevaerd e Marta Marília Tonin (orgs.). Curitiba: Juruá, 2004, p. 121.

das pelo texto constitucional, previstas no artigo 173, § 4°, da Constituição Federal.

Assim, chega-se ao ponto final para fechar o traçado – antes referido – da interdependência entre o Estado e as atividades das empresas, de modo que caberá ao Estado assegurar as condições normais do funcionamento das atividades realizadas pela empresa.

Não se trata, aqui, de criar medidas protetivas dos interesses particulares e individuais da empresa. Ao contrário, trata-se de afastar as condutas desleais que visam aos interesses ilícitos e individuais dos infratores que, quando perpretadas, resultam em prejuízo geral da comunidade. O bem jurídico a ser tutelado é a coletividade, pois a ordem econômica tem por fim assegurar uma existência digna a todos, na dicção do artigo 1°, parágrafo único, da Lei 8.884, de 11/6/94, em consonância com o *caput* do artigo 170 da Constituição.

Isto ocorre quando uma determinada empresa, sob a complacência estatal, exerce as suas atividades na mais completa informalidade sem reconhecer os direitos trabalhistas, sociais e previdenciários dos seus colaboradores e, consequentemente, sem recolher as incidências tributárias das suas operações aos cofres públicos. Tais atividades são realizadas em detrimento da comunidade, que vai sofrer os efeitos danosos e deletérios desta iniciativa voltada exclusivamente para o interesse do seu titular.

Além da proteção da comunidade, é dever do Estado assegurar a efetiva proteção deste direito constitucional – de existência e funcionamento – de que é titular a empresa e, como consequência, criar mecanismos que assegurem um ambiente de competição saudável no qual possa funcionar e atuar em condições de normalidade.

A um só tempo, o Estado deve garantir mecanismos de arrecadação dos recursos financeiros que necessita para financiar as suas políticas públicas, além de estimular as empresas a promover programas sociais, em atuação subsidiária à do Estado.

A legislação infraconstitucional – Lei 8.884 de 11/06/94 – definiu as condutas atentatórias ao bem-estar do funcionamento das atividades econômicas,[370] sintetizadas por Fabio Ulhoa Coelho nos seguintes termos:

---

[370] Art. 20. Constituem infração da ordem econômica, independentemente de culpa, os atos sob qualquer forma manifestados, que tenham por objeto ou possam produzir os seguintes efeitos, ainda que não sejam alcançados: I – limitar, falsear ou de qualquer forma prejudicar a livre concorrência ou a livre iniciativa; II – dominar mercado relevante de bens ou serviços; III – aumentar arbitrariamente os lucros; IV – exercer de forma abusiva posição dominante. § 1° A conquista de mercado resultante de processo natural fundado na maior eficiência de agente econômico em relação a seus competidores não caracteriza o ilícito previsto no inciso II. § 2° Ocorre posição dominante quando uma empresa ou grupo de empresas controla parcela substancial de mercado relevante, como fornecedor, intermediário, adquirente ou financiador de um produto, serviço ou tecnologia a ele relativa. § 3° A posição dominante a que se refere o parágrafo anterior é presumida quando a empresa ou grupo de empresas

Para delimitar o campo das condutas incompatíveis com as estruturas do livre mercado, a própria Constituição, no artigo 173, § 4º, programa a repressão legal ao "abuso do poder econômico que vise à dominação dos mercados e ao aumento arbitrário de lucros". Compete a uma autarquia federal, vinculada ao Ministério da Justiça, o CADE (Conselho Administrativo de Defesa Econômica), zelar pela aplicação desse preceito da Constituição e da lei que o regulamenta (Lei nº 8.884/94). Duas são as formas de atuação do órgão: a repressora, em que julga os processos administrativos pertinentes à infração da ordem econômica, impondo sanções às pessoas que incorrem em conduta ilícita; e a preventiva, em que aprova operações societárias, como incorporação ou fusão, e demais atos que possa decorrer prejuízo à concorrência ou dominação de mercado.[371]

---

controla 20% (vinte por cento) de mercado relevante, podendo este percentual ser alterado pelo Cade para setores específicos da economia. Art. 21. As seguintes condutas, além de outras, na medida em que configurem hipótese prevista no art. 20 e seus incisos, caracterizam infração da ordem econômica; I – fixar ou praticar, em acordo com concorrente, sob qualquer forma, preços e condições de venda de bens ou de prestação de serviços; II – obter ou influenciar a adoção de conduta comercial uniforme ou concertada entre concorrentes; III – dividir os mercados de serviços ou produtos, acabados ou semi--acabados, ou as fontes de abastecimento de matérias-primas ou produtos intermediários; IV – limitar ou impedir o acesso de novas empresas ao mercado; V – criar dificuldades à constituição, ao funcionamento ou ao desenvolvimento de empresa concorrente ou de fornecedor, adquirente ou financiador de bens ou serviços; VI – impedir o acesso de concorrente às fontes de insumo, matérias-primas, equipamentos ou tecnologia, bem como aos canais de distribuição; VII – exigir ou conceder exclusividade para divulgação de publicidade nos meios de comunicação de massa; VIII – combinar previamente preços ou ajustar vantagens na concorrência pública ou administrativa; IX – utilizar meios enganosos para provocar a oscilação de preços de terceiros; X – regular mercados de bens ou serviços, estabelecendo acordos para limitar ou controlar a pesquisa e o desenvolvimento tecnológico, a produção de bens ou prestação de serviços, ou para dificultar investimentos destinados à produção de bens ou serviços ou à sua distribuição; XI – impor, no comércio de bens ou serviços, a distribuidores, varejistas e representantes, preços de revenda, descontos, condições de pagamento, quantidades mínimas ou máximas, margem de lucro ou quaisquer outras condições de comercialização relativos a negócios destes com terceiros; XII – discriminar adquirentes ou fornecedores de bens ou serviços por meio da fixação diferenciada de preços, ou de condições operacionais de venda ou prestação de serviços; XIII – recusar a venda de bens ou a prestação de serviços, dentro das condições de pagamento normais aos usos e costumes comerciais; XIV – dificultar ou romper a continuidade ou desenvolvimento de relações comerciais de prazo indeterminado em razão de recusa da outra parte em submeter-se a cláusulas e condições comerciais injustificáveis ou anticoncorrenciais; XV – destruir, inutilizar ou açambarcar matérias-primas, produtos intermediários ou acabados, assim como destruir, inutilizar ou dificultar a operação de equipamentos destinados a produzi-los, distribuí-los ou transportá-los; XVI – açambarcar ou impedir a exploração de direitos de propriedade industrial ou intelectual ou de tecnologia; XVII – abandonar, fazer abandonar ou destruir lavouras ou plantações, sem justa causa comprovada; XVIII – vender injustificadamente mercadoria abaixo do preço de custo; XIX – importar quaisquer bens abaixo do custo no país exportador, que não seja signatário dos códigos Antidumping e de subsídios do Gatt; XX – interromper ou reduzir em grande escala a produção, sem justa causa comprovada; XXI – cessar parcial ou totalmente as atividades da empresa sem justa causa comprovada; XII reter bens de produção ou de consumo, exceto para garantir a cobertura dos custos de produção; XXIII – subordinar a venda de um bem à aquisição de outro ou à utilização de um serviço, ou subordinar a prestação de um serviço à utilização de outro ou à aquisição de um bem; XXIV – impor preços excessivos, ou aumentar sem justa causa o preço de bem ou serviço. Parágrafo único. Na caracterização da imposição de preços excessivos ou do aumento injustificado de preços, além de outras circunstâncias econômicas e mercadológicas relevantes, considerar-se-á: I – o preço do produto ou serviço, ou sua elevação, não justificados pelo comportamento do custo dos respectivos insumos, ou pela introdução de melhorias de qualidade; II – o preço de produto anteriormente produzido, quando se tratar de sucedâneo resultante de alterações não substanciais; III – o preço de produtos e serviços similares, ou sua evolução, em mercados competitivos comparáveis; IV – a existência de ajuste ou acordo, sob qualquer forma, que resulte em majoração do preço de bem ou serviço ou dos respectivos custos.

[371] COELHO, Fabio Ulhoa. *Curso de direito comercial*, vol. 3. 11. ed. São Paulo: Saraiva, 2007, p. 27.

Mais recentemente foi criado o programa de leniência que permite a um participante de cartel ou de outra prática anticoncorrencial coletiva denunciar a prática às autoridades antitruste e cooperar com as investigações, podendo receber, por isso, os benefícios previstos no artigo 2º, Lei 10.149, de 21/12/2000, que introduziu o artigo 35-B à Lei 8.884, de 11/06/94.[372]

Dessa interdependência entre as funções do Estado (na criação de um ambiente propício ao desenvolvimento das instituições capazes de gerar e fazer circular riqueza) e as atividades da empresa (como protagonista de destaque no financiamento das políticas públicas e como coadjuvante na execução de programas sociais), resultará a reconstrução do perfil social da empresa em consonância com os ideais constitucionais e da nova codificação de 2002, libertando-a da visão privatista e individua-

---

[372] "Acordos de leniência são aqueles firmados entre um integrante-delator do cartel e a autoridade-antitruste com vistas a reduzir ou afastar as sanções que seriam aplicadas ao primeiro em troca de cooperação nas investigações. O objetivo é criar um incentivo para a delação, aproveitando-se da instabilidade inerente aos cartéis. [...] Um programa eficaz de leniência deve criar incentivos suficientes para que a empresa conclua que terá mais benefícios denunciando a prática de que faz parte do que silenciando." (RODAS, João Grandino. "Acordos de leniência em direito concorrencial. Práticas e recomendações". *Revista dos Tribunais*, São Paulo: Revista dos Tribunais, vol. 862, p. 22-23). Art. 35-B. A União, por intermédio da SDE, poderá celebrar acordo de leniência, com a extinção da ação punitiva da administração pública ou a redução de um a dois terços da penalidade aplicável, nos termos deste artigo, com pessoas físicas e jurídicas que forem autoras de infração à ordem econômica, desde que colaborem efetivamente com as investigações e o processo administrativo e que dessa colaboração resulte: I – a identificação dos demais co-autores da infração; e II – a obtenção de informações e documentos que comprovem a infração noticiada ou sob investigação. § 1. O disposto neste artigo não se aplica às empresas ou pessoas físicas que tenham estado à frente da conduta tida como infracionária. § 2. O acordo de que trata o caput deste artigo somente poderá ser celebrado se preenchidos, cumulativamente, os seguintes requisitos: I – a empresa ou pessoa física seja a primeira a se qualificar com respeito à infração noticiada ou sob investigação; II – a empresa ou pessoa física cesse completamente seu envolvimento na infração noticiada ou sob investigação a partir da data de propositura do acordo; III – a SDE não disponha de provas suficientes para assegurar a condenação da empresa ou pessoa física quando da propositura do acordo; e IV – a empresa ou pessoa física confesse sua participação no ilícito e coopere plena e permanentemente com as investigações e o processo administrativo, comparecendo, sob suas expensas, sempre que solicitada, a todos os atos processuais, até seu encerramento. São requisitos do Programa: que a empresa ou pessoa física (i) seja a primeira a se apresentar à Secretaria de Direito Econômico com respeito à infração e confesse sua participação no ilícito; (ii) coopere plenamente com as investigações e a cooperação resulte na identificação dos outros membros do cartel e na obtenção de provas da conduta; (iii) cesse completamente seu envolvimento na infração; e (iv) não tenha sido a líder da infração. Além disso, a SDE não pode dispor de provas suficientes para assegurar a condenação da empresa ou pessoa física quando da propositura do acordo. Os benefícios para os interessados são: imunidade administrativa total ou parcial a depender se a SDE tinha ciência da conduta anticompetitiva no momento em que a parte confessou o ilícito. Se a SDE não tinha ciência, a imunidade administrativa será total. Se a SDE já tinha conhecimento da conduta, mas não dispunha de provas para assegurar a condenação, a empresa ou pessoa física receberá redução de um a dois terços da penalidade aplicável, a depender da efetividade da cooperação e da boa-fé do infrator no cumprimento do acordo de leniência. O acordo de leniência também pode proporcionar imunidade criminal dos dirigentes e administradores da empresa beneficiária do acordo, desde que eles assinem o acordo (Disponível em <http://portal.mj.gov.br/data/Pages/MJ9F537202ITEMIDA0C5C3163D834AB588C7651A10B74C32PTBRIE.htm>. Acesso em: 10 abr. 2010).

lista da codificação comercial de 1850, como fonte exclusiva de geração de riqueza para os titulares da empresa.

Ao libertar a empresa das amarras dessa visão privatista e individualista, pretende-se reconstruir a sua verdadeira contribuição da redução das desigualdades e na concretização dos direitos fundamentais sociais; afinal, a empresa deve servir os interesses de seus acionistas, com exclusão de todas as outras considerações já referidas com o objetivo de maximizar a riqueza dos acionistas, ou pode e deve servir também às outras partes interessadas, tais como os seus credores, clientes, fornecedores, empregados e as comunidades em que atua, na medida em que estes, de forma mais ampla, podem representar os melhores interesses da empresa?[373]

Repensar o perfil geral da empresa, "atingirá em cheio aqueles que têm no lucro seu principal objetivo", pois, "a humanização das relações jurídicas alcançará, como não poderia deixar de ser, as relações empresariais".[374]

> Ainda que seja controvertida a possibilidade de se pensar a funcionalização da atividade empresarial, não deixa de ser visível, do ponto de vista jurídico, conceber a ideia de que a empresa, que é forma de exercício do direito de propriedade, carrega da propriedade elementos de função social. Esta funcionalização se manifesta através da responsabilidade social da empresa pela redução das desigualdades. Inclui também o respeito à dignidade das pessoas, a que está sujeita qualquer atividade de produção de riqueza, por força dos princípios reitores da ordem econômica constitucional. [...] A empresa precisa incorporar a idéia de que a redução das desigualdades sociais é, antes de qualquer coisa, tarefa da administração da atividade empresarial. A empresa deve gerar renda e riqueza para proprietários (acionistas) e não-proprietários. Precisa ter comprometimento efetivo com a redução do desemprego e com a eliminação dos efeitos nocivos para a sociedade, provocados pela alocação de recursos e pelas crises do processo de acumulação de capital.[375]

Apesar do ceticismo demonstrado por Fabio Konder Comparato ao afirmar que "a tese da função social das empresas apresenta hoje o sério risco de servir como mero disfarce retórico para o abandono, pelo Estado, de toda política social, em homenagem à estabilidade monetária e ao

---

[373] No original: "One of the long-running debates in modern corporate law concerns the proper purpose of the corporation. Must a corporation serve the interests of its shareholders to the exclusion of all other considerations, typically by aiming to maximize shareholder wealth? Or may – or should or must – a corporation also serve other constituencies, such as its creditors, customers, suppliers, employees, and the communities in which it operates insofar as these broader stakeholders' interests better represent the best interests of the corporate enterprise?" (SNEIRSON, Judd F. *Obra citada*, p. 439).

[374] POPP, Carlyle. "Considerações sobre a boa-fé objetiva no direito civil vigente – efetividade, relações empresariais e pós-modernidade". *Direito empresarial & cidadania. Questões contemporâneas*. Jair Gevaerd e Marta Marília Tonin (orgs.). Curitiba: Juruá Editora, 2004, p. 21.

[375] OLIVEIRA, Francisco. *Obra citada*, p. 114.

equilíbrio das finanças públicas", o jurista esclarece que a ideia de função social da empresa, a partir da obrigação de "exercer uma função social extra no seio da comunidade em que operam", apresenta o "vício lógico insanável da contradição", pois, a empresa "não é, em última análise, uma unidade de produção de bens, ou de prestação de serviços, mas sim uma organização produtora de lucros", e arremata:

> É imperioso reconhecer, por conseguinte, a incongruência em que falar numa função social das empresas. No regime capitalista, o que espera e exige delas é, apenas, a eficiência lucrativa, admitindo-se que, em busca do lucro, o sistema empresarial como um todo exerça a tarefa necessária de produzir ou distribuir bens e de prestar serviços no espaço de um mercado concorrencial. Mas é uma perigosa ilusão imaginar-se que, no desempenho dessa atividade econômica, o sistema empresarial, livre de todo controle dos Poderes Públicos, suprirá naturalmente as carências sociais e evitará os abusos; em suma, promoverá a justiça social.[376]

Já vimos que os deveres de conduta decorrentes da boa-fé objetiva impõem aos contratantes deveres que não se originam da vontade das partes, porque decorrem de um padrão de comportamento objetivamente considerado.

Vimos também que esse padrão de comportamento, em relação aos contratos empresariais, se relaciona diretamente com as principais características do praticante das atividades empresariais, as suas intenções, as suas expectativas e o seu modo de agir, bem como o papel que o Estado exerce em relação às suas atividades ao longo dos tempos. Também foram delineados os valores da livre iniciativa e os fundamentos da liberdade de concorrência que regem a atividade da empresa.

A seguir, serão identificadas as principais características dos contratos empresariais, tudo de modo a encontrar neles os efeitos e o alcance dos deveres de conduta decorrentes da boa-fé objetiva nos contratos empresariais, tema central do presente livro.

---

[376] Idem, p. 45.

3. Os contratos empresariais e a mitigação dos deveres de conduta decorrentes da boa-fé objetiva

3.1. ALGUMAS CARACTERÍSTICAS DOS CONTRATOS EMPRESARIAIS

Neste item serão analisadas algumas características dos contratos empresariais que apontam para a mitigação dos deveres de conduta decorrentes da boa-fé objetiva nesses contratos.[377]

Assim, o ambiente de concorrência e rivalidade, bem como a assunção dos riscos inerentes dos negócios realizados pelas empresas, não podem ser compensados ou atenuados pela incidência dos deveres de conduta decorrentes da boa-fé objetiva. Além disso, o profissionalismo, a organização empresarial e o ônus que decorre do dever de diligência dos administradores, são medidas e critérios que devem mitigar a incidência desses deveres.

3.1.1. Risco empresarial

Um dos elementos a ser destacado nos contratos empresariais é o fato de que são realizados por empresas no exercício das suas atividades.

---

[377] Sem ingressar na seara da imputação dos efeitos jurídicos do comportamento de um indivíduo à pessoa jurídica. A esse respeito, consultar percuciente análise de Fábio Konder Comparato e Calixto Salomão Filho. Os autores fazem um relato das concepções de Kelsen (para quem, resumidamente, o dever jurídico, por determinar um comportamento acarretaria, em relação às pessoas jurídicas, uma imputação indireta para alcançar os membros que compõem e representam a pessoa jurídica) e de Savigny (no ficcionismo de que a pessoa jurídica é uma criação do legislador). Também descatam a contribuição de Gierke e do jurista italiano Ascarelli, concluindo que "na atribuição de direitos e obrigações a uma pessoa jurídica, o que há, afinal, é uma particular disciplina dos efeitos de atos humanos em que o sujeito é o agente." (COMPARATO, Fábio Konder. *O poder de controle na sociedade anônima*. Fábio Konder Comparato e Calixto Salomão Filho. Rio de Janeiro: Forense, 2008, p. 322-352).

O estabelecimento de vínculo jurídico entre empresários parte de dois pressupostos básicos, compartilhados pelos partícipes da avença. O primeiro deles é a certeza de que a contratação colocá-los-á em uma situação mais vantajosa daquela em que se encontram. [...] O segundo é que a contratação é feita na esperança de que atinja determinados objetivos, ou seja, desempenhe determinada função.[378]

Conforme visto, a empresa reúne os seguintes elementos: exercício de atividade econômica, organização dos fatores da produção e comportamento profissional voltado à obtenção de lucros, mediante a assunção dos riscos a ela inerentes.

A propósito da existência de risco nos contratos empresariais, interessante julgado que – com apoio em predominante posição jurisprudencial do Tribunal de Justiça do Estado do Rio Grande do Sul – examinou ação de resolução contratual cumulada com indenização por perdas e danos ajuizada pela franqueada contra a franqueadora nos seguintes termos:

De acordo com a orientação jurisprudencial desta Corte, tem-se que o contrato de franquia é caracterizado como um contrato de risco, uma vez que, como qualquer empreendimento, está condicionado a fatores como a boa ou má gestão da franqueada, a concorrência e as oscilações do mercado. Isso vale dizer que um empreendimento sob a modalidade de franquia empresarial, por si, não é garantia de rentabilidade ou de atividade próspera. Tudo porque, mesmo que a franqueadora cumpra todos os deveres contratuais e que o franqueado desempenhe uma boa gestão, os resultados podem acabar frustrados simplesmente pelas circunstâncias de mercado ou econômicas.[379]

Em outro julgado do mesmo Tribunal, ficou decidido que:

O contrato de franquia é um contrato de risco, porquanto o sucesso, ou não, do negócio depende de uma série de fatores, muitos dos quais alheios à franqueadora, pois não se pode negar que também é caracterizado pela independência, ainda que relativa, da franqueada em relação à franqueadora. Ademais, a extensão dos danos e prejuízos não permite concluir que tenha correlação direta com o descumprimento contratual sustentado, tendo havido, sim, a expectativa frustrada com o lançamento de produto no mercado regional a preços não compatíveis com a realidade mercadológica do local onde implantado, mas, que, todavia, sem dúvidas, foi a opção escolhida pela parte autora.[380]

O Superior Tribunal de Justiça, também com apoio no entendimento predominante daquela Corte Superior, afastou a incidência do Código de Defesa de Consumidor na relação entre franqueador e franqueado sob esse mesmo fundamento de que "o contrato de franquia é, pois, essen-

---

[378] FORGIONI, Paula. "Interpretação dos negócios empresariais". *Contratos empresariais: fundamentos e princípios dos contratos empresariais*. Wanderley Fernandes (coord.). São Paulo: Saraiva, 2007, p. 82.

[379] TJRS, 5ª Câmara Cível, Apelação Cível nº 70024271926, rel.Des. Leo Lima, j. em 13/05/2009.

[380] TJRS, 15ª Câmara Cível, Apelação Cível nº 70015554769, relator: Angelo Maraninchi Giannakos, Julgado em 13/09/2006.

cialmente, figura de comércio, celebrado por comerciantes para fornecimento de produtos e serviços para terceiros, estes, sim, os destinatários finais".[381]

A existência do risco inerente ao contrato de venda futura de soja também foi o fundamento adotado pela mesma Corte de Justiça para rejeitar a ocorrência de imprevisão. O relator destacou que a obrigação assumida "era de execução diferida, ou seja, para ser cumprida em momento futuro", que as partes assumiram "riscos calculados: a oscilação do preço de mercado da soja e a queda da produtividade", sendo que "tais elementos foram considerados na fixação do preço do negócio" para, ao final, concluir que "não há imprevisão se o risco é inerente ao negócio jurídico".[382]

O risco empresarial é normal às atividades econômicas e também foi o fundamento adotado em decisão do Superior Tribunal de Justiça no sentido de que esse risco deve ser suportado por aqueles que atuam nas atividades.

Outro caso examinado pela Corte Superior envolvia questões patrimoniais entre duas sociedades empresariais em ação de execução por quantia certa, na qual a sociedade credora pretendia redirecionar a cobrança contra os sócios da sociedade devedora para atingir o patrimônio pessoal destes pelo fato de ter "encerrado suas atividades de maneira irregular, o que se presumiu pelo fato de ela não mais exercer suas atividades no endereço em que estava sediada, nem deixar informes do seu atual paradeiro, apesar de possuir obrigações pendentes de liquidação".

No caso em questão, o Tribunal concluiu que não havia motivo para atribuir aos sócios da sociedade devedora a responsabilidade pelo pagamento do débito objeto da execução, cabendo à sociedade credora arcar com os resultados decorrentes das suas atividades; por outras palavras, assim como aufere os benefícios dos resultados positivos, deve suportar as consequências dos resultados negativos, no caso, a possibilidade de não receber dívidas.[383]

---

[381] STJ. REsp nº 632.958-AL, 4ª Turma, j. em 04/03/2010, rel. Min. Aldir Passarinho Junior.

[382] STJ. REsp 783.520/GO, Rel. Min. Humberto Gomes de Barros, 3ª Turma, j. em 07/05/2007.

[383] REsp 970.635/SP, Rel. Min. Nancy Andrighi, 3ª Turma, j. em 10/11/2009. A relatora faz uma minuciosa análise a respeito das teorias consagradas no sistema jurídico brasileiro sobre a desconsideração da personalidade jurídica das sociedades nos seguintes termos: "A desconsideração da personalidade jurídica pode ser entendida como a superação temporária da autonomia patrimonial da pessoa jurídica com o intuito de, mediante a constrição do patrimônio de seus sócios ou administradores, possibilitar o adimplemento de dívidas assumidas pela sociedade. No campo doutrinário e acadêmico, várias teorias foram desenvolvidas sobre o tema, todas elas esculpidas com a finalidade de estabelecer os requisitos que devem ser preenchidos para viabilizar a desconsideração. Assim, quanto aos pressupostos de incidência da desconsideração, duas são as principais teorias que foram adotadas no ordenamento jurídico pátrio: a Teoria Maior e a Teoria Menor da Desconsideração. De

Finalmente, em outra oportunidade, a mesma Corte de Justiça, ao apreciar litígio envolvendo operação de troca de ativos realizada por empresas petrolíferas de grande porte (Petrobrás, YPF e REFAP), reconheceu que o "risco é fator inerente à exploração da atividade econômica" e que "ao Judiciário não cabe interferir em questões que constituem a essência da atividade empresarial".[384]

3.1.2. Profissionalismo e dever de diligência

Além do risco normal das atividades da empresa, outra característica dos contratos empresariais é o fato de serem celebrados por empresas dirigidas por administradores e gestores sujeitos ao dever de diligência para com a sociedade que representam.[385]

Isto quer dizer que, em relação aos contratos empresariais, os deveres de conduta decorrentes da boa-fé objetiva devem ser avaliados e aferidos vis-à-vis a esses deveres de cuidado, atenção e zelo que o administrador das sociedades possui em decorrência do dever de diligência.

Na verdade, os deveres contratuais das empresas restariam mitigados e relativizados pelo ônus que resulta para as próprias empresas em razão da incidência do dever de diligência dos administradores em relação às empresas que representam. Por outras palavras: para as empresas contratantes resulta um ônus próprio de agir durante a relação contratual decorrente do dever de diligência dos seus administradores.

Essa diligência dos administradores de cada empresa atenua os deveres de conduta das empresas contratantes, pois, do contrário, seria pos-

---

acordo com os postulados da Teoria Maior da Desconsideração, a mera demonstração de estar a pessoa jurídica insolvente para o cumprimento de suas obrigações não constitui motivo suficiente para a desconsideração da personalidade jurídica. Exige-se, portanto, para além da prova de insolvência, ou a demonstração de desvio de finalidade, ou a demonstração de confusão patrimonial. Assim, verificado o desvio de finalidade, caracterizado pelo ato intencional dos sócios de fraudar terceiros com o uso abusivo da personalidade jurídica, teria lugar a Teoria Maior Subjetiva da Desconsideração, ao passo que, caracterizada a confusão patrimonial, evidenciada pela inexistência, no campo dos fatos, de separação entre o patrimônio da pessoa jurídica e os de seus sócios, aplicável seria a Teoria Maior Objetiva da Desconsideração."(STJ. REsp 970.635/SP, Rel. Min. Nancy Andrighi, 3ª Turma, j. em 10/11/2009).

[384] A decisão está assim ementada: "O risco é fato intrínseco à exploração da atividade econômica, seja ela exercida por particular, seja ela desenvolvida pelos entes estatais, situação na qual se insere a Petrobrás, que, na condição de pessoa jurídica exploradora de atividade empresarial, está sujeita, como qualquer outra empresa, às regras de mercado ditadas pela ordem econômica vigente, nos termos do artigo 173 da Constituição Federal." (STJ. REsp nº 532570-RS, rel. Min. João Otavio de Noronha, 2ª Turma, j. em 21/10/2004).

[385] Com a expressa ressalva de que, em se tratando de empresário individual, não de trata de um dever, e sim de um ônus jurídico que "não é imposto como um dever. [...] A sua inobservância não corresponde propriamente a uma sanção. [...] é um meio de se alcançar uma vantagem ou, pelo menos, de se evitar uma desvantagem", como ocorre, por exemplo, com o ônus da prova no campo processual (VARELA, Antunes. *Obra citada*, p. 51).

sível admitir que o insucesso da parte contratante (no caso, da empresa) na avaliação adequada das condições contratuais poderia ser compensado pela incidência dos deveres de conduta decorrentes da boa-fé objetiva que seriam impostos à contraparte (no caso, à outra empresa-contratante) com a mesma intensidade e alcance que ocorre, por exemplo, nas relações consumeristas.

Em assim sendo, é necessário aferir e dimensionar esse dever de diligência dos administradores em relação às empresas que representam.[386]

A dificuldade de dar uma definição a esse dever de diligência faz com que várias legislações recorram à figura do empresário para servir de padrão de comparação com o administrador, sendo possível, então, afirmar que o administrador de uma sociedade deve adotar um agir profissional na condução dos negócios da empresa.

Fran Martins esclarece que a lei espanhola declara que "os administradores desempenharão seu cargo com a diligência de um ordenado comerciante e de um representante leal. [...] devem agir com a lealdade e a diligência de um bom homem de negócios".[387] Renato Ventura Ribeiro comenta que o Código Comercial da Espanha de 1885 atribuía ao administrador a diligência de "um bom pai de família".

Este autor concorda com Fran Martins, esclarecendo que a Lei de Sociedades Anônimas da Espanha rompeu com esse conceito "instituindo a diligência de um ordenado comerciante", indicando, inclusive, que "na tramitação do projeto que deu origem à atual lei foi proposta de manutenção da regra anterior (diligência de um bom pai de família), mas o legislador optou expressamente pelo parâmetro de conduta de um profissional":

> Na ideia de ordenado empresário compreendem-se qualidade como prudência, preparação, iniciativa, capacidade de previsão e análise de riscos de operações, planificação adequada da atividade com critérios de previsão e rentabilidade.[388]

Na Argentina, comenta o autor, "a lei das sociedades estabelece a diligência de um bom homem de negócios (*buen hombre de negocios*).[389] Fran Martins também refere que a lei argentina estabelece que: "os administradores e representantes de uma sociedade devem agir com a lealdade e a diligência de um bom homem de negócios".

---

[386] Para Tory A. Weigand, *"highest standards of good faith and fair dealing"* são aplicáveis para *"senior executives, directors and officers"*. (WEIGAND, Tory A. "The duty of good faith and fair dealing in commercial contracts in Massachusetts". *Massachusetts Law Review*, 2004, p. 10).

[387] MARTINS, Fran, *Obra citada*, p. 359-360.

[388] RIBEIRO, Renato Vieira. *Dever de diligência dos administradores de sociedades*. São Paulo: Quartier Latin, 2006, p. 238-239.

[389] Idem, p. 239.

O Código Comercial alemão de 1897 estabeleceu a diligência de "um gerente ordenado e consciencioso (*eines ordenathlichen und gewissenhaften Geschäftsleiters*)" para as sociedades por ações e de "homem de negócios ordenado (*eines gewissenhaften Geschäftsleiters*) para as sociedades limitadas" e recomendou sempre uma atuação do administrador "com base na conduta profissional".[390] Fran Martins também observa que a lei alemã exige que "os membros da direção devem dar à sua gestão os cuidados de um administrador competente e consciencioso".

O Código Civil italiano atribui ao administrador a diligência do "bom pai de família". Contudo, o próprio Código Civil prevê que, nas "obrigações inerentes ao exercício de atividade profissional, a diligência deve ser valorizada conforme a natureza da atividade exercida, o que permite a responsabilidade com base no paradigma de conduta profissional", conforme refere Renato Ventura Ribeiro.[391]

Em Portugal, o Código das Sociedades Comerciais de 1986 estabelece a diligência "de um gestor razoável e ordenado".[392] Referindo-se ao *standard of care, diligence and judgment*, Modesto Carvalhosa esclarece que a regra mais justa e satisfatória é que preconiza que o grau de cuidado e diligência a ser razoavelmente esperado de um diretor prudente nessa posição é o mesmo grau de fidelidade e cuidado que teria na gestão dos seus próprios negócios.[393]

Para Osmar Brina Correa Lima, a diligência dos administradores deveria ser aquela com a qual um pedestre deve cruzar a rua, já que um pedestre cruzando a rua tem o dever de razoável diligência: deve olhar, antes de atravessar. Mas não há texto normativo que estabeleça com que frequência ele deve olhar, nem até que distância, ou quando ou onde; se usou os olhos e se calculou mal o perigo. O autor cita o caso *Litwin versus Allen,* que revela a distinção entre honestidade e diligência no direito norte-americano nos seguintes termos:

> Os administradores de uma companhia foram responsabilizados pelos acionistas porque aceitaram uma cláusula do exercício unilateral do direito de retrovenda a favor da outra parte, uma companhia que se utilizou de um contrato de venda de debêntures conversíveis

---

[390] RIBEIRO, Renato Vieira. *Obra citada*, p. 236-237.

[391] Idem, p. 236.

[392] Idem, p. 239.

[393] No original: "The more fair and satisfactory rule is that degree of care and diligence which an ordinally prudent director could reasonably be expected to exercise in a like position under similar circumstances" [...] "the same degree of fidelity and care as an ordinarily prudent would exercise in the management of his own affairs of like magnitude and importance". (CARVALHOSA, Modesto. *Comentários à lei de sociedades anônimas*. São Paulo: Saraiva, 1997, p. 228, 231-232). "Os *directors* do Direito norte-americano correspondem aos conselheiros-administradores das sociedades anônimas e os *officers* correspondem aos diretores." (SILVA, Alexandre Couto. *Responsabilidade dos administradores de S/A: business judgment rule*. Rio de Janeiro: Elsevier, 2007, p. 11).

em ações, para financiar as suas atividades. A Corte de Nova Iorque reconheceu que os administradores foram honestos, mas acrescentou que nas transações de uma companhia deve haver mais do que honestidade. Deve haver diligência. Isto significa cuidado e prudência, o que faltou no negócio questionado. Em outras palavras, o administrador de uma companhia deve ser honesto, cuidadoso, diligente e prudente.[394]

Renato Ventura Ribeiro refere uma importante decisão sobre o dever de diligência no caso *Francis v. United Jersey Bank,* no qual ficou decidido que o administrador, para ser considerado diligente, deve:

ter noções básicas do negócio, manter-se informado sobre as atividades da companhia, engajar um monitoramento dos negócios e atividades da empresa, comparecer regularmente às reuniões do conselho de administração, conferir as demonstrações financeiras regularmente, inquirir sobre matérias duvidosas, atacar decisões aparentemente ilegais e consultar assessoria técnica e renunciar ao cargo ao invés de deixar de cumprir obrigações ou se não forem feitas correções.[395]

No Brasil, a Lei das Sociedades Anônimas, em proteção aos interesses dos acionistas, impõe aos administradores, deveres e responsabilidades, entre os quais destacam-se o cuidado e a diligência que todo homem ativo e probo costuma empregar na administração dos seus próprios negócios, conforme artigo 153 da Lei 6.404/76.[396] O Código Civil de 2002 contém idêntico dispositivo legal.[397]

No dizer de Fran Martins, a lei procura definir e caracterizar os deveres e responsabilidades dos administradores editando normas que visem, sobretudo, a evitar que a minoria tenha os seus direitos esbulhados pelos que possuem o poder de mando da sociedade.[398]

Para Sampaio Lacerda, trata-se de seção da maior importância porque procura fixar os padrões de comportamento dos administradores, cuja observância constitui a verdadeira defesa da minoria e torna efetiva e imprescindível a responsabilidade social do empresário.[399]

Embora o padrão de conduta seja o cuidado e a diligência de "todo homem" e não de um profissional,[400] o emprego da expressão "seus pró-

---

[394] LIMA, Osmar Brina Correa. *Responsabilidade civil dos administradores de sociedade anônima.* Rio de Janeiro: Aide, 1989, p. 65-67.

[395] RIBEIRO, Renato Vieira. *Obra citada,* p. 243.

[396] O artigo 153 da Lei 6.404/76 está redigido nos seguintes termos: "O administrador da companhia deve empregar, no exercício de suas funções, o cuidado e diligência que todo homem ativo e probo costuma empregar na administração dos seus próprios negócios."

[397] Artigo 1011 do Código Civil: "O administrador da sociedade deverá ter, no exercício de suas funções, o cuidado e a diligência que todo homem ativo e probo costuma empregar na administração de seus próprios negócios".

[398] MARTINS, Fran. *Comentários à lei das sociedades anônimas.* vol. 2, tomo I, Rio de Janeiro: Forense, 1984, p. 358.

[399] LACERDA, Sampaio. *Comentários à lei das sociedades anônimas.* 3º vol. São Paulo: Saraiva, 1978, p. 189.

[400] RIBEIRO, Renato Vieira. *Obra citada,* p. 244.

prios negócios" pode levar à ideia de que a atividade realizada pela empresa exige, daqueles que a ela se dedicam, cuidado e diligência de homem ativo, isto é, de uma pessoa sujeita à observância de padrões especiais de cuidado e diligência.[401]

Em reforço a esse entendimento de que a expressão "seus próprios negócios" pode caracterizar padrão de cuidado e diligência acima do "homem médio", veja-se que o artigo 667 do Código Civil impõe ao mandatário aplicar toda "sua" diligência habitual, sugerindo que o paradigma é o seu próprio agir.[402]

De igual modo, na gestão de negócios, o artigo 866 do Código Civil estabelece que o gestor envidará toda "sua" diligência habitual na administração, referindo-se ao modo de agir do próprio gestor.[403]

Já o artigo 142 do Código Comercial fazia expressa referência ao comerciante como um paradigma de conduta, ao impor ao mandatário o dever de empregar a mesma diligência que qualquer comerciante ativo e probo costuma empregar na gerência dos seus próprios negócios.[404]

Por outras palavras, enquanto os artigos 153 da Lei 6.404/76 e 1011 do Código Civil – mantendo a tradição do Código Comercial de 1850 – utilizam a expressão "seus próprios negócios" em relação aos administradores, os artigos 667 e 866 do Código Civil – na gestão de negócios e no mandato – referem à "sua diligência habitual", fato que pode indicar que o padrão de cuidado e diligência nos negócios empresariais segue modelo "próprio dos negócios".[405]

---

[401] "The modern trend is for courts to demand that directors and officers exercise the degree of care that an ordinarily prudent person in a like position under similar circumstances would exercise." (McMurray, Marcia M. *An historical perspective on duty of care, duty of loyalty, and the business judgment rule. Special Project: Director and Officer Liability. Vanderbilt Law Review.* São Paulo, v. 40, nº 3, abril, 1987, p. 609. *Apud* SILVA, Alexandre Couto. *Obra citada*, p. 12).

[402] Art. 667. O mandatário é obrigado a aplicar toda sua diligência habitual na execução do mandato, e a indenizar qualquer prejuízo causado por culpa sua ou daquele a quem substabelecer, sem autorização, poderes que devia exercer pessoalmente.

[403] Art. 866. O gestor envidará toda sua diligência habitual na administração do negócio, ressarcindo ao dono o prejuízo resultante de qualquer culpa na gestão.

[404] Art. 142: Aceito o mandato, o mandatário é obrigado a cumpri-lo segundo as ordens e instruções do comitente; empregando na sua execução a mesma diligência que qualquer comerciante ativo e probo costuma empregar na gerência dos seus próprios negócios.

[405] "O parâmetro a ser considerado como de normalidade é aquele dos 'comerciantes costumados a praticar essa espécie de negócio' e não o do cidadão comum, distanciado daquele *business*. Enfim, um contrato de bolsa deve ser valorado conforme o fazem os homens que lá atuam, e não conforme os padrões do comerciante que compra e vende alfaias. A correta interpretação do negócio pressupõe o profundo conhecimento de sua práxis." (FORGIONI, Paula. "Interpretação dos negócios empresariais". *Contratos empresariais: Fundamentos e Princípios dos Contratos Empresariais.* Wanderley Fernandes (coord.). São Paulo: Saraiva, 2007, p. 122).

Diante da tendência de "profissionalização"[406] da administração das sociedades, não basta que o administrador atue como homem ativo e probo na condução dos seus próprios negócios. São insuficientes, ainda que essenciais, os atributos de diligência, honestidade e boa vontade para qualificar o administrador da empresa.

Portanto, o profissionalismo, isto é, a qualificação especializada daqueles que o celebram, pode ser considerado um dos principais elementos dos contratos empresariais. Disso resulta – entre os deveres de conduta a serem observados pela empresa na formação do contrato – o dever de diligência que exige conduzir as atividades com o zelo apropriado aos negócios empresariais.

A empresa deve observar os padrões comercialmente reconhecidos de lisura e de lealdade na condução dos negócios, para alcançar um conceito de boa-fé objetiva próprio dos negócios empresariais, visando, inclusive, à proteção das legítimas expectativas das partes criadas em contratos validamente constituídos entre empresas.

Para Larenz – citado por Paula Forgioni – "uma sociedade em que cada um desconfia do outro assemelhar-se-ia a um estado de guerra latente entre todos, e, em lugar da paz, dominaria a discórdia. Onde se perdeu a confiança, a comunicação humana resta profundamente perturbada".[407]

Evita-se, assim, a frustração da confiança negocial que uma das partes depositou na conclusão válida de um contrato, em decorrência do comportamento do outro contratante.

> Um sistema jurídico que não tutela o crédito acaba por desestimular o fluxo de relações econômicas e compromete o seu próprio funcionamento. Aqui insistimos no óbvio: o direito não protege o crédito por uma questão de afirmação de valores liberais, por legitimar a supremacia do mais forte sobre o mais fraco, mas sim por ser esse mesmo crédito um pilar de sustentação do mercado, indispensável à sua preservação. Partindo do pressuposto de que o sistema veda o enriquecimento sem causa, aquele que possui um crédito contra outrem ou (i) já experimentou uma diminuição em seu patrimônio e pretende recompô-lo, às vezes obtendo lucro, ou (ii) "congelou" trabalho, "gerou riqueza" e pretende ser remunerado por isso. Quem possui "crédito", "crê" em sua satisfação.[408]

3.1.3. Organização empresarial

Para alcançar os seus objetivos, a empresa necessita de uma mínima preparação ou organização. Somente se organizar e planejar os seus ne-

---

[406] RIBEIRO, Renato Vieira. *Obra citada*, p. 245.

[407] *Apud* FORGIONI, Paula. "Interpretação dos negócios empresariais". *Contratos empresariais: Fundamentos e Princípios dos Contratos Empresariais*. Wanderley Fernandes (coord.). São Paulo: Saraiva, 2007, p. 91.

[408] FORGIONI, Paula. *Obra citada*. 2007, p. 86.

gócios e, sobretudo, se aproveitar as oportunidades negociais que surgirem à sua frente, a empresa poderá se manter em funcionamento.[409] Nessa perspectiva, os contratos empresariais assumem a função de "planificar, antecipar o futuro e, mesmo, de certo modo, 'trocar' o presente pelo futuro ou, vice-versa, assumir uma desvantagem presente em troca de uma vantagem futura".[410]

O empresário, como homem de negócios cuja profissão está no contratar, tem tal energia de prontas e sagazes deliberações.[411] Cada empresa de alguma importância conta com setores especializados, com o domínio de técnicas de atuação, tais como das compras por tomadas de preços e seletivas, das planilhas de custos, do ponto de equilíbrio, da análise dos balanços, da racionalização do trabalho, do gerenciamento setorizado, da segurança do trabalho, da prevenção de acidentes, do *marketing*, da política de preços, da capitalização, das projeções preventivas, dos planejamentos dos investimentos propriamente econômicos.

As empresas mantêm assessoria jurídica, que as adverte de riscos tributários, trabalhistas, previdenciários e de assistência social. "Tudo isso constitui preordenação, com vistas, em primeira linha, à saúde da empresa, na direção da atenuação ou eliminação dos riscos, e, em seguida, ao retorno ou lucro, que é o incentivo à livre concorrência".[412]

Com isso, nos contratos empresariais é possível à empresa o ônus de agir com o necessário e indispensável dever de diligência dos homens de negócios, com observância do zelo apropriado aos negócios empresariais.[413]

Os contratos costumam ser precedidos de um período em que as partes discutem, trocam ideias, projetam, examinam cláusulas, cada uma delas procurando obter da outra condições mais favoráveis.[414]

---

[409] A organização é muito mais importante que o capital. Nela se baseia o sucesso de qualquer empresa, razão pela qual ela deve ser cuidada zelosamente (MIRANDA JR., Darcy Arruda. *Curso de direito comercial*. 1º vol, parte geral. São Paulo: Saraiva, p. 100).

[410] MONTEIRO, Antônio Pinto. "Erro e teoria da imprevisão". *Revista Trimestral de Direito Civil*, vol. 15, jul/set – Rio de Janeiro: Padma, p. 10.

[411] VIVANTE, Cesare. *Apud* FERREIRA, Waldemar. *Obra citada*. vol. I, p. 12.

[412] BESSONE, Darcy. *Renovação de locação*. São Paulo: Saraiva, 1990, p. 8.

[413] Esse mesmo dever de diligência dos homens de negócios justificou a conclusão a que chegou o Desembargador Márcio Oliveira Puggina, para atribuir responsabilidade civil do banqueiro pela concessão de crédito, com os seguintes argumentos: "Os bancos, ao prestarem os serviços atinentes ao crédito, manipulam interesses públicos relevantes e devem agir com a maior diligência, cumprindo com as funções inerentes ao crédito (capitação de poupança e financiamento à produção) de molde a não causar danos. (*Revista do Direito do Consumidor*, vol. 26, p. 143). Antonio Chaves também reconhece que a atividade preparatória de um contrato é séria, exigindo se presumir de todas as cautelas, procurar prever cuidadosamente as diversas eventualidades e colher previamente as informações imprescindíveis (CHAVES, Antonio. *Responsabilidade pré-contratual*. São Paulo: Lejus, p. 245).

[414] FACHIN, Luiz Edson. "O *aggiornamento* do direito civil brasileiro e a confiança negocial". *Repensando fundamentos do direito civil brasileiro contemporâneo*. Rio de Janeiro: Renovar, 1998, p.115.

A formação do contrato consiste num processo, isto é, numa sequência de atos e comportamentos humanos.[415] Em negócios empresariais, nem todos os contratos se celebram *dum jacto,* antes exigem negociações preliminares, que constituem seu preâmbulo:

> Quem necessite de tal ou qual livro se dirige ao livreiro, pergunta-lhe o preço e, aceitando-o, paga a respectiva quantia e recebe o livro. Em alguns minutos o negócio se fecha e se conclui, tornando-se definitivo. Nem sempre se dá o mesmo com quem se proponha a adquirir gravata ou tecido para sua roupa, tanta a variedade dos tecidos, quanto a dos padrões e preços. O processo de escolha já é mais demorado. Desdobra-se em atos sucessivos de sugestões, confrontos, avanços e recuos, até que as duas partes, a vendedora e a compradora, se acordem no objeto, no preço e nas condições. O negócio jurídico pode revestir-se de complexidade, mercê de seus pormenores e condições; e consumir tempo, de maior ou menor trato, até que as pretensões em conflito se amainem e, ao cabo, mercê de transigências e concessões, se reduzam ao mesmo ponto de conveniências.[416]

Essa situação é exemplificada por Juan Farina na contratação realizada por um banco com "una sociedad anônima cadena de supermercados mayoristas, mediante el cual el banco le brinda a ésta un servicio consistente en la creación de um medio eletrónico de pago y financiamiento" em comparação com "la del simple cliente común ue se arrima al mostrador del banco (así se trate de n cómodo escritório com sillones)".

Referindo-se à primeira situação acima apontada, o jurista argentino esclarece que o contrato "es el resultado de largas y medulosas tratativas, proyectos, propuestas y contrapropuestas, para lo cual ambas partes se han sentado a la mesa de lãs negociaciones durante semanas, hasta arribar a un acuerdo definitivo", enquanto na segunda situação "el empleado de turno se limita a presentarle los formulários correspondientes para que el interesado – si reúne las condiciones requeridas por la entidad financeira – firme".[417]

3.1.4. Concorrência e rivalidade

Não há dúvida de que os deveres de conduta decorrentes da boa-fé objetiva se aplicam aos contratos empresariais. Contudo, a substituição do antagonismo pelo dever de cooperação e de solidariedade, tal como referido por Paulo Lobo, deve ter o alcance e efeitos apropriados ao am-

---

[415] ROPPO, Enzo. *O contrato.* Coimbra: Almedina, 1988, p. 85.

[416] FERREIRA, Waldemar. *Obra citada.* 8º vol., p. 40-41.

[417] FARINA, Juan M. *Contratos comerciales modernos.* Modalidades de contratación empresaria. Buenos Aires: Editorial Astrea, 1999, p. 34. Em outra passagem o autor reafirma que: "se trata de contratos negociados entre empresas que se sientan a la mesa de discusiones. [...] la preparación y la negociación del contrato son el resultado de los problemas, objetivos, compromisos y soluciones posibles en las cuales se procura clarificar y percibir con mucha mayor amplitud e inteligencia la relación económica y financiera".

BOA-FÉ OBJETIVA NOS CONTRATOS EMPRESARIAIS

biente de competição e concorrência que ocorre nas relações empresariais.

O jurista sustenta que o antagonismo seja substituído pela cooperação com "condutas positivas que facilitem a prestação do devedor", propondo que há o dever de cooperação tanto do credor como do devedor para o fim comum nos seguintes termos: "Há prestações positivas, no sentido de agirem os participantes de modo solidário para a consecução do fim obrigacional, e há prestações negativas, de abstenção de atos que dificultem ou impeçam esse fim".[418]

Considerando as características antes apontadas da atividade realizada pela empresa e o objeto dos respectivos contratos empresariais, os efeitos e o alcance do dever de cooperação nos contratos empresariais não devem ser examinados sob a mesma ótica do dever de cooperação nos contratos de consumo, por exemplo.

William Goren relata que a Suprema Corte da Pensilvânia recusou-se a impor um dever de boa-fé que iria modificar ou anular os direitos legais de um credor, considerando que não é possível afirmar que o mesmo tenha violado o dever de boa-fé porque negociou os termos de um empréstimo em condições que lhe são favoráveis ou porque tenha se recusado a conceder empréstimos adicionais. O Tribunal também reconheceu que o dever de boa-fé não impede tentativas de cobrança do garantidor se o devedor principal não pagou a dívida.[419]

Seria possível impor às empresas-contratantes o dever de agir de modo solidário e em cooperação com a contraparte? Sabe-se, desde logo, que as empresas são rivais e estão em permanente estado de disputa, tanto é exato que há lei específica (Lei 8.884/94) que regula as práticas anticoncorrenciais, como antes referido neste trabalho, razão pela qual se entre as empresas há disputa, rivalidade e competição, entendemos que, nesse ambiente, o conteúdo e o alcance das atitudes solidárias e de cooperação nos contratos empresariais precisam ser reavaliados e repensados.

A máxima de que antes a parte contratante podia fazer tudo desde que não prejudicasse a contraparte e agora deve fazer tudo para colaborar

---

[418] LOBO, Paulo Luiz Neto. "Deveres gerais de conduta nas obrigações civis". *Obra citada*, p. 93.

[419] No original: "The Supreme Court of Pennsylvania has refused to impose a duty of good faith which would modify or defeat the legal rights of a creditor. Other courts have also refused to apply a duty of good faith to alter or defeat the rights of a creditor which have been granted by law or contract. [...] The duty of good faith imposed upon contracting parties does not compel a lender to surrender rights which it has been given by statute or by the terms of its contract. Similarly, it cannot be said that a lender has violated a duty of good faith merely because it has negotiated terms of a loan which are favorable to itself. As such, a lender generally is not liable for harm caused to a borrower by refusing to advance additional funds, release collateral, or assist in obtaining additional loans from third persons. A lending institution also is not required to delay attempts to recover from a guarantor after the principal debtor has defaulted." (GOREN, William. *Obra citada*, p. 10).

com a outra parte, esse dever de cooperação deve ser examinado de modo que a parte à qual se atribui esse dever "não prejudique a si própria".[420]

Assim, seria possível admitir que a empresa possa agir em seu interesse próprio, pois, nos contratos comerciais, as partes são independentes e não possuem "relação especial de confiança" e devem negociar e proteger os seus próprios interesses, sendo que os Tribunais devem ficar atentos para manter a distinção entre boa-fé objetiva aplicável aos contratos civis e aos contratos empresariais.[421]

Essa situação não passou desapercebida na profunda análise que Paula A. Forgioni fez do contrato de distribuição – tipicamente empresarial – em obra que leva o mesmo título, nos seguintes termos: "Não se pode deixar de reconhecer a realidade múltipla que informa o contexto econômico e jurídico desse tipo de ajuste, composta de *interesses comuns* e de *outros conflitantes*, ainda que de forma potencial". Após reconhecer a existência desses *interesses comuns*, em relação aos *outros conflitantes*, a autora destaca que:

> Por outro lado, buscam objetivos diversos, uma vez que a maximização do lucro pode ser obtida em detrimento da remuneração da contra parte. [...] As margens de lucro do fornecedor e dos distribuidores podem ser inversamente proporcionais, lançando por terra a ideia de que o lucro de um é necessariamente o lucro do outro (ou que a álea de um seria a álea do outro). Principalmente em mercados em que há concorrência entre marcas, quando a margem de ganho do fornecedor aumente, aquela do distribuidor tende a diminuir e vice--versa.[422]

A autora faz um diagnóstico das principais características dos contratos empresariais, destacando que, nesses contratos, coexistem "conflitos e aliança", "desconfiança e confiança", "interesses comuns e interesses conflitantes", "áleas interdependentes, mas não comuns", "racionalidade e eficiência", entre outras características que distinguem os contratos empresariais, reconhecendo, inclusive, que "o direito comercial tem fundamentos próprios", sem, contudo, propor a retomada da dicotomia entre o direito civil e o direito comercial, questão superada pela unificação do direito das obrigações para, em conclusão, afirmar que:

---

[420] NEGREIROS, Teresa. *Fundamentos para uma interpretação constitucional do princípio da boa-fé*. Rio de Janeiro: Renovar, 1998, p. 256.

[421] No original: "The parties to an arm's length commercial transaction can act in their own self-interest so long as they honor their contractual obligations. There is no dependent relationship, no "special relationship" and no special trust and confidence. To the contrary, in most commercial transactions the parties are independent entities who have freely negotiated over the terms of their bargain. In such relations, there is no "heightened" duty of good faith and courts must be vigilant in maintaining the distinction and not unwittingly foist fiduciary obligation upon commercially contracting parties." (WEIGAND, Tory A. *Obra citada*, p. 10).

[422] FORGIONI, Paula A. *Contrato de distribuição*. São Paulo: RT, 2005, p. 118-123.

[...] os contratos comerciais obedecem a uma lógica diversa daqueles civis ou consumeristas, o que influencia sua interpretação. Essa peculiaridade decorre da realidade, da prática, dos usos e costumes da praça.[423]

A mesma autora, em obra que examina aspectos do direito concorrencial, destaca outras situações que caracterizam esse conflito entre partes contratantes empresariais. Relata, por exemplo, o conhecido caso "*Dr. Miles*" – referido pela autora como um dos maiores cartéis da história americana – no qual os distribuidores, afetados pela atitude do fabricante em deixar de fixar os "preços de venda" de um importante produto, "responderam em massa e de forma concertada, relegando a distribuição do produto a um segundo plano ou mesmo deixando de comercializá-lo".[424]

Essas características podem influenciar de modo especial os deveres de conduta decorrentes da boa-fé objetiva nos chamados contratos relacionais de longa duração que tendem a criar relações contínuas e duradouras, "nas quais os termos da troca são cada vez mais abertos, e as cláusulas substantivas são substituídas por cláusulas constitucionais ou de regulamentação do processo de renegociação contínua". Nesses contratos, estão presentes as seguintes características destacadas por Ronaldo Porto Macedo Junior:

> Em primeiro lugar, é impossível especificar completamente o contrato relacional em termos de preço, quantidade, qualidade e entrega, dada a sua mutabilidade constante. Neste sentido ele é um contrato muito mais aberto e flexível. Isto porquanto ele envolve elementos não facilmente mensuráveis e visa regular situações que demandam alto grau de flexibilidade. Em segundo lugar, dadas as contínuas mudanças no produto ou característica do serviço prestado, é impossível prever todas as contingências do futuro e especificar os termos dos ajustes nos contratos relacionais.[425]

Entre os contratos empresariais que guardam essa característica de longa duração, podem ser citados os de franquia empresarial, distribuição, representação, fornecimento de produtos, prestação de serviços em geral (transportes, assistência técnica, consultoria), entre outros.

Essa característica de longa duração foi o fundamento adotado pelo Tribunal de Justiça de Alagoas para manter a validade de cláusula de eleição em contrato de franquia empresarial, nos seguintes termos:

---

[423] FORGIONI, Paula. Obra citada, p. 118, 120, 135, 501, 515 e 516.

[424] FORGIONI, Paula A. *Os fundamentos do antitruste*. 2. ed. 2. tir. rev. e atual. São Paulo: RT, 2005, p. 458. Em outra passagem, a autora, referindo-se a outro caso de conflito entre contratantes empresários, conclui que o retalhista "tudo fará para estimular o consumo do produto cuja venda lhe traz maiores lucros" mesmo que esta atitude possa contrariar a política de comercialização determinada pelo fabricante (*Obra citada*, p. 460).

[425] MACEDO JUNIOR, Ronaldo Porto. "Direito à informação nos contratos relacionais de consumo". *Revista de direito do consumidor*, n. 35, jul-set, p. 113.

Tem-se, na realidade, contratos de franquia, firmados individual e livremente entre as agravadas e a agravante, contratos esses que foram firmados, e por várias vezes renovados, com a total e irrestrita concordância das franqueadas. Não se caracteriza, portanto, a adesividade, consubstanciada na pré-determinação quando da estipulação de suas cláusulas.[426]

Então, é possível afirmar que "interpretar um contrato entre fornecedor e distribuidor é diferente de interpretar uma doação do pai para a filha que vai se casar" e que aos negócios mercantis não podem ser aplicados os princípios que regem a relação entre fornecedores e consumidores "sob pena de introduzirmos no corpo do direito comercial um inadequado 'consumerismo' fadado à rejeição".[427]

Utilizando-se a empresa de mercadorias ou serviços de outra empresa para incremento de sua atividade empresarial principal, tem-se típica e autêntica relação comercial, entendida no sentido de mercancia, com intuito de lucro e sentido de habitualidade, sendo reguladas essas relações pela lei civil.[428]

O dever de boa-fé e de práticas comerciais leais são comumente invocados por ocasião do término de contratos comerciais de longa duração, como se verifica, por exemplo, nos contratos de distribuição, representação comercial, entre outros.

Nestes casos, a cláusula de resilição unilateral e imotivada do contrato por qualquer das partes é válida, aliás, como o fez o Código Civil de 2002,[429] mas o seu exercício não pode resultar em prejuízos para a contraparte.[430]

---

[426] TJAL. Agravo de Instrumento n° 2003.000729-6, j. em 16/06/2003, rel. Des. Adalberto Carvalho Nascimento. Essa decisão, por força de recurso especial interposto pelas franqueadas, foi integralmente mantida pelo Superior Tribunal de Justiça. STJ, REsp n° 632.958-AL, 4ª Turma, j. em 04/03/2010, rel. Min. Aldir Passarinho Junior. Essa relação duradoura também foi reconhecida em outro julgado da mesma Corte de Justiça para manter o foro de eleição estabelecido em contrato considerando que "nos aditamentos celebrados não houve alteração a respeito." (STJ, CC n° 40.995-RJ, 2ª Seção, j. em 30/08/2004, rel. Min. Aldir Passarinho Junior).

[427] FORGIONI, Paula. "Interpretação dos negócios empresariais". *Contratos empresariais: Fundamentos e Princípios dos Contratos Empresariais*. Wanderley Fernandes (coord.). São Paulo: Saraiva, 2007, p. 108.

[428] STJ, REsp n° 861.027-PR, 4ª Turma, j. em 29/06/2007, rel. Min. Hélio Quaglia Barbosa.

[429] Art. 473. A resilição unilateral, nos casos em que a lei expressa ou implicitamente o permita, opera mediante denúncia notificada à outra parte.

[430] "Em contratos de distribuição exclusiva de produtos por tempo indeterminado, a denúncia unilateral e imotivada do ajuste somente constituirá um exercício regular de direito se ao outro contratante for dado aviso prévio, com uma antecedência mínima que permita ao distribuidor evitar prejuízos, redirecionando, se for o caso, os seus negócios e atividades. A razoabilidade ou não do prazo entre a denúncia e a resilição do contrato há de ser sopesada, tendo em conta, entre outros fatores, a duração do vínculo contratual e a relevância econômica maior ou menor da avença em relação à atividade negociai do distribuidor." (THEODORO JR., Humberto. "Apontamentos sobre a responsabilidade civil na denúncia dos contratos de distribuição, franquia e concessão comercial". *Revista dos Tribunais*, vol. 790, p. 11-44).

Essa distinção entre a validade de uma cláusula contratual que assegura a qualquer das partes o direito de promover a resilição unilateral e imotivada do contrato e o exercício desse direito contratual pela parte[431] revela que "a ausência de uma causa ou de um motivo não equivale à ausência de boa-fé".[432]

Nunca é demais lembrar que certa dose de "segurança e previsibilidade são necessárias para garantir a fluência de relações no mercado" e que "os textos normativos devem permitir adequada equação entre necessidade de segurança/previsibilidade e adaptação/flexibilização do direito".[433]

Nos contratos empresariais, é preciso cautela para evitar que a boa-fé objetiva seja arguida para "reescrever o contrato" ou para "criar direitos ou deveres que não decorram da relação contratual existente". Tory A. Weigand relata decisões judiciais que apreciaram essa questão, sobretudo para não transformar a boa-fé objetiva "como o último refúgio das partes para recuperar perdas decorrentes do seu próprio fracasso" (*Kham & Nate's Shoes No. 2, Inc. v. First Bank of Whiting*)".[434]

---

[431] "É princípio básico do direito contratual de relações continuativas que nenhum vínculo é eterno, não podendo nem mesmo o Poder Judiciário impor a sua continuidade quando uma das partes já manifestou a sua vontade de nela não mais prosseguir, sendo certo que, eventualmente caracterizado o abuso da rescisão, por isso responderá quem o tiver praticado, mas tudo será resolvido no plano indenizatório." (STJ. REsp nº 534.105-MT, 4ª Turma, j. em 16/09/2003, Rel. Min. Cesar Asfor Rocha). "Havendo disposição contratual assegurando às partes interromper o negócio de distribuição de bebidas, o que afasta a configuração de cláusula abusiva ou potestativa, é impertinente buscar analogia com dispositivo de outra lei especial de regência para os casos de concessão de veículos automotores de via terrestre." (STJ. REsp nº 681.100-PR, 3ª Turma, j. em 20/06/2006, rel. Min Carlos Alberto Menezes Direito).

[432] No original: "Duty of good faith and fair dealing exists during the course of events leading up to and including termination but that duty is to be evaluated in light of an agreement that permits termination by either party without cause or notice." Not surprisingly, Massachusetts has held that termination without cause provisions in commercial contracts are not unenforceable or "oppressive," as to hold otherwise "would establish an unwarranted barrier to the use of termination at will clauses in contracts in this Commonwealth, where each party received the anticipated and bargained for consideration during the full term of the agreement." [...] The courts make clear that the lack of good reason for the termination absent evidence of 'other indicia of lack of honesty or taking unfair advantage; or bad faith' is not sufficient to make out a claim. In a word, the absence of good cause is not the equivalent of absence of good faith." (WEIGAND, Tory A. *Obra citada*, p. 13).

[433] FORGIONI, Paula. *Idem*. A autora também destaca que "ao Estado, enquanto agente implementador de políticas públicas, há de ser assegurado o poder de intervenção sobre o mercado, editando normas que estabeleçam o que é lícito e o que é ilícito; a força normativa dos usos e costumes deve ser adequada ao interesse público." (*Obra citada*, p. 109).

[434] Refere o autor que essa questão merece uma análise cuidadosa, especialmente nos contratos comerciais. Quando uma parte com plenas condições para avaliar o seu negócio optar por incorporar as suas relações a um contrato escrito por ela elaborado, tem direito e deve ser mantida nos termos e condições contratuais escolhidas. O tribunal deve ser cuidadoso para não impor seus pontos de vista externos sobre as partes contratantes. O tribunal também não deve tentar reescrever o contrato das partes em conformidade com o sentido ou preferência do tribunal. O autor relata a decisão proferida no caso *Boyle v. Dynamics Douglas*, no julgamento de uma ação movida por um distribuidor contra um fabricante por quebra do dever de boa-fé. O autor, distribuidor de gelo e de produtos de

3.2. MITIGAÇÃO DOS DEVERES DE CONDUTA NOS CONTRATOS EMPRESARIAIS

Afinal, quais seriam os critérios e métodos para mitigar os deveres de conduta decorrentes da boa-fé objetiva nos contratos empresariais?

O dever de cooperação pode ser relativizado pelo ambiente concorrencial dos negócios empresariais e pelo padrão de cuidado e diligência empresarial que cabe a cada empresa. Os deveres de informação, cuidado e proteção deverão ter uma aplicação específica nos contratos de aquisição de empresas em razão do procedimento de *due diligence*.

Mas nem sempre esses deveres de conduta poderão ser mitigados, em especial quando houver desigualdade entre as partes, assimetria de informações ou dependência econômica, situações que impõem a retomada da função plena dos deveres de conduta, inclusive pela incidência dos direitos fundamentais nas relações privadas.

3.2.1. Dever de cooperação e rivalidade concorrencial

Admitir que nos contratos empresariais a parte "deve agir, não apenas com os outros, "mas para os outros" e que o contrato deve impor "uma conduta que privilegie a solidariedade"[435] pode não se coadunar com o ambiente de rivalidade, de disputa, de concorrência que rege as relações entre as empresas.

É certo, contudo que a correta avaliação da extensão dos deveres anexos nas relações contratuais empresariais dependerá da análise do caso concreto, sendo diretamente influenciada, por exemplo, pela existência de uma relação entre partes empresariais iguais

---

remoção de neve, alegou que o fabricante violou o contrato de distribuição promovendo maior competição entre os distribuidores, resultando no aumento da concorrência direta para o demandante. O contrato foi omisso quanto ao direito do fabricante de nomear distribuidores adicionais. O tribunal não encontrou nenhuma violação de boa-fé porque o contrato não impedia o fabricante de adicionar novos distribuidores e não havia nenhuma promessa expressa de que não haveria nomeação de novos distribuidores. O tribunal enfatizou que "o acordo não pode ser invocado para criar direitos e deveres de outra forma não prevista na relação contratual existente. Em seguida, o autor descreve o caso *Owen v. Kessler*, no qual o tribunal também expressou preocupação com o uso do dever de boa-fé para alterar uma condição expressa em contrato de compra e venda de imóvel, no qual constou cláusula expressa fixando prazo para que o entregasse o contrato assinado para o vendedor, no qual, portanto "*the time is of the essence*" O vendedor se recusou a vender o imóvel quando o comprador entregou o contrato de compra e venda 15 a 20 minutos após o prazo fixado. O tribunal rejeitou a alegação de que a rejeição do vendedor da entrega tardia foi uma violação do dever de boa-fé e práticas comerciais leais. O tribunal entendeu que o comprador estava obrigado a cumprir os termos do acordo expresso entre as partes. Do mesmo modo, salientou que o direito não poderia ser usado para substituir uma condição expressa e que não havia "nenhuma evidência de quaisquer tentativas clandestinas por parte do vendedor para sabotar qualquer aspecto do negócio." (WEIGAND, Tory A. *Obra citada*, p. 14-15).

[435] NALIN, Paulo R. Ribeiro. "Ética e boa-fé no adimplemento contratual". 1998, p. 177-178.

ou desiguais, sendo que nesta última – entre empresas desiguais – poderia se exigir o rigor na observância dos deveres anexos, apesar da existência de uma relação contratual empresarial.

José de Oliveira Ascensão aponta o grande inconveniente da boa-fé tal como tem sido desenvolvida: a sua excessiva extensão: "Se se aplica a todos os setores do direito e em todas as circunstâncias, perde compreensão. Por isso dizemos que a boa-fé, se é tudo, passa a não ser nada. Passa a ser um rótulo com pouca explicatividade".[436]

Para Gustavo Tepedino e Anderson Schreiber, "a boa-fé objetiva não pode ser aplicada da mesma forma às relações de consumo e às relações mercantis ou societárias pela simples razão de que os *standards* de comportamentos são distintos:

> Assim, enquanto no exemplo da compra e venda de um automóvel exige-se que o vendedor forneça ao comprador toda a informação relevante acerca do veículo e qualquer outro dado relacionado à função social e econômica, a aquisição de controle de uma determinada sociedade, por outro lado, envolve normalmente uma avaliação dos riscos e passivos da sociedade (*due diligence*) pela própria empresa adquirente, o que, se não isenta o alienante do seu dever de informação, reduz evidentemente a sua intensidade.[437]

Para eles, "o ambiente comercial e societário, e em particular o ambiente interempresarial, são palco de interesses distintos daqueles que guiam as relações obrigacionais comuns e se enquadram ainda mais distantes dos valores existenciais que recomendam uma tutela protetiva" ou, na feliz expressão de Fabio Ulhoa Coelho, "o empresário não pode ser poupado dos seus erros".[438]

3.2.2. Padrão de cuidado e diligência empresarial

Cabe aqui como uma luva, no objeto da investigação deste trabalho, o seguinte exemplo relatado pelo jurista português Almeida Costa:

> A dirige-se ao estabelecimento de B para comprar o objecto X e declara a B que acha o respectivo preço muito exagerado, acrescentando que só lho adquire porque necessita dele urgentemente e sabe que não o encontra noutra loja da localidade a preço inferior; contudo, B tem notícia de que um seu colega do mesmo ramo de negócio, C, com porta

---

[436] ASCENÇÃO, José de Oliveira. "A desconstrução do abuso do direito". *Novo Código Civil. Questões controvertidas. Série grandes temas de direito privado*, vol. 4. Mário Luiz Delgado e Jones Figueiredo Alves (coords.). São Paulo: Método, 2005, p. 43.

[437] TEPEDINO Gustavo; SCHREIBER Anderson. "A boa-fé objetiva no Código de Defesa do Consumidor e no novo Código Civil". *Obrigações: estudos na perspectiva civil-constitucional*. Gustavo Tepedino (coord.). Rio de Janeiro: Renovar, 2005, p. 43.

[438] COELHO, Fabio Ulhoa. "*Os contratos de colaboração empresarial*". Conferência magna de abertura do "I Simpósio de direito privado e processo civil Maurício Cardoso". Faculdade de Direito da PUCRS: Porto Alegre. Realizado em 18/11/2009.

aberta em rua próxima, vende o objecto X mais barato, dado que o recebeu numa antiga remessa do fabricante.

Para o jurista português, a licitude do silêncio de *B* decorre do artigo 227º, nº 1, combinado com o artigo 253º, nº 2º, ambos do Código Civil português, segundo os quais *B* não está obrigado a revelar para *A* a existência da oferta do produto *X* por preço inferior pelo seu concorrente *C*.[439]

Nesse mesmo sentido, decisão do Tribunal de Justiça do Estado do Rio Grande do Sul que julgou improcedente ação de reparação de danos movida por uma empresa adquirente de um veículo em face da concessionária vendedora, assim ementada:

APELAÇÃO CÍVEL. RESPONSABILIDADE CIVIL. AÇÃO DE INDENIZAÇÃO POR DANOS MORAIS. COMPRA DE AUTOMÓVEL. NÃO-OFERTA DE DESCONTO OFERECIDO PELA CONCORRÊNCIA. INEXISTÊNCIA DE ILICITUDE. MERO DISSABOR. Não houve qualquer ilicitude no fato de a demandada não ter oferecido desconto ofertado pela concorrência, do qual, posteriormente ao negócio, tomou ciência o comprador, sopesando as circunstâncias fáticas retratadas nos autos e a natureza do contrato de compra de venda, regido pela autonomia privada, onde o vendedor compromete-se a transferir ao comprador o domínio de coisa móvel ou imóvel mediante uma remuneração, que é o preço, caracterizado, ainda, pela comutatividade, pois as partes já sabem, em regra, quais são as prestações.[440]

O tribunal, em oportunidade anterior, julgou improcedente ação de revisão de contrato ajuizada por empresa-locatária de imóvel comercial

---

[439] ALMEIDA COSTA. Mario Julio de. *Obra citada.* 7. ed. Coimbra: Almedina, 1998, p. 100 e 262. O artigo 227º, nº 1, do Código Civil Português dispõe que: "quem negocia com outrem para conclusão de um contrato deve, tanto nos preliminares como na formação dele, proceder segundo as regras da boa-fé, sob pena de responder pelos danos que culposamente causar à outra parte". O artigo 253º, nº 2º, estabelece: não constituir "dolo ilícito as sugestões ou artifícios usuais, considerados legítimos segundo as concepções dominantes no comércio jurídico, nem a dissimulação do erro, quando nenhum dever de elucidar o declarante resulte da lei, de estipulação negocial ou daquelas concepções".

[440] TJRGS, Ap. Civ. 70017215625, 9ª Câm. Cív., rel. Des. Odone Sanguiné, j. em 10/10/2007. Do acórdão colhem-se as seguintes passagens: "Primeiramente, trata-se de uma compra e venda, onde o representante da parte autora dirigiu-se, de livre e espontânea vontade até o estabelecimento requerido, a fim de adquirir o veículo, e assim o fez, consoante nota fiscal juntada com a exordial. Portanto, não há que se falar em coação ou lesão. Ainda, com relação ao preço pago pela empresa autora, sendo lícito o negócio realizado, cabia a ela aceitar ou simplesmente não aceitar o preço, não realizando a compra e venda. Se aceitou e pagou o preço, ainda que maior que aqueles praticados pela concorrência, não pode agora reclamar ter sido prejudicada. Bastava virar as costas e não realizar o negócio. [...] Ademais, o representante da empresa demandante é homem de negócios. Possui renomada empresa há mais de dez anos nesta cidade, por isso, sendo veterano em relações comerciais. Não se pode considerá-lo inexperiente, a ponto de ser ludibriado num contrato de compra e venda". Após o exame do quadro probatório, relator concluiu: "Portanto, no caso, tenho que a falta de oferta de desconto por empresa, que é oferecido pela concorrência, não tem caráter ilícito, não ofende a boa-fé objetiva que as partes devem guardar no estabelecimento contratual. A concorrência possibilita ao cliente a escolha entre produtos e preços, de modo a otimizar a sua satisfação na compra. A uniformização de preços entre a concorrência iria prejudicá-lo e, guardadas as proporções, pode caracterizar crime contra a ordem econômica. Assim, a obtenção de lucro, sustentáculo da atividade empresarial, em princípio e não revestida de contornos excepcionais, v.g., enriquecimento ilícito, não tem o condão de gerar danos morais a quem se sentiu ultrajado por não ter podido aproveitar promoção que o concorrente concedia, mas o vendedor com quem entabulou o negócio não".

BOA-FÉ OBJETIVA NOS CONTRATOS EMPRESARIAIS

sob o fundamento de que a "revisão de contratos ou de cláusulas contratuais não serve para corrigir maus negócios".[441]

Já em outra ocasião, Judith Martins-Costa refere que o mesmo Tribunal considerou abusivas cláusulas restritivas no contrato de seguro em razão da informalidade que cercou a contratação, do fato do contrato de seguro ser "vendido na rua, como se vendem laranjas", da circunstância de os adquirentes serem "pessoas comuns do povo". A autora alerta que "acaso esses dados fossem diversos, poderiam ter conduzido a uma outra solução para a lide".

Do acórdão, colhe-se a seguinte passagem que bem demonstra que a intensidade dos deveres de conduta deve ser examinada e ponderada no caso concreto:

---

[441] Em acórdão que julgou ação de revisão de contrato ajuizada por empresa-locatária de imóvel comercial, com pedido de redução do aluguel inicialmente convencionado, sob o fundamento de que o seu valor era excessivamente oneroso, colhem-se as seguintes conclusões: "A teoria geral dos contratos repousa, primordialmente, na vontade das partes. Ela norteia os negócios e dela dependem as acomodações, justaposições e concordâncias de um pacto. A consensualidade é a viga mestra do acordo e projeta o princípio da *pacta sunt servanda* que, ao contrário do que se apregoa, ainda vige, e com força, embora a intervenção do Estado na livre vontade de pactuar cada vez mais se faça presente. Assim, ninguém é obrigado a contratar contra a própria vontade nem aceitar cláusula desvantajosa se o não quiser. Aqui a discussão passa ao largo daquilo que se convencionou denominar de adesão porque o preço, num contrato de locação, é de toda a circunstância mais discutida, a que mais depende de consenso, é consensual por excelência. A vontade dos locadores foi dirigida ao valor do locativo fixado. Se assim não fosse, eles próprios o expressam em contestação, não teriam contratado. Dispunham de uma área de terras para locação e era do seu livre arbítrio locá-la ou não e nas condições e para quem quisessem. Decidiram pela pactuação objeto em seus exatos termos e condições. A proposta veio de empresa idônea e economicamente estável. Os autores pretendem, agora, alterar essa premissa fundadora do contrato. Querem submeter a parte contrária ao seu arbítrio, alterar o princípio da voluntariedade e da consensualidade e impor condições próprias. Eles querem protrair sua intenção porque no início do contrato houve erro de avaliação na fixação do preço do aluguel, superestimado. Na verdade, estão encarando o contrato consumado como se ainda se estivesse na fase de proposta, de negociações, e esta já foi ultrapassada há muito tempo. Era previsível que a abertura judiciária em relação aos contratos bancários e à limitação dos juros – com as quais apenas em casos muito excepcionais comungo – derivaria para situações como esta. A teoria geral dos contratos está se desfigurando, mas é este o caminho largo que se vislumbra até que se chegue ao extremo outro, que importará no retorno e na identificação do ponto ótimo. A redução deferida (referindo-se à sentença monocrática) reduziu o valor locativo a menos de 50% do contratado. Isto é inquietante. A decisão, no meu modo de ver, gera intranquilidade. Quem assumirá riscos de locar nessas circunstâncias? Qual locador submeterá sua vontade ao manejo do livre arbítrio da parte contrária? Uma parte não pode pretender impor sua vontade contra a outra que, de boa-fé, dentro das regras vigentes, contratou, para que seja coagido a arcar com prejuízo com o qual não contava e que influenciará por largo período de sua vida. Os apelados não apontam um fato superveniente para obter a redução. Partem do princípio de que houve erro já de início, mas vêm alegar isto, muito sugestivamente, quatro anos depois de instituída a cláusula [...] A revisão de contratos ou de cláusulas contratuais não serve para corrigir maus negócios. Ainda não se chegou a esse ponto. E aqui, especificamente, importaria em transferir o ônus aos locadores que, em princípio, nada têm a ver com a sublocação e com os problemas derivados. Ou seja, a correção de rumos em favor dos apelados, atribuindo-lhes o negócio bom, jogaria nos ombros dos apelantes o negócio ruim, o mau negócio, que eles nunca tiveram intenção de entabular. Mesmo no cotejo das preponderâncias devem ser consideradas aquelas em favor da parte estável do contrato. Aqui, pelo que se pode concluir, as causas das dificuldades dos apelados no cumprimento do contrato passam mais por sua improficiência do que, propriamente, por ato exógeno e imprevisível autorizador da aplicação da teoria da imprevisão ou da *rebus sic stantibus*." (TJRGS, Ap. Cív. 198035370, 20ª Câm. Cív., rel. Des. Ilton Carlos Dellandréa, j. em 09/12/1998).

Outro ponto a considerar, que isoladamente não teria uma significação maior, mas dentro do contexto geral, do caso concreto, parece-me importante, é que se trata de um contrato de adesão, e mais até do que um contrato comum de adesão. Não é um daqueles contratos de adesão em que os corretores de seguro saem a oferecer para as pessoas. Não. É um contrato que toma uma apresentação extremamente informal, é vendido sob forma casada com carnês de sorteio da empresa estipulante ou de outra do mesmo grupo, e é vendido – se me permitida a expressão – na rua como se vende laranja, com a mais absoluta informalidade, a ponto de nem sequer o devedor, que deve ser uma pessoa que nada sabe de seguro, ele próprio ignorar estas limitações quanto a prazo e quanto a limite de cobertura do segurado.[442]

O Superior Tribunal de Justiça também rejeitou pretensão de um produtor rural para a revisão do preço da saca de soja fixado em R$ 23,00 no momento da assinatura de contrato para venda futura, mas que, na ocasião da sua entrega, estava cotada em torno de R$ 34,50, sob o fundamento de que a revisão ou resolução do contrato não poderia ser admitida porque o produtor ignorou ou calculou mal as variáveis do contrato ou – nas exatas palavras da Relatora – "por estar arrependido com o preço acordado no ato da contratação", o que seria muito "pior", ressaltou. O acórdão também prestigiou a sentença de 1º grau nos termos seguintes:

o produtor rural de hoje não é o rurícola de pés descalços e sem qualquer acesso à informação. Ao contrário, bate recordes de produtividade por conta da aplicação maciça de tecnologia, tem acesso às cotações das bolsas de mercado futuro, sabe muito bem, até mesmo por eventos recentes, que o dólar é moeda com variações bruscas, e somente faz contratos de venda antecipada com a certeza de que, calculados os custos de produção daquele plantio, o resultado a ser obtido lhe será favorável, inclusive por experiência prática, pois nas duas safras anteriores as compradoras tiveram que pagar soja adquirida via comercialização antecipada em preço maior que a cotação da época da entrega do produto.

Do acórdão, colhem-se, ainda, as seguintes passagens perfeitamente alinhadas ao ponto de vista sustentado neste livro, no sentido do acurado padrão de cuidado e de diligência nos contratos empresariais e das expectativas (aliás, legítimas) dos contratantes neste tipo de contrato:

De fato, não há como negar que, hoje em dia, os produtores rurais têm acesso à extensa gama de informações necessárias à contratação de vendas futuras e, se aceitam o acordo, é porque, naquele momento, o negócio lhes parece vantajoso, nos limites do risco inerente ao contrato.
[...]
O produtor, ao fixar o preço, certamente foi cauteloso em nele computar seus gastos e um lucro razoável, de modo que, em vez de experimentar prejuízo com a alienação antecipada, assegurou um lucro. O negócio foi lucrativo para o vendedor, embora seu lucro fosse menor do que seria se em vez de tê-lo vendido no ano anterior o tivesse alienado em março a maio do ano seguinte.
[...] no ato da contratação, o agricultor é motivado pela expectativa de alta produtividade do setor, o que, em tese, conduz à queda dos preços. Em contrapartida, ele sabe da pos-

---

[442] MARTINS-COSTA, Judith. *Obra citada*, p. 452-453.

sibilidade de alta na cotação do Dólar, circunstância que, vale repisar, é absolutamente previsível neste ramo e leva à alta do valor da saca. Em suma, trata-se de um contrato cuja finalidade econômica é minimizar o risco de prejuízo das partes, tendo como contrapeso um estreitamento das margens de lucro.

Isto quer dizer que, nos contratos empresariais, o dever de informação pode e deve ser mitigado pelos padrões de cuidado e diligência dos administradores da empresa no momento da celebração do contrato, considerando os elevados níveis de informações que possuem (ou deveriam possuir) para a adequada avaliação das condições do contrato, pois "não há como admitir que, tendo ignorado ou calculado mal tais variáveis, ou, pior, estando arrependida com o preço acordado no ato da contratação, a parte pretenda, sob o manto da função social do contrato, pleitear a resolução deste", destacou o Tribunal, isso porque o "empresário não é considerado pelo sistema de direito comercial como um tolo irresponsável e o direito não pode ter a função de corrigir os 'erros' eventualmente praticados".[443]

A esse propósito, o Tribunal em outra ocasião rejeitou alegação da franqueada de ter assinado contrato de adesão preparado pela franqueadora sob o fundamento de que "o representante legal da autora, pessoa que certamente estava acostumada aos negócios comerciais, assinou o contrato mediante livre manifestação de vontade".[444]

Nesse mesmo sentido, decisão do Superior Tribunal de Justiça proferida no REsp 846455-MS que, ao examinar pleito indenizatório apresentado contra instituição financeira, destacou que o sócio da empresa que negociou o contrato é "empresário bem sucedido em suas atividades comerciais, com vasta experiência, além de ter sido assessorado por terceiros, de maneira que tinha pleno conhecimento dos riscos assumidos, não apenas por ocasião do início das obras, como também ao decidir pela tomada do empréstimo oferecido pelo banco".[445]

O mesmo se passa na França, a partir de uma lei de 18 de janeiro de 1992, que propõe uma distinção dos efeitos e intensidade do dever de informação nas relações entre profissionais e não-profissionais e nas relações entre profissionais.

Nos contratos de venda e compra, por exemplo, alguns autores concordam que esse dever pode ser imputado exclusivamente ao vendedor, "enquanto outros sugerem que certo dever recai sobre o comprador para

---

[443] FORGIONI, Paula. *Obra citada*, p. 95.

[444] TJRS. Ap. Cível 70020761300, 9ª Câmara Cível, j. em 03/10/2010, rel. Desa. Iris Helena Medeiros Nogueira.

[445] STJ. REsp 846455. MS, Rel. Min. Sidnei Beneti, 3ª Turma, julg. em 10/03/2009.

expor o que espera do contrato",[446] com a ressalva de que a expressão "certo dever recai sobre o comprador" não é a mais recomendada para o caso, pois, conforme já demonstrado neste trabalho, ao comprador cabe o ônus e não o dever de obter as informações que julgar necessárias à celebração do contrato.[447]

Esse elevado padrão de cuidado e diligência dos administradores das empresas também é referido por Arnoldo Wald. Após reconhecer que "a vida empresarial passou a depender direta e constantemente de fatos exógenos em virtude da globalização e das intervenções do Estado", o autor adverte que se – no passado – bastava ao "empresário conhecer o mercado para o qual atuava, hoje, cabe-lhe acompanhar o mundo externo, em tudo que pode interferir, direta e indiretamente, na produção ou comercialização":

> As próprias qualidades básicas do empresário sofreram modificações. Não lhe bastam, como outrora, a racionalidade e a audácia; ainda precisa ter a intuição e a ponderação, ser um administrador eficiente e hábil negociador, dominando as técnicas da informação e da comunicação e acompanhando a evolução do Direito.[448]

---

[446] No original: "The existence of the duty to inform in contracts of sale derives from the courts´ interpretation of arts 1134, 1135 and 1604 of the Civil Code. The duty of information, based on the principle of performing contracts in good faith, and more explicitly imposing a duty on the contracting parties to co-operate, is a means of giving protection to the buyer and, as such, is base on policy considerations. However, the intensity of the duty to inform incumbent upon the seller is the subject of academic controversy. Some authors are in favor of an onerous duty on the part of the seller, whereas others suggest that a certain duty lies on the buyer to explain clearly what he expects or requires. Originally based on a professional/non-professional distinction, this has now been recognized by legislation in the law on 18 January 1992. Since the duty depends on the status de parties, case law has developed fine distinctions as to the speciality of the parties. This development has raised the issue of the relevance of the distinction. In sales between professionals the extent of protection afforded to buyers presently appears to be settled on a case-by-case basis. In this respect, the concept of good faith provides a useful tool for the courts to take moral factors into consideration". No mesmo caso, examinado à luz do direito alemão, o direito de informação foi atenuado pelo fato do comprador estar atuando no seu negócio, não sendo uma pessoa leiga, razão pela qual houve a redução da responsabilidade do vendedor. No original: "In the present case it is arguable that a duty to inform does not exist in view of the fact that Cecil was himself a market gardener, i.e. not a layman. It would seem preferable, however, to reduce Cecil´s claim for damages under § 254 I BGB on account of contributory fault." (ZIMMERMANN, Reinhad; WHITTAKER, Simon. *Good faith in european contract law*. Cambridge: Cambrigde University Press, 2008, p. 170-180).

[447] No sentido apontado neste trabalho: "Muitas vezes um determinado dever é atribuído ao próprio titular de um direito subjetivo [...] Na realidade, tem-se outra figura jurídica, que o ônus. Por exemplo, a norma que estabelece para o locatário de um imóvel o ônus de registrar o contrato para a obtenção de eficácia real (artigo 33 da Lei nº 8.245/91). Na realidade, não existe um dever do locatário de fazer o registro. Porém, se ele não fizer, o contrato de locação não adquirirá oponibilidade perante terceiros no caso de alienação do imóvel locado. Desse modo, ônus não é um dever atribuído ao próprio titular do direito subjetivo, mas um encargo que lhe é imposto de observar um determinado comportamento para obter ou conservar certa vantagem em proveito próprio. O conceito de ônus desenvolveu-se no direito processo (ex.: ônus de contestar, ônus da prova) e foi transposto para o direito das obrigações (SANSEVERINO, Paulo de Tarso Vieira. "Estrutura clássica e moderna da obrigação". *Obra citada*, p. 295).

[448] WALD, Arnoldo. *Obra citada*, p. 35.

Judd F. Sneirson refere que o dever de diligência e o *"managerial discretion"* exigem que os administradores atuem com "grau de habilidade, diligência e cuidado de uma pessoa razoavelmente prudente exerceria em circunstâncias semelhantes". Afinal:

> Os diretores das empresas devem, assim, se manter familiarizados com os negócios, manter-se informado sobre as atividades da empresa, realizar um acompanhamento geral dos negócios da empresa, participar de reuniões, rever as demonstrações financeiras, e fazer investigações em situações duvidosas, levantar objeções e renunciar se as correções não sejam feitas.[449]

Em seguida, o autor baseia-se em dois grandes casos de direito societário (*Smith v Gorkom Van*[450] e *Walt Disney*[451]) para argumentar que esse dever de diligência pode ser mensurado pela "informação razoavelmente completa", questionada, porém, pelo próprio autor. Refere que os precedentes da Suprema Corte de Delaware mencionam que a tomada de decisão depende da obtenção de que "todas as informações relevantes estejam razoavelmente disponíveis, nas circunstâncias".[452]

---

[449] SNEIRSON, Judd F. *Obra citada*, p. 458.

[450] "In Smith v. Van Gorkom, the Delaware Supreme Court faulted the Trans Union board of directors for failing to sufficiently inform themselves before approving a proposal to sell the company to a group led by financier Jay Pritzker. While the directors undoubtedly had some sense of what the company was worth, it may not have been correct, and they approved the sale quickly, on short notice, and without the benefit of any outside legal and financial advice as to the sufficiency of the sale price. At their brief meeting, the directors only considered an oral summary of rough, subjective valuations that may not have been completely relevant to the sale of control of the company. Indeed, the board seemingly took on faith that the estimate it was given represented a fair per-share price for the company. The court suggested that, had the directors pressed the company's chief financial officer on his valuations, they would have learned that he, and the rest of the firm's senior management group, considered the Pritzker group's offer to be inadequate or, at best, at the low end of a range of prices the company could have commanded on an active open market." (SNEIRSON, Judd F. *Obra citada, p. 466)*.

[451] "By contrast, in the recently concluded Walt Disney litigation, the Delaware Supreme Court found that the Disney directors were sufficiently informed when they approved the terms of the company's employment agreement with then-incoming president Michael Ovitz. Although the court criticized the Disney directors for not being better informed, the court did not consider the directors to be grossly negligent in their departure from what the court described as "best practices." Ideally, the court said, the directors would have approved the agreement after reviewing a draft of it, reviewing a spreadsheet prepared by a compensation expert indicating the amounts Ovitz might receive under the agreement under each of several possible scenarios, and discussing the agreement and spreadsheet with the expert. Instead, the compensation committee members reviewed a term sheet outlining the proposed agreement's major features, compared it to similar compensation agreements the company had recently reached with CEO Michael Eisner and former president Frank Wells, and discussed the matter among themselves. They did not ask questions of the company's outside compensation expert, although he was available by telephone had they wished to do so; and while they may not have fully appreciated the magnitude of the payout to Ovitz in the event of a no-fault termination, they could have calculated that amount using the figures on the term sheet had they wished to do so." (SNEIRSON, Judd F. *Obra citada*, p. 467).

[452] No original: "The Delaware precedents require corporate fiduciaries to make their decisions only after obtaining and considering 'all material information' that is reasonably available given the cir-

Com base nos casos *Smith v Gorkom Van* e *Walt Disney* – já referidos – as posições adotadas nos julgamentos podem ser sintetizadas como segue. O conselho da *Trans União* tomou uma decisão importante – a venda da empresa – às pressas, sem dados confiáveis e informações sobre o melhor preço e sem a participação dos seus assessores jurídicos e financeiros. Em contrapartida, o conselho da *Disney* aprovou uma operação de menor porte – um acordo de compensação, ainda que muito generoso – com a colaboração de um especialista, após analisar e discutir os seus termos e depois de ter previamente analisado e aprovado acordos semelhantes.[453]

Conforme já mencionado neste livro,[454] existem sistemas legais que definem o dever de diligência do administrador da empresa de um profissional. Sintetizando: na Alemanha: "ordenado e fiel homem de negócios" (*eines ordentlichen und gewissenhaften Geschäftsleiters*); na Espanha: "ordenado empresário e representante leal"; em Portugal: "gestor ordenado"; na Argentina: *"buen hombre de negócios"*; na Itália: "bom pai de família", embora se admita a possibilidade de apurar a responsabilidade do administrador com base na conduta de um profissional.

A respeito do parâmetro objetivo de homem médio, Maria Helena Diniz refere que o *bonus pater familias* seria "o protótipo de cidadão médio, prudente, normal, atento, dotado de ordinária inteligência, hábil, empenhado e dedicado [...], paradigma de homem abstratamente diligente que cumpre seus deveres legais ou convencionais".[455]

Contudo, José Carlos Moreira da Silva Filho aponta a impropriedade da adoção de um *standard* abstrato e subjetivo para a aplicação da boa-fé objetiva e também refere "a inadequação da escolha de um *standard* abstrato e de origem europeia, o que se mostra artificial diante da realidade brasileira ou latino-americana".[456]

Em consonância com o ponto de vista sustentado neste trabalho no sentido de que os deveres de conduta devem ser aferidos e ter uma leitura apropriada ao ambiente dos negócios empresariais e, consequentemente,

---

cumstances. And in this context, 'material' means 'relevant and of a magnitude to be important in carrying out the fiduciary duty of care in decisionmaking." (Idem, p. 465).

[453] No original: "In short, the Trans Union board made a very important decision – the sale of the company – hastily and on the basis of limited, perhaps unreliable information. In failing to become better informed about the price, either by involving their outside legal and financial advisors or by asking more of their inside ones, the board fell grossly, negligently short of its fiduciary obligation to obtain and act on reasonably full information. By contrast, the Disney board approved a much less significant transaction – a compensation agreement, albeit a very generous one – with the aid of an expert, after considering and discussing its terms, and after having previously reviewed and approved similar agreements." (Idem, p. 467-468).

[454] Ver item 3.1.2. Profissionalismo e dever de diligência, deste Capítulo.

[455] DINIZ, Maria Helena. *Dicionário jurídico*. São Paulo: Saraiva, 1998, vol. I, p. 432.

[456] SILVA FILHO, José Carlos Moreira. *Obra citada*, p. 86.

mitigados pelos deveres típicos dos administradores das empresas, José Carlos Moreira da Silva Filho propõe a aferição, no caso concreto, do padrão de comportamento da boa-fé objetiva nos seguintes termos:

> Em boa parte dos casos, o padrão de conduta aferido concretamente encontra o avaliado e o avaliador na mesma faixa econômica e social, muito diferente do que ocorre no contexto periférico latino-americano. Logo, pressupondo-se que seja possível encontrar este padrão (o que, em termos objetivos, afirma-se aqui incisivamente que não o seja), certamente seria necessário, por parte dos juristas responsáveis pela sua construção doutrinária jurisprudencial, que imergissem, verdadeiramente, no contexto da média da população e dos segmentos nos quais ela se distribui. [...] É mister repisar que a noção de homem médio só se revestiria de importância, para o ângulo aqui assumido, se construída a partir do homem concreto, bem como a norma somente terá sentido a partir da realidade social para a qual se volta. Afastar as características do homem específico que integra o caso concreto, sua situação cultural, temporal e histórica, em nome de uma standardização prévia e objetiva, seguramente desviarão a boa-fé objetiva de sua função criativa e renovadora dentro do ordenamento jurídico brasileiro.[457]

Ora, o presente trabalho se propõe a "emergir verdadeiramente no contexto" – na expressão cunhada pelo referido autor – do ambiente e negócios empresariais, para daí extrair as consequências da aplicação da boa-fé objetiva, na sua função criadora de deveres de conduta aplicável ao "homem concreto que se considera no caso" – outra expressão criada pelo mesmo autor. Neste trabalho, o "homem concreto que se considera no caso" é o "homem de negócios que se considera no exercício da sua atividade profissional".

Essa questão pode ser sintetizada na visão de Renato Vieira Ribeiro, para quem "à prudência própria do bom pai de família", soma-se "o caráter profissional, com sua especialização", do empresário ou homem de negócios. A atividade empresarial é um *plus* acrescido à figura do *bonus pater familias*, diante da especificidade do mundo negocial e da atuação conforme o padrão de cada tipo de atividade".

Em seguida, o jurista adverte que, "superando obrigações meramente formais", o dever de diligência "é um dever de prudência no exercício do cargo e de atuação conforme critérios geralmente admitidos em cada setor de atividade".[458]

Além dessas obrigações meramente formais, o conteúdo do dever de diligência revela que a conduta do administrador de uma sociedade empresarial envolve deveres de qualificação, informação, participação, cuidado e intervenção.

---

[457] SILVA FILHO, José Carlos Moreira. *Obra citada*, p. 88.

[458] RIBEIRO, Renato Ventura. *Obra citada*, p. 215.

No Brasil não há exigência de habilitação profissional para o exercício do cargo de administrador de uma sociedade anônima,[459] ressalvadas as situações previstas no artigo 147 da Lei 6.404/76.[460] Todavia, o administrador deve informar-se e qualificar-se para o desempenho das funções:

> Dentro da obrigação de informar-se e qualificar-se para o cargo, está a de adquirir conhecimento sobre a sociedade e o ramo de negócio. Em muitos casos, mesmo administradores profissionais assumem o cargo sem conhecer a sociedade e o seu setor de atuação. Mas cumprem seu dever ao adquirir conhecimentos sobre a sociedade e seu ramo de atuação.[461]

O administrador também deve participar ativamente das atividades da empresa, em especial os diretores das sociedades anônimas e os administradores das demais sociedades empresariais. Desse dever de participação resulta o dever de cuidado com os assuntos, negócios e atividades da empresa.

Aqui as atribuições do administrador podem e devem influenciar para mitigar os deveres de conduta nos contratos empresariais, pois cabe-lhe "a fiscalização geral e rotineira dos negócios da empresa" com especial dedicação aos "assuntos mais importantes que exigem vigilância mais cuidadosa". E, para aqueles que entendem que apenas nas grandes sociedades os administradores teriam condições para a adequada fiscalização dos negócios sociais, Renato Ventura Ribeiro responde corretamente que: "nas pequenas e médias empresas, o gestor geralmente tem tempo e condições para acompanhar mais de perto os negócios sociais".

Essa visão desfaz o estigma de que apenas os administradores das grandes sociedades possuem condições para o pleno exercício das suas

---

[459] Art. 146. Poderão ser eleitos para membros dos órgãos de administração pessoas naturais, devendo os membros do conselho de administração ser acionistas e os diretores residentes no País, acionistas ou não.

[460] Art. 147. Quando a lei exigir certos requisitos para a investidura em cargo de administração da companhia, a assembleia-geral somente poderá eleger quem tenha exibido os necessários comprovantes, dos quais se arquivará cópia autêntica na sede social. § 1º São inelegíveis para os cargos de administração da companhia as pessoas impedidas por lei especial, ou condenadas por crime falimentar, de prevaricação, peita ou suborno, concussão, peculato, contra a economia popular, a fé pública ou a propriedade, ou a pena criminal que vede, ainda que temporariamente, o acesso a cargos públicos.§ 2º São ainda inelegíveis para os cargos de administração de companhia aberta, as pessoas declaradas inabilitadas por ato da Comissão de Valores Mobiliários. § 3º O conselheiro deve ter reputação ilibada, não podendo ser eleito, salvo dispensa da assembleia-geral, aquele que: I – ocupar cargos em sociedades que possam ser consideradas concorrentes no mercado, em especial, em conselhos consultivos, de administração ou fiscal; e II – tiver interesse conflitante com a sociedade.

[461] RIBEIRO, Renato Ventura. *Obra citada*, p. 224. O autor menciona que, no direito comparado, um dos casos clássicos está no caso Francis v. United Jersey Bank, no qual se assentou que "as a general rule a director should acquire at least a rudimentary understanding of the business of the corporation. Accorddingly of the business in which the fundamentals of the business in which corporation is engaged [...] if one feels that he has not had sufficient business experience to qualify him to perform the duties of a director, he should either acquire el the knowledge by inquiry, or refuse to act".

atribuições, porque contariam com ampla infraestrutura, quadro de pessoal qualificado, modernos sistemas de controle e informação. Mas, o mesmo autor alerta que o "porte e as inúmeras atribuições do gestor" podem dificultar "a supervisão mais intensa".[462]

Nos contratos empresariais, o "dever de buscar informações" – na expressão cunhada por Renato Ventura Ribeiro – pode atenuar o dever de informação da outra parte decorrente da boa-fé objetiva, pois:

> [...] o dever de diligência exige que o administrador deva estar munido das informações necessárias para tanto, em especial aquelas relevantes e razoavelmente disponíveis. As informações necessárias para a tomada de decisões abrangem tanto a parte legal quanto a negocial, estando incluídas na última conhecimento da situação de mercado, política e produtos da empresa, dificuldades e propostas de soluções.

O citado autor também refere que integra o dever de informação do administrador "a conferência, investigação e supervisão das fontes, sob pena de atuação sem o cuidado e a diligência devidos", para, em seguida, concluir que "o dever de cuidado exige a desconfiança", desde que fundamentada, pois o administrador "deve investigar se as informações que lhe são passadas são confiáveis, suficientes e corretas, sempre com análise crítica".[463]

Enfim, é possível afirmar que os deveres de conduta nos contratos empresariais restam mitigados pelo ônus que cabe às empresas decorrentes dos deveres de cuidado e de diligência dos administradores que as representam, pois "a obrigação de administrar abrange a gestão da sociedade com diligência, buscando alcançar objetivos sociais, inclusive o interesse social e a função social da empresa (art. 154) da melhor forma possível",[464] sem, contudo, entorpecer os administradores e gestores da empresa "com excessos utópicos", na correta advertência de Lamy e Bulhões.[465]

Nesse sentido, a revisão do *Model Business Corporation Act*,[466] em 1999, para excluir a expressão "pessoa média e prudente" sob a justificativa de que tal referência poderia resultar num "padrão de cautela e não

---

[462] RIBEIRO, Renato Ventura. *Obra citada*, p. 226.

[463] Idem, p. 227-229.

[464] Idem, p. 221.

[465] LAMY FILHO, Alfredo; BULHÕES PEDREIRA, José Luiz. *A lei das S.A.* 3. ed. Rio de Janeiro: Renovar, 1996, p. 243.

[466] A *Model Business Corporation Act of 1950 (MBCA)* é um modelo de lei elaborado pela *American Bar Association* adotado por muitos estados americanos. "CHAPTER 8 Directors and Officers, § 8.30 Standards of Conduct for Directors: (b) The members of the board of directors or a committee of the board, when becoming informed in connection with their decision-making function or devoting attention to their oversight function, shall discharge their duties with the care that a person in a like position would reasonably believe appropriate under similar circumstances".

assunção de risco pelo administrador de forma exagerada no processo de tomada de decisão". Em outras palavras, essa alteração visou a "encorajar administradores a assumirem maiores riscos quando acreditarem que é no melhor interesse da companhia".[467]

Outro aspecto que também pode e deve mitigar os deveres de conduta é a busca do lucro nos contratos empresariais. No julgamento, já referido, do Superior Tribunal de Justiça, o produtor rural não estava preocupado com a repercussão do preço da saca de soja no seu negócio. Chegou a admitir que, ao entregar a saca de soja por R$ 23,00 no momento em que estava cotada a R$ 34,50, o comprador, na revenda do produto, estaria obtendo maior margem de lucro, decorrente da majoração do preço.

Todavia, o acórdão deixou assentado que isto "não indica a existência de má-fé, improbidade ou tentativa de desvio da função social do contrato", inclusive porque a situação poderia ser oposta, ou seja, se naquele momento o preço a ser pago ao produtor fosse R$ 34,50 e a cotação R$ 23,00, "o comprador seria obrigado a amargurar estreitas margens de lucro ou até mesmo prejuízos, em benefício do produtor, que receberia o valor previsto no contrato, superior ao de mercado".

Enfim – destacou o acórdão –, "os riscos assumidos pelas partes quanto à variação do preço da mercadoria decorrem da própria natureza do contrato de venda e compra de safra futura a preço certo".[468]

> Nenhuma interpretação de um contrato empresarial será coerente e adequada se retirar o fator erro do sistema, neutralizando os prejuízos (ou lucros que devem ser suportados pelos agentes econômicos, decorrentes de sua atuação no mercado. Regra geral, o sistema jurídico não pode obrigar alguém a não ter lucro (ou prejuízo), mas apenas a agir conforme os parâmetros da boa-fé objetiva, levando em conta as regras, os princípios e as legítimas expectativas da outra parte.[469]

Enzo Roppo destaca que "um certo grau de risco é indissociável de qualquer contrato, como de qualquer iniciativa econômica, e que todo contraente o deve assumir. [...] O que vale dizer que o direito tutela o sistema de mercado no seu conjunto, e não os interesses particulares dos operadores singulares que agem no mercado".

> A indiscriminada tutela dos interesses particulares dos simples operadores de mercado e das suas concretas expectativas de lucro implicaria o perigo de prejudicar o sistema de mercado no seu conjunto, e, assim, a possibilidade geral do lucro; é claro que se a cada contraente fosse consentido liberar-se dos seus compromissos contratuais, só porque lamenta que a operação não lhe deu os lucros que esperava, resultariam revolucionados não

---

[467] COUTO, Alexandre Silva. *Obra citada*, p. 16-17.

[468] STJ. 3ª Turma. Rela. Min. Nancy Andrighi. REsp. 803.481-GO. J. em 28/06/2007.

[469] FORGIONI, Paula. *Obra citada*, p. 95.

só e não tanto as expectativas de lucro alimentadas em relação à mesma operação, pela parte contrária, mas todo o sistema e a racional dinâmica das relações econômicas.

[...]

O ordenamento não tutela nem sequer as concretas expectativas de lucro que cada operador coloca na troca contratual (a simples constatação de que a operação da qual o contraente esperava lucros lhe causou, ao invés, perdas, não basta certamente, de per si, para suscitar uma reacção do direito em sua tutela, visto que se orienta pelo princípio de que um certo grau de risco é indissociável de qualquer contrato, como de qualquer iniciativa econômica, e que todo o contraente o deve assumir). Assegurando o respeito pelas regras do jogo de mercado, o ordenamento garante, sobretudo aos operadores, a abstracta possibilidade do lucro; garante, genericamente, as premissas e as condições formais de obtenção do mesmo. O que vale dizer que o direito tutela o sistema de mercado no seu conjunto, e não os interesses particulares dos operadores singulares que agem no mercado.[470]

O jurista italiano conclui que as consequências do "erro de previsão" ou do "erro sobre o valor de mercado da coisa adquirida", nas "avaliações subjectivas de conveniência do negócio" devem ser "suportadas exclusivamente pelo contraente que errou e não pela parte contrária". Trata-se de um "risco" que deve recair sobre quem os erigiu em fundamento da procura do próprio proveito individual. "É-se livre de ganhar, mas também se pode perder: é a regra de qualquer sistema de mercado":

Tizio adquire, a um preço superior ao actual no mercado, uma grande quantidade de cereais, na convicção de que a próxima colheita será má, que o preço daquela mercadoria subirá consideravelmente e que ele poderá, por isso, revender com notáveis margens de lucro, a quantidade adquirida; se, contrariamente à suas (errôneas) previsões, a colheita for boa e o preço não subir, Tizio não poderá, certamente, pedir que a sua aquisição seja anulada por erro.[471]

No mesmo sentido, Paula Forgioni: "Um sistema que permitisse ao contraente liberar-se de seus compromissos porque, a seu entender, a operação não trouxe o lucro pretendido, implicaria a subversão completa da ordem e conduziria a um nível de insegurança e imprevisibilidade comprometedor".[472]

É de se pontuar que a busca do lucro nos contratos empresariais em nada desmerece essa importante atividade, exercida por empresas que criam empregos diretos e indiretos, fazem circular riqueza e pagam impostos gerando os recursos financeiros necessários ao financiamento para que o Estado possa executar as suas políticas públicas.

---

[470] ROPPO, Enzo. *Obra citada*, p. 225.

[471] Idem, p. 237.

[472] FORGIONI, Paula. "Interpretação dos negócios empresariais". *Contratos empresariais: fundamentos e princípios dos contratos empresariais*. Wanderley Fernandes (coord.). São Paulo: Saraiva, 2007, p. 96.

Nesse sentido, recente decisão do Tribunal de Justiça do Estado do Rio Grande do Sul, proferida em litígio promovido por um distribuidor contra o fabricante dos produtos, esclareceu a busca do lucro nos negócios empresariais nos seguintes termos:

> Contudo, no feito em exame, não restou comprovada a prática desleal imputada à demandada que, por certo, buscava maior lucro em suas negociações sem restar evidenciado, no entanto, agir ilícito nesse desiderato, pois em se tratando de empresas comerciais aquele é objetivo primordial das mesmas num sistema capitalista, ou seja, auferir ganhos maiores de acordo com as regras do mercado vigente.[473]

3.2.3. O procedimento de *due diligence* e os deveres de informação, de cuidado e de proteção

Especificamente em relação aos contratos de aquisição de empresas, o dever de cooperação resta sensivelmente mitigado pela *due diligence*, procedimento usual adotado pelos adquirentes e amplamente aceito pelos alienantes.[474]

O procedimento de *due diligence* consiste na análise dos registros, documentos e informações de uma empresa a ser adquirida. No âmbito jurídico, a *due diligence* é ônus[475] que cabe à parte compradora para identificar ativos e passivos legais oriundos das práticas e procedimentos adotados pela empresa a ser adquirida, bem como dos processos judiciais e administrativos e as eventuais providências para a eliminação ou mitigação dos riscos identificados.

> *Due Diligence* é um termo usado para uma série de conceitos que envolvem tanto a investigação do desempenho de uma empresa antes da assinatura do contrato ou a realização

---

[473] TJRS. Ap. Cível 70029369659, 5ª Câmara Cível, j. em 10/06/2009, rel. Des. Jorge Luiz Lopes do Canto.

[474] Expressão de origem anglo-saxônica, *"due diligence"*, se traduzida literalmente, significaria "devida cautela ou diligência". Porém, é difícil trazer uma definição precisa que possa abarcar a amplitude de uma *"due diligence"* jurídica, visto que seu escopo depende inteiramente da transação comercial que a motiva. Mesmo assim, o excelente trabalho de MORI nos traz uma boa definição de *"due diligence"*, interpretada no contexto jurídico brasileiro: "Atualmente, usa-se a expressão *due diligence* para definir o que, resumidamente, consiste no procedimento sistemático de revisão e análise de informações e documentos, visando à verificação – sob um escopo predefinindo – da situação de sociedades, estabelecimentos, fundos de comércio ou de parte significativa dos ativos que os compõem." (ROSA, Dirceu P. de Santa. *A importância da "due diligence" de propriedade intelectual nas fusões e aquisições*. Disponível em <http://jus2.uol.com.br/doutrina/texto.asp?id=3006&p=1>. Acesso em: 20 dez. 2009).

[475] Aqui se retoma a distinção entre ônus, dever e obrigação para indicar que, nesta hipótese, a acepção do vocábulo *ônus*, já abordado neste trabalho, é "um meio de se alcançar uma vantagem ou, pelo menos, de se evitar uma desvantagem", na expressão do jurista português Antunes Varela. Conforme acentuou Chiovenda, "a condição, em que pode uma pessoa encontrar-se, de ter de agir de certa maneira para alcançar resultado ou evitar certa consequência danosa toma a denominação de ônus".

de um ato com um determinado padrão de atendimento. [...] Um exemplo comum de *due diligence* em diversos setores é o processo pelo qual o adquirente potencial avalia a empresa-alvo ou seus bens para a aquisição.[476]

O nível de detalhamento da investigação realizada pelo comprador bem demonstra que – nessas operações – os deveres de proteção e de cuidado com a pessoa e patrimônio da contraparte resta mitigado, pois os contratos em questão possuem extensas cláusulas regulando o âmbito da investigação prévia a ser realizada pelo comprador.

O escopo da *due diligence* pode abranger os seguintes aspectos legais:

I) *Societário*: todos os documentos societários, incluindo acordo de acionistas/quotistas e procurações.

II) *Controle Cambiário*: informação registrada no Banco Central sobre investimentos estrangeiros, empréstimos, contratos relacionados à propriedade intelectual e autuações.

III) *Contratos Financeiros, Comerciais e de Serviços*: verificação de direitos contratuais e obrigações (incluindo garantias e obrigações de não fazer da sociedade alvo da transação) e, se necessário, possibilidade de se transferir contratos em vigor ou impacto de transferência de controle sobre contratos em vigor.

IV) *Imóveis*: todos os documentos relativos a propriedades imobiliárias utilizadas pelo negócio; análise de contratos de locação ou documentos de propriedade, incluindo verificação de hipotecas e servidões.

V) *Outros ativos importantes*: verificação de quaisquer garantias, ônus de qualquer tipo, comodato, etc.

VI) *Contencioso cível/comercial*: análise de certidões forenses de todas as jurisdições onde o negócio ou a sociedade objeto da transação opera (ou operou recentemente), análise de relatórios dos advogados envolvidos nos processos e – em se tratando de casos mais relevantes – revisão das cópias dos arquivos do vendedor (petições e decisões).

VII) *Trabalhista*: análise de todas as obrigações e encargos da empresa perante empregados e trabalhadores envolvidos em seus negócios; revisão dos direitos dos empregados (acordos coletivos), livro de registros e inspeções, ações trabalhistas (certidões dos distribuidores trabalhistas e relatórios dos advogados).

---

[476] No original: "Due Diligence is a term used for a number of concepts involving either the performance of an investigation of a business or person, prior to signing of a contract, or the performance of an act with a certain standard of care. [...] A common example of due diligence in various industries is the process through which a potential acquirer evaluates a target company or its assets for acquisition." (Disponível em <http://en.wikipedia.org/wiki/Due_diligence>. Acesso em: 10 nov. 2009).

VIII) *Tributário*: verificação dos registros da sociedade ou do negócio objeto da transação junto às autoridades fiscais, certidões negativas; processos ou procedimentos de natureza contenciosa tributária; incentivos fiscais (verificação do impacto da transação sobre tais benefícios) e parcelamentos em andamento.

IX) *Licenças governamentais e ambientais*: revisão de todas as licenças, alvarás e autorizações dadas à sociedade ou ao negócio, especialmente na área ambiental; revisão de quaisquer autuações por parte de autoridades governamentais e acordos de remediação; relatórios de auditoria ambiental, informações sobre tratamento de efluentes, produtos e procedimentos perigosos.

X) *Propriedade Intelectual*: verificação das marcas e patentes registradas, contratos envolvendo transferência de tecnologia.

XI) *Antitruste*: verificação do *market-share*, faturamento do vendedor, do grupo da empresa objeto da transação (e do Comprador); análise de procedimentos passados junto ao CADE.[477]

Esse procedimento representa uma tomografia computadorizada da empresa a ser adquirida, como medida preparatória nas operações de fusão ou aquisição, transferência de ativos, reestruturação societária, oferta pública de ações (OPA), adoção de práticas de governança corporativa, entre outras; em resumo, revelará se a aparência do negócio corresponde à realidade, pois o vendedor "pode enfeitar a noiva".

O principal objetivo da "Due Diligence" é confirmar o valor e se os ativos relevantes da operação pertencem ao negócio alvo. A abordagem correta é desafiar as informações disponíveis com ceticismo saudável. As revelações vão determinar se e como as negociações devem prosseguir; se os ativos e passivos são o que esperamos, identificando os riscos associados ao negócio. É preciso identificar os funcionários-chave e prever ações para que não deixem a companhia após aquisição. A falta de "Due Diligence" adequada tem sido causa de muitas dores-de-cabeça e prejuízos decorrentes de fraudes na escrituração, obrigações fiscais não reveladas/declaradas, falta de registro regular de produtos e de marcas relevantes ou ainda patentes que caducaram. Essas ocorrências afetam o valor do negócio e, naturalmente, é melhor saber antes de assinar o contrato. Ao se determinar a amplitude da "Due Diligence", há de se focar os elementos mais críticos, tais como a força das marcas, o potencial de crescimento, as margens atuais e projetadas, as sinergias prováveis, os investimentos futuros, a compatibilidade da cultura e ética da adquirente e do alvo. É aconselhável pensar no que de pior pode suceder para o acionista da adquirente, caso o processo de aquisição dê prejuízo. Esse exercício ajuda muito a se estabelecer a amplitude adequada do trabalho prévio. Há quem sustente que uma "Due Diligence" fraca ou mal feita pode ser suprida ou remediada com a utilização, no contrato de compra e venda, de cláusulas com fortes declarações e garantias, as famosas "reps & warranties". Isso pode ser um

---

[477] MORI, Alberto. *M&A:* roteiro básico de uma aquisição sob o ponto de vista jurídico. Disponível em <http://www.ccfb.com.br/_pdfs/juridica150507. pdf>. Acesso em: 10 nov. 2009.

erro grave. É inegável que pode haver circunstâncias em que o comprador tenha de depender mais das "reps & warranties" e, nesse caso, a prioridade nas cláusulas contratuais de garantia deve focar: a) a contabilidade do negócio-alvo; b) os documentos de propriedade (em sentido mais amplo) dos ativos que se vai adquirir; c) os mecanismos que assegurem a responsabilidade do vendedor por possíveis contingências não declaradas. A forma de se colher as informações na "Due Diligence" pode variar muito. É preciso muito cuidado pois o interesse de um vendedor é, muitas vezes, limitar ao máximo as informações prestadas ao comprador, oferecendo-lhe informações tendenciosas ou irrelevantes. Naturalmente o vendedor vai sempre "enfeitar a noiva", apresentando o seu negócio nas famosas "data room" e nas visitas às fábricas e instalações, da forma mais favorável possível. É necessário cuidado quando do exame da documentação nesse e em qualquer tipo de processo de aquisição, dado que o que for revelado é considerado conhecido e não pode depois ser objeto de reclamação do comprador (cláusulas do contrato podem dar alguma proteção, mas o risco de se "ficar na mão" depois é muito real). No processo informal/privado, os recursos disponíveis podem ser muito mais modestos, sem os luxos de uma "data room" aparelhada, mas, se de um lado as informações que precisamos podem não estar rapidamente disponíveis, de outro temos mais possibilidades de solicitar as informações de que realmente precisamos. Do ponto de vista do vendedor, também se aconselha a realização de um bom processo de "Due Diligence" prévio, já que é sempre muito melhor identificar falhas e problemas no negócio antes que possíveis compradores o façam.[478]

No início das tratativas, as partes envolvidas – empresa compradora e empresa vendedora – firmam uma carta de intenções ou memorando de entendimentos para manifestarem interesse formal na realização do negócio. Neste documento são estabelecidos os procedimentos da *due diligence* (prazos, cronograma, objeto, informações, documentos, relatórios, confidencialidade, etc.).[479]

Essa *práxis* empresarial da *due diligence,* além de atenuar o dever de proteção e cuidado com a pessoa e o patrimônio da contraparte, na medida em que impõe à empresa compradora o *ônus* de investigar os dados relevantes da operação, também mitiga o dever de cooperação da empresa vendedora, que apenas deve revelar as informações do negócio e, durante a realização do procedimento de *due diligence,* fornecer todas as informações, os dados, os documentos na maior amplitude possível.

Especificamente nos contratos de aquisição de empresas, o mesmo não se passa em relação ao dever de informação, que se mantém no seu mais elevado grau de exigência nesses contratos de aquisição de empresas.

---

[478] GALVÃO, Luis. *A "due diligence":* confira o que você vai comprar. Processo de compra da empresa é complexo e exige exercício para evitar surpresa. Disponível em <http://www.ciesp.org.br/hotsite _dejur/pdf/dez05/P_gina2.pdf>. Acesso em: 10 nov. 2009.

[479] O anexo A contém uma lista com os aspectos a serem examinados na *due diligence.*

Aqui o dever de informação impõe à parte vendedora "um padrão de conduta leal, correto e honesto"[480] na revelação das informações preliminares ao procedimento de *due diligence*, isto é, a parte vendedora deve "informar-se para informar",[481] com o limite sugerido por Rubén Stiglitz, ao comentar que o dever de informação a cargo de uma só das partes possui um limite, "pois quem alega ser vítima da desinformação deixa de sê-lo se tinha condições de conhecer".[482]

Nesse sentido, nos contratos de aquisição de empresas, é usual a inserção de cláusulas de declarações e garantias do vendedor. São as seguintes as declarações e garantias usualmente prestadas pela parte vendedora que:

I) a empresa está devidamente registrada;

II) o capital social está devidamente integralizado;

III) há suficiência de poderes e ausência de restrições para a transação;

IV) as demonstrações financeiras são regulares (balanço-base para a transação);

V) na contabilidade, o "contas a receber" é resultado de operações regulares, incluindo os devedores duvidosos;

VI) não há passivos ocultos;

VII) os atos praticados desde o balanço-base são regulares;

VIII) as propriedades imobiliárias e ativos fixos adquiridos ou alugados, são regulares e suficientes para conduzir o negócio;

IX) o estoque de mercadorias é suficiente e apropriado;

X) os contratos e compromissos em vigor (fornecimento, vendas, representantes comerciais, empréstimos, terceirização e outros) são válidos e regulares;

XI) as procurações são válidas e estão em vigor;

XII) os seguros contratados são válidos e estão em vigor.

---

[480] NEGREIROS, Teresa. *Obra citada*, p. 151.

[481] A assimetria das informações compromete e autonomia da vontade, conforme apontado por Stefan Grundmann em artigo que se tornou clássico do direito contratual europeu (GRUNDMANN, Stefan. "Informação, autonomia da vontade e agentes econômicos no direito dos contratos europeu. *Revista de Direito do Consumidor*, 2002, vol. 58. São Paulo: Revista dos Tribunais, p. 275-303). O anexo C contém modelo de cláusulas contratuais inseridas em contratos de aquisição de empresas sob o título "declarações dos vendedores." (TADEU, Silvey Alves. "O dever de informar: considerações comparadas ao conteúdo da informação contidas no CDC e CC". *Revista de Direito do Consumidor*, n. 58. São Paulo: Revista dos Tribunais, p. 255-274).

[482] STIGLITZ, Rubén S. "Aspectos modernos do contrato e da responsabilidade civil". *Revisa de Direito do Consumidor*, n. 13. São Paulo: Revista dos Tribunais, p. 8.

XIII) foram informados todos os processos e procedimentos em andamento e ações, incluindo ações de consumidor;

XIV) a situação tributária da empresa é regular;

XV) existem as licenças e as autorizações governamentais, inclusive ambientais e quanto ao uso de materiais perigosos.[483]

Nas operações de aquisição de empresas tendo por objeto uma sociedade anônima de capital aberto, esse dever de informação alcança, inclusive, os administradores da companhia por expressa previsão do artigo 154, § 4º, da Lei 6.404/76.

De acordo com o citado dispositivo legal, os administradores da companhia aberta são obrigados a comunicar imediatamente à Bolsa de Valores e a divulgar pela imprensa qualquer deliberação da Assembleia Geral, ou fato relevante ocorrido nos seus negócios, "que possa influir, de modo ponderável, na decisão dos investidores do mercado de vender ou comprar valores mobiliários emitidas pela companhia".

Esse dispositivo legal foi objeto de regulamentação pela Comissão de Valores Mobiliários, que expediu a Instrução Normativa 358/2002. A importância do dever de informação já havia sido destacada pela CVM na nota explicativa nº 28/94, nos seguintes termos:

> O desenvolvimento do mercado de valores mobiliários encontra-se condicionado à confiança que o seu funcionamento possa inspirar ao público investidor. O elemento confiança será estimulado a partir da garantia de que as informações disponíveis a uma das partes, ao negociar com valores mobiliários, devem, também, ser conhecidas pela outra parte. Tal objetivo somente poderá ser alcançado através de imediata, completa e precisa divulgação dos atos ou fatos relevantes ocorridos nos negócios da companhia aberta.[484]

Isso não quer dizer, contudo, que a empresa vendedora deva "pensar no seu parceiro contratual", no caso o comprador, mas deve agir "com lealdade, sem abuso, sem obstrução", nas palavras já referidas de Claudia Lima Marques. Dito de outro modo, no procedimento da *due diligence*, o dever de cooperação do vendedor limita-se a não omitir, não ocultar, sem que se lhe impute o dever de indicar, com precisão, tais e quais fatos e procedimentos que poderiam desfavorecê-lo no *closing* da operação.

Assim, quando Ronaldo Porto Macedo Júnior menciona que o elemento caracterizador do contrato empresarial, "em contraste com o contrato de consumo", é a presença de empresas que buscam, pelo contrato empresarial, "a consecução de objetivos empresariais de ambas as par-

---

[483] MORI, Alberto. *M&A:* roteiro básico de uma aquisição sob o ponto de vista jurídico. Disponível em <http://www.ccfb.com.br/_pdfs/juridica150507. pdf>. Acesso em: 10 nov. 2009.

[484] Disponível em <www.cvm.gov.br>. Acesso em: 10 nov. 2009.

tes",[485] não parece razoável exigir que os contratos empresariais sirvam para atingir os "objetivos empresariais de ambas as partes", pois, como visto acima, o objetivo do comprador é pagar o menor preço possível enquanto o vendedor pretenderá o maior preço sob pena de converter *"commercial actors into brothers"*.[486] Se uma das partes "é mais esperta, mais astuta, e a outra parte contratante não sofre desvantagem porque não era vulnerável, é difícil conceder a esta maior proteção".[487]

Outro aspecto a ser considerado no exame dos deveres de condutas decorrentes da boa-fé objetiva é a natureza do contrato. Nas relações societárias internas, o administrador de uma sociedade deve ter *"utmost loyalty"* não somente por força dos deveres legais impostos pela Lei 6.404/76, de servir com lealdade a companhia (artigo 155) e de não intervir em qualquer posição social em que tiver interesse conflitante com a companhia (artigo 156),[488] como também em razão da própria natureza

---

[485] MACEDO JR., Ronaldo Porto. "Relação de consumo sem contratação de consumo direta. Quando o empresário paga a conta". *Revista de Direito do Consumidor*, n. 27, p. 46.

[486] GILLETE, Clayton. *Apud* COLOMBO, Sylviane. "Good faith: the law and morality". Disponível em <http://weblaw.haifa.ac.il/en/Faculty/Colombo/Pages/Publications.aspx>. Acesso em: 15 JAN 2010.

[487] No original: "If one party to a contract is more shrewd, more cunning and out-manoeuvres the other contracting party who did not suffer a disadvantage and who was not vulnerable, it is difficult to see why the latter should have greater protection than that provided by the law of contract." (McDOUGALL, Roberto. *The implied duty of good faith in australian contract law.* Disponível em <http://www.lawlink.nsw.gov.au/lawlink/Supreme_Court/ll_sc.nsf/pages/SCO_mcdougall210206>. Acesso em: 15 jan. 2010.

[488] Art. 155. O administrador deve servir com lealdade à companhia e manter reserva sobre os seus negócios, sendo-lhe vedado: I – usar, em benefício próprio ou de outrem, com ou sem prejuízo para a companhia, as oportunidades comerciais de que tenha conhecimento em razão do exercício de seu cargo; II – omitir-se no exercício ou proteção de direitos da companhia ou, visando à obtenção de vantagens, para si ou para outrem, deixar de aproveitar oportunidades de negócio de interesse da companhia; III – adquirir, para revender com lucro, bem ou direito que sabe necessário à companhia, ou que esta tencione adquirir. § 1º Cumpre, ademais, ao administrador de companhia aberta, guardar sigilo sobre qualquer informação que ainda não tenha sido divulgada para conhecimento do mercado, obtida em razão do cargo e capaz de influir de modo ponderável na cotação de valores mobiliários, sendo-lhe vedado valer-se da informação para obter, para si ou para outrem, vantagem mediante compra ou venda de valores mobiliários. § 2º O administrador deve zelar para que a violação do disposto no § 1º não possa ocorrer através de subordinados ou terceiros de sua confiança. § 3º A pessoa prejudicada em compra e venda de valores mobiliários, contratada com infração do disposto nos §§ 1º e 2º, tem direito de haver do infrator indenização por perdas e danos, a menos que ao contratar já conhecesse a informação. § 4º É vedada a utilização de informação relevante ainda não divulgada, por qualquer pessoa que a ela tenha tido acesso, com a finalidade de auferir vantagem, para si ou para outrem, no mercado de valores mobiliários. Art. 156. É vedado ao administrador intervir em qualquer operação social em que tiver interesse conflitante com o da companhia, bem como na deliberação que a respeito tomarem os demais administradores, cumprindo-lhe cientificá-los do seu impedimento e fazer consignar, em ata de reunião do conselho de administração ou da diretoria, a natureza e extensão do seu interesse. § 1º Ainda que observado o disposto neste artigo, o administrador somente pode contratar com a companhia em condições razoáveis ou equitativas, idênticas às que prevalecem no mercado ou em que a companhia contrataria com terceiros. § 2º O negócio contratado com infração do disposto no § 1º É anulável, e o administrador interessado será obrigado a transferir para a companhia as vantagens que dele tiver auferido.

fiduciária dessa relação. Já nas relações comerciais, "o conceito de boa-fé pode ter diferentes alcances".[489]

3.2.4. Desigualdade das partes, assimetria de informações ou dependência econômica: a retomada da função plena dos deveres de conduta

Todos os aspectos antes examinados – competição, rivalidade, padrão de cuidado e diligência empresarial, ônus de investigação no procedimento de *due diligence* – também devem ser ponderados e avaliados no caso concreto em que houver desigualdade das partes, assimetria de informações ou dependência econômica, hipótese em que a função criadora de deveres anexos decorrentes da boa-fé objetiva deve ser retomada na sua função plena.

Da desigualdade das partes, da assimetria de informações ou da dependência econômica poderá resultar a vulnerabilidade de uma das partes e, conforme já referido neste trabalho, os deveres de conduta decorrentes da boa-fé objetiva nos contratos empresariais poderão prevalecer diante da necessidade da proteção do equilíbrio e das forças contratuais, a despeito da existência de partes contratantes profissionais voltadas para a obtenção de lucros, já que os traços marcantes da atividade da empresa – profissionalismo, risco e lucros – deverão ser relativizados diante da vulnerabilidade, bem maior a ser protegido.

Nos contratos empresariais para os quais não aplicáveis os procedimentos da *due diligence*, a assimetria das informações poderá resultar em desigualdade entre as partes, tal como ocorre, por exemplo, na situação exemplificada por George Akerlof, que comentou exemplos da venda de veículos usados. Akerlof aponta que, nessa operação de venda de um veículo usado, o vendedor, na condição de proprietário por um longo tempo, possui mais informações a respeito do veículo do que o comprador, que possui pouco contato com o veículo.[490] Assim, a igualdade material

---

[489] No original: "It may seem strange that a concept of "good faith" can have a different scope, depending upon whether it is viewed in a commercial or a fiduciary context. This apparent paradox is unwound when the differing natures of the commercial and fiduciary relations are examined. A commercial transaction typically involves (i) a transaction (ii) between legal strangers (iii) which is closed. On the other hand, a fiduciary relationship involves (i) a relationship (ii) between legal associates (iii) which is open (i.e., ongoing)". (MURDOCK, Charles W. "Fairness and good faith as a precept in the law of corporations and other business organizations". *Loyola University Chicago Law Journal*. Disponível em <http://www.luc.edu/law/activities/publications/lljdocs/faclawsymp/murdock. pdf>. Acesso em: 15 jan. 2010). Com a expressa ressalva da posição assumida pelo autor, de que a transação comercial *"is closed"*, pois, ao contrário, a obrigação contratual deve ser considerada *"ongoing" (isto é, em curso)* de acordo com a doutrina contemporânea já destacada nesta obra.

[490] *Apud* RIBEIRO, Márcia Carla Pereira. *Teoria geral dos contratos:* contratos empresariais e análise econômica. Márcia Carla Pereira Ribeiro e Irineu Galeski Junior. Rio de Janeiro: Elsevier, 2009, p. 94.

das partes ficaria comprometida porque "em regra, quem vende sabe das vicissitudes de seu bem, em detrimento de quem compra, que adquire a coisa baseando-se, em suma, na sua aparência".[491]

Retomando a premissa de que cada empresa suporta os resultados do seu comportamento no contrato, colhendo os frutos da sua diligência ou arcando com os ônus da sua incúria ou desatenção, há situações, no entanto, nas quais ocorre uma natural assimetria de informações que provoca desnivelamento entre as partes, como, por exemplo, no contrato de franquia empresarial, sendo que a própria lei que dispõe sobre o contrato de franquia empresarial (*franchising*) reconhece esse desnivelamento e procura corrigir a assimetria de informações, impondo ao franqueador a obrigação de fornecer ao interessado em tornar-se franqueado uma circular de oferta de franquia, por escrito e em linguagem clara e acessível, com a antecedência mínima de 10 dias.[492]

---

[491] RIBEIRO, Márcia Carla Pereira. *Obra citada*, p. 208. Em seguida, os autores citam exemplos: "quem vende um carro sabe se ele está em condições ótimas, razoáveis ou péssimas. Quem vende um imóvel sabe todas as vicissitudes da vizinhança, o clima do local, a atenção dada às reivindicações atribuídas pela municipalidade e assim por diante." (p. 211).

[492] O art. 3º da Lei 8.955 de 15/12/1994 dispõe que: "Sempre que o franqueador tiver interesse na implantação de sistema de franquia empresarial, deverá fornecer ao interessado em tornar-se franqueado uma circular de oferta de franquia, por escrito e em linguagem clara e acessível, contendo obrigatoriamente as seguintes informações: I – histórico resumido, forma societária e nome completo ou razão social do franqueador e de todas as empresas a que esteja diretamente ligado, bem como os respectivos nomes de fantasia e endereços; II – balanços e demonstrações financeiras da empresa franqueadora relativos aos dois últimos exercícios; III – indicação precisa de todas as pendências judiciais em que estejam envolvidos o franqueador, as empresas controladoras e titulares de marcas, patentes e direitos autorais relativos à operação, e seus subfranqueadores, questionando especificamente o sistema da franquia ou que possam diretamente vir a impossibilitar o funcionamento da franquia; IV – descrição detalhada da franquia, descrição geral do negócio e das atividades que serão desempenhadas pelo franqueado; V – perfil do franqueado ideal no que se refere a experiência anterior, nível de escolaridade e outras características que deve ter, obrigatória ou preferencialmente; VI – requisitos quanto ao envolvimento direto do franqueado na operação e na administração do negócio; VII – especificações quanto ao: a) total estimado do investimento inicial necessário à aquisição, implantação e entrada em operação da franquia; b) valor da taxa inicial de filiação ou taxa de franquia e de caução; e c) valor estimado das instalações, equipamentos e do estoque inicial e suas condições de pagamento; VIII – informações claras quanto a taxas periódicas e outros valores a serem pagos pelo franqueado ao franqueador ou a terceiros por este indicados, detalhando as respectivas bases de cálculo e o que as mesmas remuneram ou o fim a que se destinam, indicando, especificamente, o seguinte: a) remuneração periódica pelo uso do sistema, da marca ou em troca dos serviços efetivamente prestados pelo franqueador ao franqueado (royalties); b) aluguel de equipamentos ou ponto comercial; c) taxa de publicidade ou semelhante; d) seguro mínimo; e e) outros valores devidos ao franqueador ou a terceiros que a ele sejam ligados; IX – relação completa de todos os franqueados, subfranqueados e subfranqueadores da rede, bem como dos que se desligaram nos últimos doze meses, com nome, endereço e telefone; X – em relação ao território, deve ser especificado o seguinte: a) se é garantida ao franqueado exclusividade ou preferência sobre determinado território de atuação e, caso positivo, em que condições o faz; e b) possibilidade de o franqueado realizar vendas ou prestar serviços fora de seu território ou realizar exportações; XI – informações claras e detalhadas quanto à obrigação do franqueado de adquirir quaisquer bens, serviços ou insumos necessários à implantação, operação ou administração de sua franquia, apenas de fornecedores indicados e aprovados pelo franqueador, oferecendo ao franqueado relação completa desses fornecedores; XII – indicação do que é efetivamente oferecido ao franqueado pelo franqueador, no que se refere a: a) supervisão

A vulnerabilidade de uma das partes também pode se verificar nos contratos de fornecimento de mercadorias e de prestação de serviços, tanto da contratante (empresa que fornece ou presta o serviço) quanto da contratada (empresa que adquire ou recebe o serviço prestado).

Nesses contratos, quando houver significativa concentração e importância de uma das partes em relação à outra, haverá vulnerabilidade, como, por exemplo, na situação de fornecedora exclusiva na qual a empresa compradora terá reduzida a sua condição de negociação ou, ainda, na hipótese de dependência econômica da contratada em relação à empresa contratante, como ocorre, por exemplo, nos contratos de prestação de serviços de transportes. Nessa perspectiva, Paulo Mota Pinto, ao examinar a licitude de uma discriminação no plano da autonomia privada, comenta que em casos de monopólio da prestação de um bem ou serviço poderá resultar numa situação de "falta de alternativa do excluído".[493]

A esta altura – constada a existência de contratos empresariais entre iguais e de contratos empresariais entre desiguais – já é possível fazer a distinção sugerida por Enzo Roppo "entre funções da liberdade contratual reconhecidas aos cidadãos e funções da liberdade contratual reconhecidas às empresas",[494] ou, de outro modo e para os fins do presente livro admitir:

– a *mitigação* dos deveres de conduta decorrentes da boa-fé objetiva nos contratos empresariais entre iguais, porque esse controle externo não pode "retirar aos particulares a possibilidade de, através do exercício da

---

de rede; b) serviços de orientação e outros prestados ao franqueado; c) treinamento do franqueado, especificando duração, conteúdo e custos; d) treinamento dos funcionários do franqueado; e) manuais de franquia; f) auxílio na análise e escolha do ponto onde será instalada a franquia; e g) layout e padrões arquitetônicos nas instalações do franqueado; XIII – situação perante o Instituto Nacional de Propriedade Industrial – (INPI) das marcas ou patentes cujo uso estará sendo autorizado pelo franqueador; XIV – situação do franqueado, após a expiração do contrato de franquia, em relação a: a) know how ou segredo de indústria a que venha a ter acesso em função da franquia; e b) implantação de atividade concorrente da atividade do franqueador; XV – modelo do contrato-padrão e, se for o caso, também do pré-contrato-padrão de franquia adotado pelo franqueador, com texto completo, inclusive dos respectivos anexos e prazo de validade.

[493] Para o autor "a situação de falta de alternativa do excluído legitima aqui a proibição da exclusão, ou de fixação de condições discriminatórias para o acesso à prestação em causa, e mesmo apenas tendo em conta convicções ou posições modificáveis". Em seguida propõe que deve ser ponderada "a *repercussão* sobre o excluído ou afectado pela discriminação – sempre segundo notas modificáveis ou convicções – para averiguar se lhe é deixada alguma *alternativa* contratual, ou se ele é remetido, como única possibilidade de conseguir o fim visado com o contrato em causa, para aquela contraparte que se nega a contratar com ele (ou que o discrimina nas condições contratuais). Mesmo que não estejam em causa prestações essenciais à existência, nem características intrínsecas da pessoa, que esta não pode alterar, tal exclusão ou discriminação, sem alternativa, com invocação de um motivo como as convicções da contraparte, seria aviltante da dignidade humana". (PINTO, Paulo Mota. "Autonomia privada e discriminação: algumas notas". *Obra* citada, 2003, p. 396/397)

[494] ROPPO, Enzo. *Obra citada*, p. 340.

autonomia privada, conformar as suas relações jurídicas como entende-rem", na correta advertência de Paulo Mota Pinto;[495] e

– a *função plena* desses deveres nos contratos entre desiguais, em ra-zão da vulnerabilidade de uma das partes em decorrência do poderio econômico, da assimetria de informações e, finalmente, do elevado grau de dependência econômica, sempre com a reiterada ressalva de que esses deveres de conduta não deverão ser "chamados a depor" para corrigir a frustração de lucros que uma empresa depositava no contrato[496] e sem descuidar da observação de Paula Forgioni no sentido de que "não po-demos permitir que esse ideal seja abortado pela impossibilidade de fun-cionamento adequado do ordenamento jurídico empresarial ou por sua indevida *consumerização*".[497]

3.2.5. O papel dos direitos fundamentais nos contratos empresariais

Finalmente, todas as características antes apontadas também não impedem a incidência dos direitos fundamentais nos contratos empre-sariais, considerando que não é novidade afirmar a força normativa da Constituição Federal, que deixou de desempenhar a função clássica de regular os poderes e as funções do Estado para tratar de assuntos que an-tes cabiam ao Código Civil.[498]

Também já não se discute a possibilidade da "vinculação dos parti-culares ou entidades privadas aos direitos fundamentais" na expressão preferida de Ingo Wolfgang Sarlet,[499] pois, se os direitos fundamentais

---

[495] PINTO, Paulo Cardoso Correia da Mota. *Obra citada*, p. 61.

[496] "O comerciante assume os riscos pelo fato da atividade comercial que explora. Quem cuida dos lucros deve, do mesmo modo, arcar com os eventuais prejuízos que da atividade possam decorrer, inclusive e especialmente a bens de terceiros clientes. Por certo, quem busca os bônus de uma ati-vidade produtiva deve assumir os ônus que a mesma possa provocar". TJRS. 3º Grupo de Câmaras Cíveis, embargos infringentes 596040907, Rel. Des. Osvaldo Stefanello, j. em 03/05/1996.

[497] FORGIONI, Paula. "Interpretação dos negócios empresariais". *Contratos empresariais: fundamentos e princípios dos contratos empresariais*. Wanderley Fernandes (coord.). São Paulo: Saraiva, 2007, p. 82.

[498] "Ponto de partida para o reconhecimento de uma eficácia dos direitos fundamentais nas relações entre particulares é a constatação de que, ao contrário do Estado clássico e liberal de direito, no qual os direitos fundamentais, na condição de direitos de defesa, exerciam – ou, pelo menos, eram conce-bidos deste modo – a função precípua de proteger o indivíduo de ingerências por parte dos poderes públicos no âmbito da sua esfera pessoal (liberdade, privacidade, propriedade, integridade física, etc), alcançando, portanto, relevância apenas nas relações entre os indivíduos e o Estado, como refle-xo da então preconizada separação entre sociedade e estado, assim como entre o público e o privado, no assim denominado Estado Social de Direito tal configuração restou superada".

[499] [...] optamos por abandonar as expressões ainda habituais, filiando-nos aos que preferem tratar o tema sob o título 'eficácia dos direitos fundamentais nas relações entre particulares' ou mesmo 'vinculação dos particulares ou entidades privadas aos direitos fundamentais, por traduzir, de forma mais precisa e fidedigna, a dimensão especifica do problema." (SARLET. Ingo Wolfgang. "Direitos fundamentais e direito privado: algumas considerações em torno da vinculação dos particulares aos direitos fundamentais". *Obra citada*. p 114).

surgiram como uma proteção da pessoa contra o Estado, "parece indiscutível" que, se a opressão e violência não provêm exclusivamente do Estado, "mas de uma multiplicidade de atores privados, presente em esferas como o mercado, sociedade civil e a empresa", essa incidência "se torna um imperativo incontornável".[500]

A doutrina nacional – com destaque para o estudo desenvolvido por Ingo Wolfgang Sarlet – sustenta essa incidência com base na teoria da eficácia direta e imediata dos direitos fundamentais na esfera privada.[501]

> Com efeito, com a ampliação crescente das atividades e funções estatais, somada ao incremento da participação ativa da sociedade no exercício do poder, verificou-se que a liberdade dos particulares – assim como os demais bens jurídicos fundamentais assegurados pela ordem constitucional – não carecia apenas de proteção contra ameaças oriundas dos poderes públicos, mas também contra os mais fortes no âmbito da sociedade, isto é, advindas da esfera privada. Na verdade, cumpre assinalar que, se o Estado chegou a ser considerado o destinatário exclusivo dos direitos fundamentais dos seus cidadãos, não há como negar que as ameaças resultantes do exercício do poder social e da opressão socioeconômica já se faziam sentir de forma aguda no auge do constitucionalismo liberal-burguês, bastando aqui uma breve alusão às consequências da revolução industrial, cujo primeiro ciclo teve início justamente quando eram elaboradas as primeiras Constituições escritas e – ao menos no âmbito europeu – quando se vivenciava o apogeu desta primeira "onda" do constitucionalismo, no âmbito do qual, de resto, foram reconhecidos – ao menos pelo prisma formal – os primeiros direitos fundamentais.[502]

Com apoio em Von Münch, Jane Reis Gonçalves Pereira esclareceu que, "superada na idéia de que o direito constitucional e o direito privado tinham campos de incidência diversos, emerge o problema da aplicação dos direitos fundamentais nas relações entre particulares"[503] ou, na ex-

---

[500] SARMENTO, Daniel. "A vinculação dos particulares aos direitos fundamentais no direito comparado e no Brasil". *A nova interpretação constitucional: ponderação, direitos fundamentais e relações privadas*. Luís Roberto Barroso (org.). Rio de Janeiro: Renovar. 2006, p. 194.

[501] "Este aspecto da eficácia das normas definidoras de direitos fundamentais no âmbito das relações jurídico-privadas acabou sendo versado, na doutrina e na jurisprudência constitucional, sob vários títulos, especialmente 'eficácia privada', 'eficácia em relação a terceiros (*Drittwirkung* ou eficácia externa) e 'eficácia horizontal' dos direitos fundamentais. Estas duas últimas expressões, assim, como o problema propriamente dito da eficácia dos direitos fundamentais nas relações entre particulares, encontram sua primeira formulação na doutrina constitucional alemã, já se tendo inclusive afirmado tratar-se de autêntico artigo de exportação jurídica *made in Germany*". O autor também esclarece que o termo 'eficácia' "não se confunde com a dimensão processual, mais propriamente ligada ao problema da efetividade, ou mesmo da eficácia social, como ensina José Afonso da Silva", mas "pressupõe a vinculação dos destinatários, já que toda e qualquer norma vigente, válida e eficaz implica um certo grau de vinculatividade, embora se possa discutir quem e como está vinculado." (SARLET, Ingo Wolfgang. "Direitos fundamentais e direito privado: algumas considerações em torno da vinculação dos particulares aos direitos fundamentais". *Obra citada*, p. 113-115).

[502] Idem, p. 118.

[503] "Uma vez desmoronado o dique que, segundo a doutrina precedente, separava o direito constitucional do direito privado, os direitos fundamentais se precipitaram como uma cascata no mar do direito privado." (PEREIRA, Jane Reis Gonçalves. "Apontamentos sobre a aplicação das normas de

pressão cunhada por Ingo Sarlet, "o problema do 'como': eficácia direta ou indireta?".

Com a ressalva de que o presente trabalho não objetiva aprofundar o estudo das teorias que envolvem a problemática da eficácia dos direitos fundamentais nas relações privadas,[504] apoiamos a sua eficácia imediata (direta) – *absolute Wirkung* – na posição sustentada por Ingo Sarlet, a partir de estudos das obras de Hans Carl Nipperdey, Walter Leisner, Jörg Neuner e Hermann Von Mangoldt, este, "um dos principais autores da Lei Fundamental da Alemanha", no sentido de que "não se poderia aceitar que o Direito Privado venha a formar uma espécie de gueto à margem da Constituição".[505]

Todavia, não é possível admitir "uma absolutização da eficácia irradiante dos direitos fundamentais"[506] mediante a sua aplicação irrestrita nas relações privadas, mesmo naquela "caracterizada por um inequívoco e relevante grau de desigualdade, onde num dos extremos encontra-se atuando uma entidade privada ou mesmo pessoa física dotada de expressivo poder social", porque não se pode perder de vista o caráter jurídico--privado dessa relação:

> [...] a relação entre particular e poder social, em que pese marcada por um grau variável de assimetria, não é igual à relação particular-Estado, já que não resta afastado o caráter jurídico-privado da atuação, não havendo como recair na categoria da subordinação, peculiar ao direito público, sendo, pois, inequívoca a existência de diferenças estruturais entre ambos os tipos de relação (particular-Estado e particular-poder privado/social.[507]

---

direito fundamental nas relações jurídicas entre particulares". *A nova interpretação constitucional: ponderação, direitos fundamentais e relações privadas.* Luís Roberto Barroso (org.). Rio de Janeiro: Renovar. 2006, p. 121).

[504] Para o aprofundamento dessas teorias consultar: SARLET, Ingo Wolfgang. *Dignidade da pessoa humana e direitos fundamentais na Constituição Federal de 1988.* 4. ed. rev. atual. Porto Alegre: Livraria do Advogado, 2006. *A eficácia dos direitos fundamentais.* 6. ed. rev. atual. e ampl. Porto Alegre: Livraria do Advogado, 2006. "Direitos fundamentais e direito privado: algumas considerações em torno da vinculação dos particulares aos direitos fundamentais". *A Constituição concretizada: construindo pontes com o público e o privado.* Ingo Wolfgang Sarlet (org.). Porto Alegre: Livraria do Advogado, 2000. CANOTILHO, Gomes. *Direito constitucional e teoria da constituição.* 3. ed. reimp. Coimbra: Almedina, 1998. UBILLOS, Juan Maria Bilbao. *Los derechos fundamentales em la frontera entre lo público y lo privado.* Madrid: McGraw-Hill, 1997. ARANGO, Rodolfo. *El concepto de derechos sociales fundamentales. Legis* Bogotá: Editores S.A., 2005. SARMENTO, Daniel. "A vinculação dos particulares aos direitos fundamentais no direito comparado e no Brasil". *A nova interpretação constitucional: ponderação, direitos fundamentais e relações privadas.* Luís Roberto Barroso (org.). Rio de Janeiro: Renovar, 2006. PEREIRA, Jane Reis Gonçalves. "Apontamentos sobre a aplicação das normas de direito fundamental nas relações jurídicas entre particulares". *A nova interpretação constitucional, ponderação, direitos fundamentais e relações privadas.* Luís Roberto Barroso (org.). Rio de Janeiro: Renovar, 2006. MARMELSTEIN, George. *Curso de direitos fundamentais.* São Paulo: Atlas, 2009. TEPEDINO, Gustavo. *Temas de direito civil.* Rio de Janeiro: Renovar, 2004.

[505] SARLET, Ingo Wolfgang. *Obra citada,* p. 123.

[506] CANOTILHO, Gomes. *Obra citada,* p. 1212-1213.

[507] SARLET, Ingo Wolfgang. *Obra citada,* p. 131.

Essa situação pode ser sintetizada na expressão "núcleo irredutível da autonomia pessoal", cunhada por Canotilho no sentido de que os direitos fundamentais "não podem aspirar a uma força conformadora de relações privadas, dado que isso significaria um confisco da autonomia pessoal", pois, na correta visão do jurista português, a eficácia imediata dos direitos fundamentais nas relações privadas não pode implicar "proibir-se os cidadãos aquilo que também é vedado ao Estado",[508] conforme exemplos mencionados no início deste trabalho com base nas doutrinas estrangeira e nacional. Novamente Ingo Sarlet localiza e destaca, com precisão, o ponto nodal da questão:

> O problema, em verdade, não está em se advogar a tese da vinculação direta dos particulares aos direitos fundamentais, mas sim em avaliar qual a intensidade desta vinculação e quais as consequências práticas a serem extraídas no caso concreto, especialmente em face do reconhecimento da peculiaridade destas relações (entre particulares), decorrente da circunstância de se cuidar, em regra, de uma relação entre titulares de direitos fundamentais.[509]

O presente trabalho filia-se à solução proposta por Ingo Sarlet – com apoio em Canotilho – no sentido de que "o adequado manejo da eficácia direta nas relações entre particulares e a intensidade da vinculação destes direitos deve ser pautada de acordo com as circunstâncias do caso concreto", dado que nem mesmo a formal desigualdade econômica e social entre os particulares pode autorizar a incidência automática dos direitos fundamentais nas relações privadas, em especial, pelo caráter jurídico-privado dessa relação, conforme aqui já mencionado.

De outro lado, tratando-se de contratos firmados por empresas no exercício das suas atividades, a incidência dos direitos fundamentais nesses contratos passa pela questão da *empresa* como titular de direitos fundamentais.

---

[508] CANOTILHO, Gomes. *Obra citada*, p. 1212. O jurista conclui a sua análise da seguinte forma: "A eficácia imediata dos direitos, liberdades e garantias na CRP postula ainda a interpretação aplicadora conforme a Constituição, fundamentalmente conducente a uma interpretação conforme os direitos fundamentais. Isto não significa uma absolutização da eficácia irradiante dos direitos fundamentais com a correspondente capitulação dos princípios da ordem jurídica civil. Significa apenas que as soluções diferenciadas (Hesse) a encontrar não podem hoje desprezar o valor dos direitos, liberdades e garantias como elementos de eficácia conformadora imediata do direito privado. Essas soluções diferenciadas pretendem ter em conta a multiplicidade de relações jurídicas privadas e o diverso conteúdo destas mesmas relações, mas, de modo algum podem servir para dar cobertura a uma 'dupla ética no seio da sociedade' (J. Rivero). Essa 'dupla ética' existe quando, por exemplo, se considera como violação da integridade física e moral a exigência de 'testes de gravidez' às mulheres que procuram emprego na função pública, e, ao mesmo tempo, se toleram e aceitam esses mesmos testes quando o pedido de emprego é feito a entidades privadas, em nome da 'produtividade das empresas' e da 'autonomia contratual empresarial'. O mesmo se verifica quando se considera intolerável a pressão dos poderes públicos sobre a liberdade de opinião, e se julga incensurável a pressão do 'patrão' sobre o 'assalariado', impedindo-o de se exprimir".

[509] SARLET, Ingo Wolfgang. *Obra citada,* p. 156.

Sobre o tema, não há discrepância na doutrina estrangeira e nacional, com a ressalva de que a *empresa* não é titular de todos os direitos fundamentais, "mas apenas daqueles direitos que lhes são aplicáveis por serem compatíveis com a sua natureza peculiar de pessoa jurídica, além de relacionados aos fins da pessoa jurídica, o que, todavia, há de ser verificado caso a caso",[510] sendo possível, desde logo, identificar as situações mencionadas por Canotilho: "o direito de inviolabilidade de domicílio, o direito de protecção de dados informáticos, o direito de associação"[511] e, ainda, "o direito à imagem da pessoa jurídica, à inviolabilidade da correspondência, à propriedade, entre outros".[512]

De qualquer modo, nesta temática da incidência dos direitos fundamentais nas relações privadas, entre a fórmula de Konrad Hesse, de que "o direito privado teria pouco a ganhar e os direitos fundamentais e seu verdadeiro significado muito a perder" e a posição contrária, porém respeitosa, de Ingo Sarlet, de que "a Constituição, os direitos fundamentais, mas também o Direito Privado nada terão a perder, porém muito a ganhar", preferimos esta última, porque "não se poderia aceitar que o Direito Privado venha a formar uma espécie de gueto à margem da Constituição".[513]

Enfim, retomando a abordagem de Daniel Sarmento no sentido de que a autonomia privada deve sofrer restrições nas relações contratuais assimétricas, é preciso reconhecer que nos contratos empresariais nem sempre haverá uma relação paritária entre as empresas. Exemplos não faltam: nos contratos de franquia empresarial, o porte organizacional e econômico do franqueador diante do seu franqueado, sem descuidar, contudo, que o franqueado deve assumir os riscos da atividade, não podendo imputá-los exclusivamente ao franqueador, como já demonstrado neste trabalho.

O mesmo se passa no contrato de distribuição (na relação desigual entre o fabricante e o seu distribuidor); no contrato de representação comercial (na relação desigual entre o fabricante e o seu representante); nos contratos de locação de espaços nos *shopping centers* (na relação desigual

---

[510] SARLET, Ingo Wolfgang. *Obra citada*, p. 222. Ver também: MIRANDA, Jorge. *Manual de direito constitucional*. Tomo IV, direitos fundamentais, 2. ed. Coimbra: Editora Coimbra, 1998, p. 219.

[511] CANOTLHO, Gomes. *Obra citada*, p. 385.

[512] CORRÊA, Luciane Amaral. "O princípio da proporcionalidade e a quebra do sigilo bancário e do sigilo fiscal nos processos de execução. Direitos fundamentais e direito privado: algumas considerações em torno da vinculação dos particulares aos direitos fundamentais". *A Constituição concretizada: construindo pontes com o público e o privado*. Ingo Wolfgang Sarlet (org.) Porto Alegre: Livraria do Advogado, 2000, p. 178.

[513] Idem, p. 159.

entre a administradora do *shopping centers* e o locatário das chamadas *lojas satélites*).

Nesses contratos, além da desigualdade decorrente do porte organizacional e econômico, os direitos fundamentais também podem ser "chamados a depor" diante de cláusulas contratuais padronizadas pela empresa-estipulante (franqueadora, fabricante, administradora do *shopping center*, etc.), que possam resultar na supressão de direitos constitucionalmente assegurados, como, por exemplo, uma cláusula no contrato de locação que viesse a estipular restrição do lojista para o livre exercício de contratar empregados, já que essa liberdade de contratação é assegurada pelo artigo 5º da Constituição Federal.

Nessa mesma perspectiva, uma cláusula no contrato de distribuição ou no de representação comercial não poderia resultar em restrições arbitrárias e unilaterais impostas pelo fabricante em relação a área de atuação e modo de funcionamento do distribuidor ou do representante comercial, tendo em vista que a livre iniciativa e a liberdade de concorrência são valores constitucionalmente protegidos conforme artigo 170 da Constituição Federal.

Enfim, encontrar e construir o caminho que possa conciliar a imposição dos deveres de conduta decorrentes da boa-fé objetiva nas relações contratuais entre empresas e o reconhecimento das características do perfil empresarial[514] e da tipicidade do funcionamento dessas relações é tarefa que reclama empenho, dedicação e determinação de propósito, tal como comparar a utopia ao horizonte nas comoventes palavras do Facchini.[515]

---

[514] Tal como identificado pelo jurista italiano Alberto Asquini: subjetivo, funcional, objetivo e corporativo (COMPARATO, Fabio Konder. *Obra citada*. 1996).

[515] "[...] auxiliar na construção de um Brasil mais justo e solidário, com vida em abundância para todos, como queria Cristo, ou com vida digna para cada um, como desejou o constituinte, pode parecer sonho, algo muito distante, ou uma utopia. Concedendo que seja um sonho: como vamos realizar nossos sonhos se não os tivermos sonhado primeiro. Concedendo que seja algo muito distante: que tristes seriam os caminhos se não fora a presença distante das estrelas! como lembrava Quintana. Seria quiçá uma utopia? Recordemos então Eduardo Galeano, que comparava as utopias ao horizonte: se eu avanço um passo, o horizonte recua um passo; se eu avanço dois passos, o horizonte recua dos passos; eu avanço cem metros, o horizonte recua cem metros; eu subo a colina e o horizonte se esconde atrás da colina seguinte. Mas então, perguntava ele, para que servem as utopias? Servem para isso, para nos fazer caminhar!" (FACCHINI NETO, Eugênio. "Reflexões histórico-evolutivas sobre a constitucionalização do direito privado". *Constituição, direitos fundamentais e direito privado*. Ingo Wolfgang Sarlet (org.). Porto Alegre: Livraria do Advogado, 2003, p. 55-56). Esse mesmo sentido foi dado por Jacques Marcovitch, então reitor da Universidade de São Paulo, no discurso proferido na cerimônia de entrega da medalha de Honra ao Mérito ao economista e professor Celso Furtado ao referir que o homenageado "é uma das maiores referências da utopia brasileira – se entendermos utopia como ideário e não como um sonho impossível." (*Razões e ficções do desenvolvimento*. Glauco Arbix, Mauro Zilbovicius, Ricardo Abromovay (orgs.). São Paulo: Unesp, Edusp, 2001, p. 29).

Conclusões

A abordagem do contrato, da boa-fé objetiva, das concepções das atividades empresariais e dos contratos empresariais formou os pilares de sustentação do presente livro na definição dos contornos dogmáticos referentes aos deveres de conduta decorrentes da boa-fé objetiva nos contratos empresariais à luz da Constituição Federal e do Código Civil.

Não há dúvida de que a liberdade contratual exerceu importante papel para derrubar os entraves decorrentes do *Ancien Règime*, assegurando aos indivíduos a liberdade de contratar segundo o livre convencimento das partes e a de determinar o conteúdo do contrato, a partir de dois postulados básicos da Revolução Francesa: liberdade e igualdade.

Todavia, as mudanças impostas pela Revolução Industrial mostraram a diferença entre a igualdade formal de todos perante a lei e a desigualdade material, que afastava os menos favorecidos. A liberdade baseada na ausência de intervenção e regulação do Estado foi exacerbada pelo aforismo econômico *laissez faire, laissez passer*. Aos poucos foi desaparecendo a liberdade como atributo, como resultado do direito de propriedade, antes essencial para combater o *Ancien Règime*.

As transformações ocorridas no alvorecer do século XX provocaram contestações a esse individualismo. Seguiram-se as Guerras Mundiais. A vontade das partes em um mundo ideal já não podia ser admitida em razão da desigualdade substancial das partes, sendo necessário refrear o uso absoluto que o indivíduo podia fazer da sua pessoa e dos seus bens.

Entra em declínio a força obrigatória do contrato, que deixa de ser o resultado do livre acordo para se tornar instrumento de sujeição do mais fraco pelo mais forte. A aplicação da concepção formal e absoluta da igualdade gerou distorções, desvanecendo-se, aos poucos, as doces esperanças da econômica liberal.

A autonomia da vontade, a liberdade contratual e a obrigatoriedade dos contratos – princípios clássicos do contrato considerados na concepção meramente formal dos valores liberdade e igualdade – passam a conviver com outros princípios, dentre os quais se destaca, para os fins da presente livro, o da boa-fé objetiva.

A boa-fé objetiva (*Treu und Glauben*) desenvolvida no direito germânico a partir do *BGB* (*Bürgeliches Gesetzbuch*) – §§ 157 e 242 – teve o seu sentido inicial apenas para obrigar ao que tivesse sido expressamente pactuado. A partir da Primeira Guerra Mundial, a jurisprudência alemã passou a atribuir-lhe a função de deveres anexos, cuja orientação foi disseminada para outros países.

No Brasil, o Código Comercial de 1850 introduziu a boa-fé objetiva como cláusula geral de interpretação dos contratos firmados pelos então comerciantes, tendo como raiz comum a sistematização de Pothier – sem muita aceitação, é verdade; fenômeno que também ocorreu em outros países, inclusive na Alemanha, apesar da criação de um Corte Especializada (Tribunal Superior de Apelação Comercial (*Oberappellationsgericht zu Lübeck – OAG Lübeck*).

A partir do reconhecimento dos aspectos dinâmicos da relação obrigacional com direitos e deveres para ambos os contratantes, essa relação obrigacional passa a ser considerada como uma ordem de cooperação na qual as partes não deveriam ocupar posições antagônicas, surgindo, então, *deveres principais, deveres acessórios* e *deveres anexos ou deveres de conduta*. Estes últimos constituem o alvo principal deste livro.

Reconhecida a distinção entre *obrigação* e *dever jurídico* no sentido de que a *obrigação* atribuiu a uma das partes a expectativa de obter da outra o adimplemento da prestação enquanto o *dever jurídico* representa uma necessidade imposta pelo Direito de observar determinado comportamento, impõe-se, também, a distinção *entre dever jurídico* e *ônus jurídico* pela proximidade dos conceitos, no sentido de que *ônus jurídico* é uma faculdade de agir, de obter uma vantagem ou de se evitar uma desvantagem, como ocorre, por exemplo, com o ônus da prova em matéria processual.

Essa distinção entre *dever jurídico* e *ônus jurídico* é fundamental para os fins deste estudo, considerando que da interlocução desses importantes institutos jurídicos resultará uma medida concreta para a mitigação (ou não) dos deveres de conduta decorrentes da boa-fé objetiva nos contratos empresariais.

Da tríplice função da boa-fé objetiva – interpretação dos negócios jurídicos, restrição do exercício de direitos subjetivos e criação de deveres anexos à prestação principal – o presente trabalho dedica mais atenção para a última, como sendo os chamados deveres laterais de conduta que direcionam a relação contratual ao seu adequado adimplemento, cuja fonte não é o fato jurígeno obrigacional, mas de outras fontes normativas,

186

Ricardo Lupion

exemplificativamente, do princípio da boa-fé objetiva, incluindo a ideia de confiança.

Diferentemente dos deveres relacionados à prestação principal do contrato, que decorrem do fato jurígeno obrigacional e podem ser previamente definidos pelas partes, os deveres de conduta decorrem de uma das funções da boa-fé objetiva (função criadora de deveres) e são considerados genericamente, porque não podem ser antecipadamente identificados pelas partes.

Outro aspecto importante para a identificação dos critérios que possam (ou não) mitigar os deveres de conduta decorrentes da boa-fé objetiva nos contratos empresariais é a evolução do perfil do praticante da atividade de trocas, de mediação, de circulação de bens e mercadorias, desde a sua concepção clássica sob o olhar da codificação comercial de 1850 (comerciante) até os dias atuais (empresário), os princípios que regem a atividade empresarial à luz do artigo 170 da Constituição Federal; a função social da empresa, sua responsabilidade social e a importância do seu papel na concretização dos direitos fundamentais sociais.

Da concepção clássica sob o olhar da codificação comercial de 1850 (comerciante) até os dias atuais (empresário), verifica-se que a atuação profissional e organizada voltada para a obtenção de lucros com a assunção dos riscos inerentes constitui o delineamento da atividade exercida pela empresa, com ênfase para a perspectiva do *exercício profissional de atividade econômica organizada* a partir do Código Civil de 2002.

Essas características – especialmente o *exercício profissional de atividade econômica organizada* – influenciam a intensidade dos deveres de conduta decorrentes da boa-fé objetiva nos contratos empresariais na medida em que o agir profissional, a capacidade de organizar os fatores de produção (capital e trabalho) e a assunção de riscos para a obtenção de lucros devem relativizar e atenuar a intensidade das exigências impostas pelos deveres de conduta.

O *ônus* que compete à empresa para atender às exigências acima referidas do seu normal funcionamento é a exata medida para uma dimensão própria desses *deveres de conduta* nos contratos empresariais, não podendo ser exigido das empresas o mesmo nível de informação, cooperação, cuidado e atenção devidos nas relações consumeristas, por exemplo.

O exercente da atividade empresarial é, ao mesmo tempo, protagonista e destinatário principal dos deveres de conduta decorrentes da boa-fé objetiva, também é necessário desafiar o tema em torno da concepção da *empresa-sujeito* e da *empresa-objeto*. Com o máximo respeito e consideração à posição majoritária da doutrina nacional, que adota a empresa como *empresa-objeto*, isto é, como instrumento para o exercício da atividade do empresario, o presente livro se filia à expressão *empresa-sujeito*, seja porque há supedâneo legal para a adoção desse significado, seja pelo importante papel que a empresa desempenha como agente de inclusão social em relação aos direitos fundamentais sociais.

O sentido da *empresa-objeto* como forma ou organização indispensável para que o empresário possa empreender a prática contínua dos atos empresariais é reconhecido no artigo 1.142 do Código Civil, que considera estabelecimento todo complexo de bens organizado para exercício da *empresa* (com o sentido de atividade e, portanto, de *empresa-objeto*), e no artigo 1.155 que considera nome empresarial a firma ou a denominação adotada para o exercício de *empresa* (com o sentido de atividade e, portanto, de *empresa-objeto*).

O Código Civil também utiliza o vocábulo *empresa* como *empresa-sujeito*, atribuindo-lhe significado de sujeito jurídico em diversos dispositivos, como, por exemplo, no artigo 931, ao estabelecer que os empresários individuais e as *empresas* (com o significado de *empresa-sujeito*) respondem independentemente de culpa pelos danos causados pelos produtos postos em circulação. O mesmo ocorre com a Lei das Sociedades por Ações (Lei 6.404, de 16/12/1976): o artigo 116, parágrafo único, atribui ao acionista controlador, no uso do poder de controle, deveres e responsabilidades para com os demais acionistas da *empresa* (com o significado de *empresa-sujeito*). A Lei 8.884/94, que dispõe sobre a prevenção e a repressão às infrações contra a ordem econômica, também utiliza o vocábulo *empresa* com o significado de *empresa-sujeito* (nos artigos 20, inciso V, com a expressão "*empresa* concorrente" e no artigo 54, na referência à "fusão ou incorporação de *empresas*", "participação de *empresa* ou grupo de *empresas*"). A Lei de Falência e de Recuperação Judicial e Extrajudicial (Lei 11.101, de 09/02/2005) igualmente adota o vocábulo *empresa* com a mesma acepção (no artigo 140, com "alienação dos bens da *empresa*" e nos artigos 141, 142 e 143, com "ativos da *empresa*", isto é, com o significado de *empresa-sujeito*.)

Se uma das funções da boa-fé objetiva é a de impor certos deveres de conduta aos contratantes, a atuação da *empresa* é diretamente influenciada pela atuação do Estado, que ora adota modelo passivo (de nenhuma intervenção no exercício e funcionamento das atividades produtivas, deixando-as para a livre atuação da iniciativa privada), ora modelo mais atuante (com a participação de diversos entes estatais nessas atividades produtivas e com a adoção de políticas intervencionistas).

A relação dos deveres de conduta decorrentes da boa-fé objetiva nos contratos empresariais com o modelo de atuação ou intervenção estatal na economia (de acordo com os valores que informam a livre iniciativa e os fundamentos da liberdade de concorrência na concepção da Constituição de 1988) se justifica pelo maior ou menor grau de liberdade de atuação concedida às empresas, de modo que a relativização desses deveres possui relação direta com essa autonomia.

A técnica da inserção de direitos fundamentais no texto constitucional não foi inaugurada pela Constituição de 1988, pois, como visto, as Constituições brasileiras anteriores também consagraram em seus textos os principais ideais da Constituição em vigor, mas, ao que parece, foram meras barreiras de papel (*perchment barriers*), vazias e sem significado no mundo real.

A Carta Constitucional de 1988 declara que o Estado Democrático de Direito tem, como um dos seus fundamentos, os valores sociais do trabalho e da iniciativa privada, mas isto não quer dizer que esteja afastado o regime capitalista de produção, sendo, portanto, reconhecida a livre iniciativa e a liberdade de concorrência.

A regra geral da Constituição Federal é o modo privado de produção. O artigo 170 da CF assegura o livre exercício de qualquer atividade econômica, fundada na valorização do trabalho humano e na livre iniciativa. O artigo 173 da Constituição Federal estabelece que a exploração direta de atividade econômica pelo Estado só será permitida quando necessária aos imperativos da segurança nacional ou a relevante interesse coletivo. Assim, a regra geral da Constituição Federal é o modo privado de produção (art. 170), sendo a exploração estatal da atividade econômica uma exceção à regra constitucional e somente ocorrerá quando presente as exigências estampadas no art. 173.

Nessa perspectiva, os contratos empresariais podem desempenhar importante papel no funcionamento da empresa porque representam uma das formas do livre exercício das relações interempresariais e, assim sendo, é preciso reconhecer certa liberdade na autonomia negocial em se tratando de relações patrimoniais. Daí, então, a importância da boa-fé objetiva na sua função criadora dos deveres de conduta que deverá interagir com essa liberdade de iniciativa, com a autonomia da vontade para, no caso concreto, exercer o que se poderia denominar de dupla função nos contratos empresariais: ora para mitigar os efeitos e o alcance desses deveres com a prevalência da autonomia da vontade, ora para relativizar essa autonomia em função desses mesmos deveres.

Assim como o contrato passou por uma profunda crise, sofrendo forte influência do movimento de repersonalização do direito civil, com o deslocamento da patrimonialidade para a pessoa, a atividade realizada pela empresa também perdeu a sua concepção privatista identificada pela maximização dos lucros, assumindo grande relevância social dado o seu papel fundamental como instrumento de transformação e realização dos interesses comunitários.

A geração e a circulação de riquezas produzidas pela empresa financiam as políticas públicas do Estado de proteção à vida (segurança pública) e de assistência à saúde (gratuidade do tratamento médico, com a construção de hospitais públicos e o fornecimento gratuito de medicamentos) estabelecendo-se uma interdependência entre o Estado e as atividades realizadas pela empresa em prol dos direitos fundamentais sociais a partir da contribuição das atividades destas no fornecimento dos recursos financeiros (via arrecadação tributária) necessários para que o Estado possa executar as políticas públicas.

Além dessa importante contribuição, a empresa também desenvolve relevante papel na realização dos direitos fundamentais sociais por uma *práxis* solidária da empresa na concessão de diversos benefícios sociais, contribuindo para propiciar uma vida saudável – isenta de discriminações, com igual oportunidade de trabalho e emprego, direito à moradia e à saúde, direitos fundamentais inerentes à pessoa humana. Essa *práxis* empresarial produz efeitos no campo social quando a empresa executa, em caráter complementar, programas de inclusão social e promove o bem estar dos seus empregados, colaboradores e da comunidade onde se situa, contribuindo para criar os conceitos de ação social, lucro social e investidor social – porque a empresa tem função social em face dos interesses dos empregados, dos fornecedores, da comunidade e do próprio Estado, que dela retira contribuições fiscais e parafiscais conforme já mencionado.

Dessa interdependência entre as funções do Estado (na criação de um ambiente propicio ao desenvolvimento das instituições capazes de gerar e fazer circular riqueza) e as atividades da empresa (como protagonista de destaque no financiamento das políticas públicas e como coadjuvante na execução de programas sociais) resultará a reconstrução do perfil social da empresa em consonância com os ideais constitucionais e da nova codificação de 2002, libertando-a da visão privatista e individualista da codificação comercial de 1850, como fonte exclusiva de geração de riqueza para os titulares da empresa.

A empresa, ao ser libertada dessa visão privatista e individualista, revela a sua verdadeira importância na vida econômica (como fonte geradora de tributos) e na vida social (como executora de programas de inclusão social), tendo em vista que essa atividade exerce relevante papel na sociedade, o qual contribui na redução das desigualdades e na concretização dos direitos fundamentais sociais, pois a função social da empresa não se limita apenas à geração dos recursos arrecadados pelo Estado, mas estende-se aos serviços que presta à sociedade, fornecendo bens de consumo, gerando empregos diretos aos seus empregados e trabalho aos profissionais contratados, disponibilizando recursos para o incremento de suas atividades sociais obrigatórias – creches, escolas, treinamentos, recursos para lazer e outras tantas atividades realizadas pela empresa.

Finalmente, nas relações contratuais entre as empresas, existem critérios e métodos que atenuam a intensidade dos deveres de conduta decorrentes da boa-fé objetiva. Esses critérios e métodos sofrem a influência dos traços marcantes dos contratos empresariais: risco empresarial, profissionalismo, dever de diligência, organização, concorrência e rivalidade.

Quanto ao risco empresarial, a obtenção de lucros mediante a assunção dos riscos a ela inerentes constitui o objeto dos contratos empresariais e, assim sendo, os riscos do negócio não devem ser atenuados pela incidência dos deveres de conduta decorrentes da boa-fé objetiva.

Além do risco próprio das atividades da empresa, outra característica dos contratos empresariais é o fato de serem celebrados por empresas dirigidas por administradores e gestores sujeitos ao dever de diligência para com a empresa que representam. Isto quer dizer que os deveres de conduta decorrentes da boa-fé objetiva devem ser avaliados e aferidos vis-à-vis a esses deveres de cuidado, atenção e zelo que o administrador das empresas possui em decorrência do dever de diligência.

O paradigma do *bonus pater familias* é impróprio para o *standard* de comportamento do administrador de uma empresa diante da especificidade do mundo dos negócios que exige sagacidade para as decisões empresariais. No Brasil, a insuficiência desse paradigma está no artigo 153 da Lei 6.404/76 da Lei das Sociedades Anônimas, que impõe aos administradores deveres e responsabilidade, dentre os quais se destacam o cuidado e a diligência que todo homem ativo e probo costuma empregar na administração dos seus próprios negócios. O Código Civil de 2002 contém idêntico dispositivo legal (artigo 1011).

Desse dever de diligência dos seus administradores resulta um *ônus* para a empresa na celebração e execução dos contratos da qual participa esse ônus também atenua os deveres de conduta nos contratos empresariais. Do contrário, seria possível admitir que o insucesso de uma das empresas contratantes na correta e adequada avaliação das condições contratuais poderia ser compensado pela incidência dos deveres de conduta decorrentes da boa-fé objetiva com a intensidade e alcance que ocorre, por exemplo, nas relações consumeristas.

Se é possível afirmar que à empresa cabe o *ônus* de agir com o necessário e indispensável dever de diligência dos homens de negócios, com a observância do zelo apropriado aos negócios empresariais, disso resulta que, para alcançar os seus objetivos, a empresa também necessita de uma mínima preparação ou organização, máxime diante da circunstância de que os contratos empresariais geralmente costumam ser precedidos de um período em que as partes discutem, trocam ideias, projetam, examinam cláusulas, cada uma delas procurando obter da outra condições mais favoráveis.

Então, somente se organizar e planejar os seus negócios e, sobretudo, se souber aproveitar as oportunidades negociais que surgirem à sua frente, a empresa poderá manter-se em funcionamento. O administrador, como homem de negócios e cuja profissão está na contratação, tem tal energia de prontas e sagazes deliberações. Cada empresa de alguma importância conta com setores especializados, com o domínio de técnicas de atuação, tais como das compras seletivas por tomadas de preços, das planilhas de custos, do ponto de equilíbrio, da análise dos balanços, da racionalização do trabalho, do gerenciamento setorizado, da segurança do trabalho, da prevenção de acidentes, do *marketing*, da política de preços, da capitalização, das projeções preventivas, dos planejamentos dos investimentos propriamente econômicos.

A última característica marcante dos contratos empresariais se refere ao ambiente de concorrência e rivalidade que envolve as empresas que estão em permanente estado de disputa. Tanto isso é exato que o direito brasileiro reconhece que a conquista de mercado resultante de processo natural fundado na maior eficiência do agente econômico em relação a seus competidores não caracteriza ilícito da prática de dominação de mercado relevante de bens ou serviços, conforme previsto no artigo 20, § 1º, da Lei 8.884, de 11 de junho de 1994. Então, se entre as empresas há disputa, rivalidade e competição, nesse ambiente, o conteúdo e o alcance das atitudes solidárias e de cooperação nos contratos empresariais precisam ser reavaliados e repensados sobretudo diante dos deveres de colaboração e de cooperação, que colocariam a empresa na inusitada condição de fazer tudo para colaborar com a outra parte.

O dever de cooperação deve ser relativizado pelo ambiente concorrencial intrínseco aos negócios empresariais, pois, admitir que nos contratos empresariais a empresa deve agir, não apenas com os outros, *mas para os outros* e que o contrato deve impor uma conduta que privilegie a solidariedade não se coaduna com o ambiente de rivalidade, de disputa, de concorrência, que rege as relações entre as empresas. São diferentes os *standards* de comportamento nas relações de consumo e nas relações empresariais. No contrato empresarial vale a máxima de que o vendedor quer vender a mercadoria pelo maior preço, e o comprador pretende comprá-la pelo menor. Cada *empresa* contrata na expectativa de que o cenário e as projeções lhe favoreçam, de modo que, *impor a uma empresa o dever de agir para a outra*, significa negar as características da atividade empresarial, marcada pelo profissionalismo e pela organização dos fatores de produção.

O dever de informação também deve ser relativizado pelo padrão de cuidado e diligência empresarial que cabe a cada empresa. Isto quer dizer que os padrões de cuidado e diligência dos administradores da empresa no momento da celebração do contrato representam um *ônus* para a empresa, considerando os elevados níveis de informações que possuem (ou deveriam possuir) para a adequada avaliação das condições do contrato. Se o administrador da empresa contratante ignorou ou calculou mal as variáveis do contrato ou, pior, se estiver arrependido das condições acordadas no ato da contratação, a empresa não pode invocar a proteção dos deveres de conduta decorrentes da boa-fé objetiva. Para a empresa cabe o *ônus* de agir para a satisfação de um interesse do próprio ou para evitar certa consequência danosa, tal como ocorre no campo processual com o ônus de alegar, o ônus de contestar, o ônus de excepcionar e o ônus de demandar.

Já os deveres de informação, cuidado e proteção deverão ter uma aplicação específica nos contratos de aquisição de empresas em razão do procedimento de *due diligence*, pois, no início das tratativas as empresas envolvidas – compradora e vendedora – firmam uma carta de intenções ou memorando de entendimentos para manifestar interesse na realização do negócio. Neste documento são estabelecidos os procedimentos da *due diligence* (prazos, cronograma, objeto, informações, documentos, relatórios, confidencialidade, etc). Essa *práxis* empresarial da *due diligence*, além de atenuar o dever de proteção e cuidado com a pessoa e o patrimônio da contraparte na medida em que impõe ao comprador o *ônus* de investigar os dados relevantes da operação, também mitiga o dever de cooperação da empresa vendedora, que apenas fornece as informações do negócio e, durante a realização do procedimento de *due diligence*, presta as informações, dados, documentos solicitados pela empresa compradora. Todavia, aqui o dever de informação impõe à empresa vendedora fornecer as informações na maior amplitude possível, adotando padrão de conduta leal, correto e honesto na revelação das informações preliminares ao procedimento de *due diligence*.

Nem sempre esses deveres de conduta poderão ser mitigados, em especial quando houver desigualdade entre as partes, assimetria de informações ou dependência econômica, situações que impõem a retomada da função plena dos deveres de conduta, inclusive pela incidência dos direitos fundamentais nas relações privadas. Da desigualdade das partes, da assimetria de informações ou da dependência econômica poderá

BOA-FÉ OBJETIVA NOS CONTRATOS EMPRESARIAIS

resultar a vulnerabilidade de uma das partes e, nestas hipóteses, os deveres de conduta decorrentes da boa-fé objetiva nos contratos empresariais deverão prevalecer diante da necessidade da proteção do equilíbrio e das forças contratuais, a despeito da existência de partes contratantes profissionais voltadas para a obtenção de lucros, já que os traços marcantes da atividade da empresa – profissionalismo, organização, risco e lucros – deverão ser relativizados diante da vulnerabilidade, bem maior a ser protegido, sem, contudo, permitir a indevida *consumerização* do ambiente jurídico empresarial.

Além do mais, todas as características antes apontadas também não impedem a incidência dos direitos fundamentais nos contratos empresariais, considerando que, conforme visto, não é novidade afirmar a força normativa da Constituição Federal, que deixou de desempenhar a função clássica de regular os poderes e as funções do Estado para tratar de assuntos que antes cabiam ao Código Civil. Já está superada a ideia de que os direitos fundamentais seriam oponíveis apenas contra o Estado, pelo reconhecimento de que a violência e a opressão não provêm exclusivamente do Estado. Essa vinculação dos particulares aos direitos fundamentais se dá com base na teoria da eficácia direta e imediata dos direitos fundamentais na esfera privada, com a expressa ressalva de não se admitir "uma absolutização da eficácia irradiante dos direitos fundamentais" mediante a sua aplicação irrestrita nas relações privadas.

Finalmente, também ficou demonstrado que não há discrepância na doutrina estrangeira e nacional sobre a questão da *empresa* como titular de direitos fundamentais, desde que tais direitos sejam compatíveis com a sua natureza peculiar de pessoa jurídica, podendo ser citados, entre outros, a inviolabilidade do domicílio e da correspondência, a proteção de dados informáticos, o direito de associação, proteção à imagem e propriedade. E, a respeito da aplicabilidade dos direitos fundamentais nos contratos empresariais, foi demonstrado que a autonomia privada deve sofrer restrições nas relações contratuais assimétricas porque nem sempre haverá uma relação paritária entre as empresas, como se verifica, por exemplo, nos contratos de franquia empresarial, o porte organizacional e econômico do franqueador diante do seu franqueado, do fabricante diante do seu distribuidor ou do seu representante comercial. Nesses contratos, além da desigualdade decorrente do porte organizacional e econômico, os direitos fundamentais também podem ser "chamados a depor" diante de cláusulas contratuais padronizadas pela empresa-estipulante (franqueadora, fabricante, etc.), que possam resultar na supressão de direitos constitucionalmente assegurados, como, por exemplo, restrições arbitrárias e unilaterais impostas pelo fabricante em relação à área de atuação e ao modo de funcionamento do distribuidor ou do representante comercial, tendo em vista que a livre iniciativa e a liberdade de concorrência são valores constitucionalmente protegidos conforme artigo 170 da Constituição Federal.

Enfim, é possível admitir (i) a mitigação dos deveres de conduta decorrentes da boa-fé objetiva nos contratos empresariais entre iguais, como já demonstrado, e (ii) a função plena desses deveres nos contratos entre desiguais, em razão da vulnerabilidade de uma das partes em decorrência da desigualdade das partes, da assimetria de informações e, finalmente, do elevado grau de dependência econômica. Sempre com a reiterada ressalva de que esses deveres de conduta não deverão ser *chamados a depor* para corrigir a frustração de lucros que uma empresa depositava no contrato porque, com como visto, o administrador da empresa não é considerado pelo Direito como um tolo ou irresponsável, e os deveres de conduta não podem ter a função de corrigir os erros e desacertos eventualmente praticados.

Anexo A[516]

O ANEXO A contém uma relação completa das informações, documentos, relatórios, declarações prazos, etc., fornecidos pela parte vendedora a respeito da organização, propriedade e controle da empresa, propriedades operacionais, propriedade intelectual, marcas, questões ambientais, processos judiciais em curso, contratos e compromissos relevantes, empregados, questões fiscais, entre outras, como medida preparatória para o procedimento da *due diligence* a ser realizado pela parte compradora, conforme abaixo:

A. Organization of the Company

1. Describe the corporate or other structure of the legal entities that comprise the Company. Include any helpful diagrams or charts. Provide a list of the officers and directors of the Company and a brief description of their duties.

2. Long-form certificate of good standing and articles or certificate of incorporation from Secretary of State or other appropriate official in the Company's jurisdiction of incorporation, listing all documents on file with respect to the Company, and a copy of all documents listed therein.

3. Current by-laws of the Company.

4. List of all jurisdictions in which the Company is qualified to do business and list of all other jurisdictions in which the Company owns or leases real property or maintains an office and a description of business in each such jurisdiction. Copies of the certificate of authority, good standing certificates and tax status certificates from all jurisdictions in which the Company is qualified to do business.

5. All minutes for meetings of the Company's board of directors, board committees and stockholders for the last five years, and all written actions or consents in lieu of meetings thereof.

6. List of all subsidiaries and other entities (including partnerships) in which the Company has an equity interest; organizational chart showing ownership of such entities; and any agreements relating to the Company's interest in any such entity.

---

[516] Disponível em <http://giddy.org/mergers/documents/duediligence.htm>. Acesso em: 12 NOV 2009.

BOA-FÉ OBJETIVA NOS CONTRATOS EMPRESARIAIS

B. Ownership and Control of the Company

1. Capitalization of the Company, including all outstanding capital stock, convertible securities, options, warrants and similar instruments.

2. List of securityholders of the Company (including option and warrant holders), setting forth class and number of securities held.

3. Copies of any voting agreements, stockholder agreements, proxies, transfer restriction agreements, rights of first offer or refusal, preemptive rights, registration agreements or other agreements regarding the ownership or control of the Company.

C. Assets and Operations

1. Annual financial statements with notes thereto for the past three fiscal years of the Company, and the latest interim financial statements since the end of the last fiscal year and product sales and cost of sales (including royalties) analysis for each product which is part of assets to be sold.

2. All current budgets and projections including projections for product sales and cost of sales.

3. Any auditors (internal and external) letters and reports to management for the past five years (and management's responses thereto).

4. Provide a detailed breakdown of the basis for the allowance for doubtful accounts.

5. Inventory valuation, including turnover rates and statistics, gross profit percentages and obsolescence analyses including inventory of each product which is part of assets to be sold.

6. Letters to auditors from outside counsel.

7. Description of any real estate owned by the Company and copies of related deeds, surveys, title insurance policies (and all documents referred to therein), title opinions, certificates of occupancy, easements, zoning variances, condemnation or eminent domain orders or proceedings, deeds of trust, mortgages and fixture lien filings.

8. Schedule of significant fixed assets, owned or used by the Company, including the identification of the person holding title to such assets and any material liens or restrictions on such assets.

9. Without duplication from Section D below, or separate intellectual property due diligence checklist, schedule of all intangible assets (including customer lists and goodwill) and proprietary or intellectual properties owned or used in the Company, including a statement as to the entity holding title or right to such assets and any material liens or restrictions on such assets. Include on and off balance sheet items.

D. Intellectual Property

List of all patents, trademarks, tradenames, service marks and copyrights owned or used by the Company, all applications therefor and copies thereof, search reports related thereto and information about any liens or other restrictions and agreements on or related to any of the foregoing (without duplication from attached intellectual property due diligence checklist).

E. Reports

1. Copies of any studies, appraisals, reports, analyses or memoranda within the last three years relating to the Company (i.e., competition, products, pricing, technological developments, software developments, etc.).

2. Current descriptions of the Company that may have been prepared for any purpose, including any brochures used in soliciting or advertising.

3. Descriptions of any customer quality awards, plant qualification/certification distinctions, ISO certifications or other awards or certificates viewed by the Company as significant or reflective of superior performance.

4. Copies of any analyst or other market reports concerning the Company known to have been issued within the last three years.

5. Copies of any studies prepared by the Company regarding the Company's insurance currently in effect and self-insurance program (if any), together with information on the claim and loss experience thereunder.

6. Any of the following documents filed by the Company or affiliates of the Company and which contain information concerning the Company: annual reports on SEC Form 10-K; quarterly reports on SEC Form 10-Q; current reports on SEC Form 8-K.

F. Compliance with Laws

1. Copies of all licenses, permits, certificates, authorizations, registrations, concessions, approvals, exemptions and other operating authorities from all governmental authorities and any applications therefor, and a description of any pending contemplated or threatened changes in the foregoing.

2. A description of any pending or threatened proceedings or investigations before any court or any regulatory authority.

3. Describe any circumstance where the Company has been or may be accused of violating any law or failing to possess any material license, permit or other authorization. List all citations and notices from governmental or regulatory authorities.

4. Schedule of the latest dates of inspection of the Company's facilities by each regulatory authority that has inspected such facilities.

5. Description of the potential effect on the Company of any pending or proposed regulatory changes of which the Company is aware.

6. Copies of any information requests from, correspondence with, reports of or to, filings with or other material information with respect to any regulatory bodies which regulate a material portion of the Company's business. Limit response to the last five years unless an older document has a continuing impact on the Company.

7. Copies of all other studies, surveys, memoranda or other data on regulatory compliance including: spill control, environmental clean-up or environmental preventive or remedial matters, employee safety compliance, import or export licenses, common carrier licenses, problems, potential violations, expenditures, etc.

8. State whether any consent is necessary from any governmental authority to embark upon or consummate the proposed transaction.

9. Schedule of any significant U.S. import or export restrictions that relate to the Company's operations.

10. List of any export, import or customs permits or authorizations, certificates, registrations, concessions, exemptions, etc., that are required in order for the Company to conduct its business and copies of all approvals, etc. granted to the Company that are currently in effect or pending renewal.

11. Any correspondence with or complaints from third parties relating to the marketing, sales or promotion practices of the Company.

G. Environmental Matters

1. A list of facilities or other properties currently or formerly owned, leased, or operated by the Company and its predecessors, if any.

2. Reports of environmental audits or site assessments in the possession of the Company, including any Phase I or Phase II assessments or asbestos surveys, relating to any such facilities or properties.

3. Copies of any inspection reports prepared by any governmental agency or insurance carrier in connection with environmental or workplace safety and health regulations relating to any such facilities or properties.

4. Copies of all environmental and workplace safety and health notices of violations, complaints, consent decrees, and other documents indicating noncompliance with environmental or workplace safety and health laws or regulations, received by the Company from local, state, or federal governmental authorities. If available, include documentation indicating how such situations were resolved.

5. Copies of any private party complaints, claims, lawsuits or other documents relating to potential environmental liability of the Company to private parties.

6. Listing of underground storage tanks currently or previously present at the properties and facilities listed in response to Item 1 above, copies of permits, licenses or registrations relating to such tanks, and documentation of underground storage tank removals and any associated remediation work.

7. Descriptions of any release of hazardous substances or petroleum known by the Company to have occurred at the properties and facilities listed in response to Item 1, if such release has not otherwise been described in the documents provided in response to Items 1-6 above.

8. Copies of any information requests, PRP notices, "106 orders," or other notices received by the Company pursuant to CERCLA or similar state or foreign laws relating to liability for hazardous substance releases at off-site facilities.

9. Copies of any notices or requests described in Item 8 above, relating to potential liability for hazardous substance releases at any properties or facilities described in response to Item 1.

10. Copies of material correspondence or other documents (including any relating to the Company's share of liability) with respect to any matters identified in response to Items 8 and 9.

11. Copies of any written analyses conducted by the Company or an outside consultant relating to future environmental activities (i.e., upgrades to control equipment, improvements in waste disposal practices, materials substitution) for which expenditure of funds greater than $10,000 is either certain or reasonably anticipated within the next five years and an estimate of the costs associated with such activities.

12. Description of the workplace safety and health programs currently in place for the Company's business, with particular emphasis on chemical handling practices.

H. Litigation

1. List of all litigation, arbitration and governmental proceedings relating to the Company to which the Company or any of its directors, officers or employees is or has been a party, or which is threatened against any of them, indicating the name of the court, agency or

other body before whom pending, date instituted, amount involved, insurance coverage and current status. Also describe any similar matters which were material to the Company and which were adjudicated or settled in the last ten years.

2. Information as to any past or present governmental investigation of or proceeding involving the Company or the Company's directors, officers or employees.

3. Copies of all attorneys' responses to audit inquiries.

4. Copies of any consent decrees, orders (including applicable injunctions) or similar documents to which the Company is a party, and a brief description of the circumstances surrounding such document.

5. Copies of all letters of counsel to independent public accountants concerning pending or threatened litigation.

6. Any reports or correspondence related to the infringement by the Company or a third party of intellectual property rights.

I. Significant Contracts and Commitments

1. Contracts relating to any completed (during the past 10 years) or proposed reorganization, acquisition, merger, or purchase or sale of substantial assets (including all agreements relating to the sale, proposed acquisition or disposition of any and all divisions, subsidiaries or businesses) of or with respect to the Company.

2. All joint venture and partnership agreements to which the Company is a party.

3. All material agreements encumbering real or personal property owned by the Company including mortgages, pledges, security agreements or financing statements.

4. Copies of all real property leases relating to the Company (whether the Company is lessor or lessee), and all leasehold title insurance policies (if any).

5. Copies of all leases of personal property and fixtures relating to the Company (whether the Company is lessor or lessee), including, without limitation, all equipment rental agreements.

6. Guarantees or similar commitments by or on behalf of the Company, other than endorsements for collection in the ordinary course and consistent with past practice.

7. Indemnification contracts or arrangements insuring or indemnifying any director, officer, employee or agent against any liability incurred in such capacity.

8. Loan agreements, notes, industrial revenue bonds, compensating balance arrangements, lines of credit, lease financing arrangements, installment purchases, etc. relating to the Company or its assets and copies of any security interests or other liens securing such obligations.

9. No-default certificates and similar documents delivered to lenders for the last five (or shorter period, if applicable) years evidencing compliance with financing agreements.

10. Documentation used internally for the last five years (or shorter time period, if applicable) to monitor compliance with financial covenants contained in financing agreements.

11. Any correspondence or documentation for the last five years (or shorter period, if applicable) relating to any defaults or potential defaults under financing agreements.

12. Contracts involving cooperation with other companies or restricting competition.

13. Contracts relating to other material business relationships, including:

a. any current service, operation or maintenance contracts;

b. any current contracts with customers;

c. any current contracts for the purchase of fixed assets; and

d. any franchise, distributor or agency contracts.

14. Without duplicating Section D above or the intellectual property due diligence schedule hereto, contracts involving licensing, know-how or technical assistance arrangements including contracts relating to any patent, trademark, service mark and copyright registrations or other proprietary rights used by the Company and any other agreement under which royalties are to be paid or received.

15. Description of any circumstances under which the Company may be required to repurchase or repossess assets or properties previously sold.

16. Data processing agreements relating to the Company.

17. Copies of any contract by which any broker or finder is entitled to a fee for facilitating the proposed transaction or any other transactions involving the Company or its properties or assets.

18. Management, service or support agreements relating to the Company, or any power of attorney with respect to any material assets or aspects of the Company.

19. List of significant vendor and service providers (if any) who, for whatever reason, expressly decline to do business with the Company.

20. Samples of all forms, including purchase orders, invoices, supply agreements, etc.

21. Any agreements or arrangements relating to any other transactions between the Company and any director, officer, stockholder or affiliate of the Company (collectively, "Related Persons"), including but not limited to:

a. Contracts or understandings between the Company and any Related Person regarding the sharing of assets, liabilities, services, employee benefits, insurance, data processing, third-party consulting, professional services or intellectual property.

b. Contracts or understandings between Related Persons and third parties who supply inventory or services through Related Persons to the Company.

c. Contracts or understandings between the Company and any Related Person that contemplate favorable pricing or terms to such parties.

d. Contracts or understandings between the Company and any Related Person regarding the use of hardware or software.

e. Contracts or understandings regarding the maintenance of equipment of any Related Person that is either sold, rented, leased or used by the Company.

f. Description of the percentage of business done by the Company with Related Persons.

g. Covenants not to compete and confidentiality agreements between the Company and a Related Person.

h. List of all accounts receivable, loans and other obligations owing to or by the Company from or to a Related Person, together with any agreements relating thereto.

22. Copies of all insurance and indemnity policies and coverages carried by the Company including policies or coverages for products, properties, business risk, casualty and workers compensation. A description of any self-insurance or retro-premium plan or policy, together

with the costs thereof for the last five years. A summary of all material claims for the last five years as well as aggregate claims experience data and studies.

23. List of any other agreements or group of related agreements with the same party or group of affiliated parties continuing over a period of more than six months from the date or dates thereof, not terminable by the Company on 30 days' notice.

24. Copies of all supply agreements relating to the Company and a description of any supply arrangements.

25. Copies of all contracts relating to marketing and advertising.

26. Copies of all construction agreements and performance guarantees.

27. Copies of all secrecy, confidentiality and nondisclosure agreements.

28. Copies of all agreements related to the development or acquisition of technology.

29. Copies of all agreements outside the ordinary course of business.

30. Copies of all warranties offered by the Company with respect to its product or services.

31. List of all major contracts or understandings not otherwise previously disclosed under this section, indicating the material terms and parties.

32. For any contract listed in this Section I, state whether any party is in default or claimed to be in default.

33. For any contract listed in this Section I, state whether the contract requires the consent of any person to assign such contract or collaterally assign such contract to any lender.

NOTE: Remember to include all amendments, schedules, exhibits and side letters. Also include brief description of any oral contract listed in this Section I.

J. Employees, Benefits and Contracts

1. Copies of the Company's employee benefit plans as most recently amended, including all pension, profit sharing, thrift, stock bonus, ESOPs, health and welfare plans (including retiree health), bonus, stock option plans, direct or deferred compensation plans and severance plans, together with the following documents:

    a. all applicable trust agreements for the foregoing plans;

    b. copies of all IRS determination letters for the foregoing qualified plans;

    c. latest IRS forms for the foregoing qualified plans, including all annual reports, schedules and attachments;

    d. latest copies of all summary plan descriptions, including modifications, for the foregoing plans;

    e. latest actuarial evaluations with respect to the foregoing defined benefit plans; and

    f. schedule of fund assets and unfunded liabilities under applicable plans.

2. Copies of all employment contracts, consulting agreements, severance agreements, independent contractor agreements, non-disclosure agreements and non-compete agreements relating to any employees of the Company.

3. Copies of any collective bargaining agreements and related plans and trusts relating to the Company (if any). Description of labor disputes relating to the Company within the last three years. List of current organizational efforts and projected schedule of future collective bargaining negotiations (if any).

4. Copies of all employee handbooks and policy manuals (including affirmative action plans).

5. Copies of all OSHA examinations, reports or complaints.

6. The results of any formal employee surveys.

K. Tax Matters

1. Copies of returns for the three prior closed tax years and all open tax years for the Company (including all federal and state consolidated returns) together with a work paper therefor wherein each item is detailed and documented that reconciles net income as specified in the applicable financial statement with taxable income for the related period.

2. Audit and revenue agents reports for the Company; audit adjustments proposed by the Internal Revenue Service for any audited tax year of the Company or by any other taxing authority; or protests filed by the Company.

3. Settlement documents and correspondence for last six years involving the Company.

4. Agreements waiving statute of limitations or extending time involving the Company.

5. Description of accrued federal, state and local withholding taxes and FICA for the Company.

6. List of all state, local and foreign jurisdictions in which the Company pays taxes or collects sales taxes from its retail customers (specifying which taxes are paid or collected in each jurisdiction).

L. Miscellaneous

1. Information regarding any material contingent liabilities and material unasserted claims and information regarding any asserted or unasserted violation of any employee safety and environmental laws and any asserted or unasserted pollution clean-up liability.

2. List of the ten largest customers and suppliers for each product or service of the Company.

3. List of major competitors for each business segment or product line.

4. Any plan or arrangement filed or confirmed under the federal bankruptcy laws, if any.

5. A list of all officers, directors and stockholders of the Company.

6. All annual and interim reports to stockholders and any other communications with securityholders.

7. Description of principal banking and credit relationships (excluding payroll matters), including the names of each bank or other financial institution, the nature, limit and current status of any outstanding indebtedness, loan or credit commitment and other financing arrangements.

8. Summary and description of all product, property, business risk, employee health, group life and key-man insurance.

9. Copies of any UCC or other lien, judgment or suit searches or filings related to the Company in relevant states conducted in the past three years.

10. Copies of all filings with the Securities and Exchange Commission, state blue sky authorities or foreign security regulators or exchanges.

11. All other information material to the financial condition, businesses, assets, prospects or commercial relations of the Company.

Anexo B[517]

O balanço social da empresa, elaborado segundo a metodologia do Ibase, apresenta dados e informações de dois exercícios anuais por meio de uma tabela bastante simples e direta, que deve ser publicada e amplamente divulgada. O modelo atual é composto por 43 indicadores quantitativos e oito indicadores qualitativos, organizados em sete categorias ou partes descritas a seguir.

1. Base de cálculo – Como o próprio nome já diz, são as três informações financeiras – receita líquida, resultado operacional e folha de pagamento bruta – que servem de base de cálculo percentual para grande parte das informações e dos dados apresentados, informando o impacto dos investimentos nas contas da empresa, além de permitir a comparação entre empresas e setores ao longo dos anos.

2. Indicadores sociais internos – Nesta parte do balanço são apresentados todos os investimentos internos, obrigatórios e voluntários, que a empresa realiza para beneficiar e/ou atender ao corpo funcional (alimentação, encargos sociais compulsórios, previdência privada, saúde, segurança e medicina no trabalho, educação, cultura, capacitação e desenvolvimento profissional, creches ou auxílio-creche, participação nos lucros ou resultados e outros).

3. Indicadores sociais externos – Aqui aparecem os investimentos voluntários da empresa, cujo público-alvo é a sociedade em geral (projetos e iniciativas nas áreas de educação, cultura, saúde e saneamento, esporte, combate à fome e segurança alimentar, pagamento de tributos e outros). São as ações sociais privadas realizadas por empresas visando à sociedade ou a alguma comunidade externa relacionada, direta ou indiretamente, com os objetivos ou interesses das corporações.

4. Indicadores ambientais – São apresentados os investimentos da empresa para mitigar ou compensar seus impactos ambientais e também aqueles que possuem o objetivo de melhorar a qualidade ambiental da produção/operação da empresa, seja por meio de inovação tecnológica, seja por programas internos de educação ambiental. Também são solicitados investimentos em projetos e ações que não estão relacionadas com a operação da companhia e um indicador qualitativo sobre o estabelecimento e cumprimento de metas anuais de ecoeficiência.

---

[517] Disponível em <http://www.ibase.br/userimages/BS_4.pdf>. Acesso em: 25 fev. 2010.

5. Indicadores do corpo funcional – Nesta parte do balanço aparecem as informações que identificam de que forma se dá o relacionamento da empresa com seu público interno no que concerne à criação de postos de trabalho, utilização do trabalho terceirizado, número de estagiários(as), valorização da diversidade – negros(as), mulheres, faixa etária e pessoas com deficiência – e participação de grupos historicamente discriminados no país em cargos de chefia e gerenciamento da empresa (mulheres e negros).

6. Informações relevantes quanto ao exercício da cidadania empresarial – O termo utilizado nesta parte do modelo – "cidadania empresarial" – refere-se a uma série de ações relacionadas aos públicos que interagem com a empresa, com grande ênfase no público interno. Em sua maioria, são indicadores qualitativos que mostram como está a participação interna e a distribuição dos benefícios. Também aparecem nesta parte do balanço algumas das diretrizes e dos processos desenvolvidos na empresa que estão relacionados às políticas e às práticas de gestão da responsabilidade social corporativa.

7. Outras informações – Este espaço é reservado e amplamente utilizado pelas empresas para divulgar outras informações que sejam relevantes para a compreensão de suas práticas sociais e ambientais. As empresas que solicitam o "Selo Balanço Social Ibase/Betinho" devem apresentar suas declarações de não utilização de mão de obra infantil ou de trabalho análogo ao escravo ou degradante; seu não envolvimento com prostituição ou exploração sexual infantil ou adolescente; seu não envolvimento com corrupção; e seu compromisso com a valorização e o respeito à diversidade. Devem, também, apresentar sua identificação e classificação, informar sua identificação – razão social e CNPJ –, além de nome, telefone e correio eletrônico da pessoa responsável pelas informações.

Anexo C

O ANEXO C é um modelo de declarações e garantias da parte vendedora no contrato de aquisição de empresas, conforme abaixo:

A Vendedora declara e garante que:

1. A Empresa se encontra constituída de acordo com a legislação brasileira, sendo que o contrato social e todas as posteriores alterações foram apresentadas.

2. Não manteve nenhum relacionamento comercial ou relacionamento com a Empresa nos últimos doze meses, não possui nenhuma dívida com a mesma, e não tem qualquer ativo de sua propriedade pessoal que seja usado pela Empresa.

3. O capital social da Empresa está integralizado. As quotas/ações da Empresa são legal e validamente detidas pela Vendedora, livres e isentas de quaisquer gravames, acordos ou reivindicações de qualquer natureza, sem nenhuma restrição, ônus, opções, garantias, direitos de compra, ou qualquer outro contrato de venda, transferência, cessão ou alienação.

4. O presente contrato não infringe nenhum outro contrato ou acordo do qual a Vendedora faça parte, ou, ainda, qualquer procedimento administrativo ou judicial ao qual a Vendedora esteja sujeita.

5. As Demonstrações Financeiras da Empresa foram elaboradas conforme os princípios contábeis geralmente aceitos decorrentes da legislação societária brasileira e revelam a situação financeira da mesma na data do balanço e estão corretos, completos e em conformidade com os seus livros e registros.

6. As contas a receber constantes no Balanço são válidas e cobráveis, ressalvadas as reservas e previsões para contas duvidosas.

7. Com exceção dos passivos decorrentes do curso normal dos negócios, a Empresa não tem, na presente data, nenhum passivo que seja decorrente por infração ou violação de lei, contrato ou garantia, bem como negligência, ato ilícito.

8. A Empresa vem conduzindo a sua atividade de acordo com o curso normal e regular dos negócios e não praticou nenhum ato fora do curso normal da sua atividade, como por exemplo, mas a eles não se limitando: pagamento antecipado de dívidas não vencidas; aumento espontâneo da remuneração (salários e benefícios) dos seus diretores, gerentes e executivos; instituição de gravames ou ônus reais sobre os seus ativos; renúncia a direi-

tos; antecipação do pagamento de dividendos e/ou o seu pagamento em desacordo com a legislação, entre outros.

9. A Empresa é proprietária ou está legalmente autorizada a utilizar (locação, comodato, etc.) de todos os bens imóveis e móveis necessários para o regular funcionamento das suas operações e negócios, bem como das patentes, desenhos, marcas e nome comercial, os quais não sujeitos a hipotecas, gravames, ônus, penhores ou encargos de qualquer tipo.

10. Os principais contratos, acordos e compromissos firmados pela Empresa foram informados pela Vendedora, os quais são válidos e assim continuarão após a assinatura do presente contrato, bem como nenhuma parte se incorreu em mora.

11. As procurações outorgadas pela Empresa com poderes gerais ou especiais foram informados pela Vendedora.

12. As contas-correntes mantidas pela Empresa foram informados pela Vendedora com os dados completos de cada conta-corrente e da respectiva instituição financeira, bem como o nome de todos os procuradores autorizados a movimentar tais contas-correntes.

13. Todas as Licenças necessárias ao regular funcionamento da Empresa estão em vigor e a Empresa não foi notificada para o cancelamento ou suspensão de tais licenças.

14. A Empresa cumpre as leis e regulamentos ambientais e de saúde e segurança ocupacional, não havendo contaminação ambiental causada pelas sociedades ou, ainda, qualquer procedimento ou investigação contra a Empresa relacionada a pendências ambientais.

15. A Empresa cumpre todas as leis e acordos, convenções e/ou dissídios coletivos de trabalho e não há nenhum procedimento ou de outro tipo ou investigação pendente, com exceção das informadas pela Vendedora.

16. Os tributos são pagos regularmente pela Empresa de acordo com a legislação tributária e conforme os princípios contábeis geralmente aceitos. Os procedimentos administrativos e judiciais de natureza tributária foram informados pela Vendedora.

17. Todas as operações realizadas pela Empresa estão corretamente registradas nos seus livros e registros e todos os documentos estão completos e corretamente preenchidos.

18. Todas as informações e fatos que seriam relevantes para um comprador da Empresa foram divulgados pela Vendedora.

Referências bibliográficas

ABBAGNANO, Nicola. *Dicionário de Filosofia*; tradução da 1ª edição brasileira coordenada e revista por Alfredo Bossi; revisão e tradução dos novos textos Ivone Castilho Benedetti. 5ª ed. São Paulo: Martins Fontes, 2007.

ABRAMOVICH, Victor; COURTIS, Christian. *Los Derechos Sociales como Derechos Exigibles*, Madri: Editorial Trotta, 2002.

ABREU. Jorge Manuel Coutinho de. *Da Empresarialidade* (as empresas no direito). Coimbra: Livraria Almedina, 1996.

——. *Curso de Direito Comercial*, vol. I, Coimbra: Almedina, 1998.

AGUIAR JR, Ruy Rosado. *Extinção dos contratos por incumprimento do devedor*: resolução, 2ª ed. Rio de Janeiro: Aide, 2003.

——. "A Boa-Fé na relação de consumo". *Revista do Consumidor*, vol. 14.

AGUILLAR, Fernando Herren. "Direito Econômico e Globalização". *Direito Global*. Carlos Ari Sundfeld e Oscar Vilhena Vieira (orgs.). São Paulo: Max Limonad, 1999.

ALBUQUERQUE, Fabíola Santos. "Liberdade de contratar e livre iniciativa". Revista Trimestral de Direito Civil, vol. 15, jul/set.

ALMEIDA, Carlos Ferreira de. *Os direitos dos consumidores*. Coimbra: Almedina, 1982.

——. "Responsabilidade civil Pré-contratual: Reflexões de um jurista português (porventura) aplicáveis ao direito brasileiro".*O direito da empresa e das obrigações e o novo código civil brasileiro*. Alexandre Cunha dos Santos organizador. São Paulo: Quartier Latin, 2006.

ALMEIDA COSTA. Mario Julio de. *Direito das Obrigações*, 7ª ed. Coimbra: Almedina, 1998.

ALVES JUNIOR, Luís Carlos Martins. *O Supremo Tribunal Federal nas constituições brasileiras*. Belo Horizonte: Mandamentos, 2004.

ANDERSON, Perry. *O fim da história: de Hegel a Fukuyama*. Rio de Janeiro: Jorge Zahar, 1992. Tradução de Álvaro Cabral.

ANDRADE, Paes de; BONAVIDES, Paulo. *História Constitucional do Brasil*. Brasília: OAB Editora, 2002.

ANTUNES, José Engrácia. "Estrutura e Responsabilidade da Empresa: O Moderno Paradoxo Regulatório". *O Direito da Empresa e das Obrigações e o Novo Código Civil Brasileiro*. Alexandre dos Santos Cunha, organizador. São Paulo: Quartier Latin, 2006.

ARANGO, Rodolfo. *El concepto de derechos sociales fundamentales*. Bogotá: Legis Editores, 2005.

ARAUJO, Eneida Melo Correia de. "Um novo perfil de empresa como fator de prevenção do assédio moral". *Direitos Humanos: essência do direito do trabalho*. Alessandro da Silva, Jorge Luiz Souto Maior, Kenarik Boukijian e Marcelo Semer, coordenadores. São Paulo: LTr, 2007.

ARONNE, Ricardo. *Propriedade e Domínio*: reexame sistemático das noções nucleares de direitos reais. Rio de Janeiro: Renovar, 1999.

ASCARELLI, Túlio. "O Desenvolvimento Histórico do Direito Comercial e o Significado da Unificação do Direito Privado". Tradução de Fabio Konder Comparato. *Revista de Direito Mercantil* n. 114, p. 244, ano XXXVII, abr.-jun/1999.

ASCENÇÃO, José de Oliveira. "A desconstrução do abuso do direito". Novo Código Civil. Questões Controvertidas. *Série Grandes Temas de Direito Privado*, vol. 4. Mário Luiz Delgado e Jones Figueiredo Alves. (coords.). São Paulo: Método, 2005.

ASQUINI, Alberto. "Profili dell" impresa, in *Rivista del Diritto Commerciale*, 1943, vol. 41, I, traduzido por Fábio Konder Comparado. *Revista de Direito Mercantil*, nº 104.

AZEVEDO, Álvaro Villaça. "Teoria da Imprevisão e Revisão Judicial nos Contratos". *Revista dos Tribunais*, São Paulo, vol. 733.

——. "O novo Código Civil Brasileiro: tramitação, função social do contrato, boa-fé objetiva, teoria da imprevisão e, em especial, onerosidade excessiva (*laesio enormis*). *O direito e o tempo: embates jurídicos e utopias contemporâneas*. Estudos em homenagem ao Professor Ricardo Pereira Lira. Gustavo Tepedino e Luiz Edson Fachin (coordenadores). Rio de Janeiro: Renovar, 2008.

AZEVEDO, Antonio Junqueira de. "Princípios do Novo Direito Contratual e Desregulação do Mercado, Direito de Exclusividade nas Relações Contratuais de Fornecimento, Função Social do Contrato e Responsabilidade Aquiliana do Terceiro que Contribui para Inadimplemento Contratual". *Revista dos Tribunais*, nº 750.

——. "Insuficiências, deficiências e desatualização do Projeto de Código Civil na questão da boa-fé objetiva nos contratos". *Revista Trimestral de Direito Civil*. São Paulo: Revista dos Tribunais, vol. 1.

——. "A boa-fé na formação dos contratos". *Revista de Direito do Consumidor*, nº 3. São Paulo: Revista dos Tribunais.

BANDEIRA DE MELLO, Celso Antônio. *A democracia e suas dificuldades contemporâneas*. Disponível em http://jus2.uol.com.br/ doutrina/texto.asp?id=2290 Acesso em 13 nov. 2006.

BARBOZA, Heloisa Helena. TEPEDINO, Gustavo e BODIN DE MORAES, Maria Celina. *Código civil interpretado conforme a Constituição da República*, vol. II, Rio de Janeiro: Renovar, 2006.

BARON, P. D. "Resistance: A Consideration of the Opposition to a Duty of Good Faith in Australian Commercial Contracts", New Zealand Business Law Quarterly, p. 1-8, November, 2005.

BARROSO, Luís Roberto. *O direito constitucional e a efetividade de suas normas* – limites e possibilidades da Constituição brasileira. Rio de Janeiro: Renovar, 2003.

——. "Fundamentos teóricos e filosóficos do novo direito constitucional brasileiro. (Pós-Modernidade, Teoria Crítica e Pós-Positivismo". *Estudos em de Direito Constitucional em homenagem a José Afonso da Silva*. São Paulo: Malheiros Editores, 2003.

BARZOTTO, Luís Fernando. *A Democracia na Constituição*. São Leopoldo: Editora Unisinos, 2003.

BEATSON, Jack e FRIEDMANN, Daniel. *Good Faith and Fault in Contract Law*. Oxford: Clarendon Press, 1997

BENITEZ, Gisela Maria Bester. "Quando, Por quê, em que sentido e em nome de que tipo de empresa o Estado Contemporâneo deixa de ser empresário?". *Direito Empresarial & Cidadania. Questões Contemporâneas*. Jair Gevaerd e Marta Marília Tonin (orgs.). Curitiba: Juruá Editora, 2004.

BENJAMIN, Antônio Herman. "O conceito jurídico de consumidor". São Paulo, *Revista dos Tribunais*, vol. 628.

BERLE, Adolf Augustus. *The modern corporation and private property*. Adolf A. Berle and Gardiner C. Means. United States of America: Library of Congress, 1997.

BESSONE, Darcy. *Renovação de locação*. São Paulo: Saraiva, 1990.

BITTAR FILHO, Carlos Alberto. "Teoria da Imprevisão: sentido atual". *Revista dos Tribunais*, vol. 679.

BLASCO, José Luis. "La empresa Del futuro, La empresa que queremos". *Comité Econòmic i Social de la Comunitat Valenciana*, p. 57.

BOBBIO, Norberto. *Dicionário de Política*, vol. 2, ed. UnB, 1995.

BODIN DE MORAES. Maria Celina. "O conceito de dignidade humana: substrato axiológico e conteúdo normativo". *Constituição, Direitos Fundamentais e Direito Privado*. Ingo Wolfgang Sarlet (org.). Porto Alegre: Livraria do Advogado, 2003.

——. BARBOZA, Heloisa Helena e TEPEDINO, Gustavo. *Código civil interpretado conforme a Constituição da República*, vol. II, Rio de Janeiro: Renovar, 2006

BOITEUX, Fernando Netto. "A função social da empresa e o novo Código Civil". *Revista de Direito Mercantil*, n. 125.

BONAVIDES, Paulo. *Do Estado Liberal ao Estado Social*. 7ª ed. São Paulo: Malheiros Editores, 2004.

——. *Teoria do Estado*. 3ª ed. São Paulo: Malheiros Editores, 1995.

——. *Curso de Direito Constitucional*. São Paulo: Malheiros Editores, 2005.

——; ANDRADE, Paes de. *História Constitucional do Brasil*. Brasília: OAB Editora, 2002.

BORBA, José Edwaldo Tavares. *Temas de direito comercial*. Rio de Janeiro: Renovar, 2007.

BOURGOIGNIE, Thierry. "O conceito de abusividade em relação aos consumidores e a necessidade de seu controle através de uma cláusula geral". *Revisa de Direito do Consumidor*, n° 6. São Paulo: Revista dos Tribunais.

BRANCO, Gerson Luiz Carlos. "O regime obrigacional unificado do código civil brasileiro e seus efeitos sobre a liberdade contratual. A compra e venda como modelo multifuncional. *Revista dos Tribunais*, vol. 872.

BULGARELLI, Waldirio Bulgarelli. *Contratos Mercantis*. São Paulo: Atlas.

——. *Estudos e pareceres de direito empresarial*: o direito das empresas. São Paulo: Revista dos Tribunais, 1980.

——. A atividade negocial no projeto do Código Civil Brasileiro". *Revista de Direito Mercantil*, n.56.

BUZAID, Alfredo. *Da ação renovatória*. São Paulo: Saraiva, 1988

CAMPILONGO. Celso Fernandes. "Teoria do Direito e Globalização Econômica". *Direito Global*. Carlos Ari Sundfeld e Oscar Vilhena Vieira (orgs.) São Paulo: Max Limonad, 1999.

CANOTILHO, Gomes. *Direito Constitucional e teoria da constituição*. 3ª ed. reimp. Coimbra: Almedina, 1998.

CAPUANO, Angelo. *Not Keeping the Faith*: A Critique of Good Faith in Contract Law in Australia and the United States. Bond Law Review, Australia, vol. 17.

CARLIN, Tyrone M. *The Rise (And Fall?) of Implied Duties Of Good Faith in Contractual Performance In Australia*. Disponível em <http://search2.austlii.edu. au/au/journals/UNSWLJ/2002/4.html>. Acesso em 15 jan 2010.

CARNELLUTTI, Francesco. *Sistema de direito processual civil*. Traduzido por Hiltomar Martins Oliveira. São Paulo: Classic Book, 2000.

CARSLEY, Fredric L. *Good Faith and Fair Dealing in the Commercial context*. Disponível em <http://degrandpre.com/documents/publications/Art-FC-Good%20Faith.pdf> Acesso em 15 jan 2010.

CARVALHO MENDONÇA, J. X. Carvalho Mendonça. *Tratado de Direito Comercial Brasileiro*. Rio de Janeiro: Freitas Bastos, vol. I, 1964.

CARVALHO SANTOS, J. M. Carvalho. *Repertório Enciclopédico do Direito Brasileiro*. Rio de Janeiro ; Borsoi, vol. V., 1947.

CARVALHOSA, Modesto. *Comentários à Lei de Sociedades Anônimas*. vol. 3, São Paulo: Saraiva, 1997.

——. *Comentários ao Código Civil*: parte especial do direito de empresa (arts. 1.052 a 1.195). São Paulo: Saraiva, 2003. vol. 13.

CAVALIERI FILHO, Sergio. *Programa de direito do consumidor*. 1ª ed. 2ª reimpr. São Paulo: Atlas, 2009.

CHAVES, Antonio. *Lições de Direito Civil. Introdução à Ciência do Direito*. 2. ed. São Paulo: Revista dos Tribunais.

——. *Responsabilidade Pré-Contratual*. São Paulo: Lejus.

CHIOVENDA, Giuseppe. *Instituições de direito processual* civil. Traduzido por Paolo Capitanio Campinas: Bookseller, 2000.

CLÈVE, Clèmerson Merlin. "Proscrição da Propaganda do Tabaco nos meios de comunicação de massa. Regime constitucional da liberdade de conformação legislativa e limites da atividade normativa de restrição a direitos fundamentais". *Revista dos Tribunais*, vol. 845.

COELHO, Fabio Ulhoa. *Manual de direito comercial*. 13ª ed. rev. e atual. de acordo com o novo código civil. São Paulo: Saraiva, 2002.

——. *Curso de Direito Comercial*, vol. 1, 11ª ed. rev. e atual., São Paulo: Saraiva, 2007.

——. *Direito Antitruste Brasileiro*: Comentários à Lei 8.884/1994. São Paulo: Saraiva, 1995.

——. "Caracterização de infração contra a ordem econômica", *in Revista de Direito*, São Paulo, vol. 75.

COLOMBO, Sylviane. "Good Faith: The Law and Morality". Disponível em <http://weblaw.haifa. ac.il/en/Faculty/Colombo/Pages/Publications.aspx>. Acesso em 15 jan. 2010.

COMPARATO, Fábio Konder. "A proteção do consumidor: importante capítulo do direito econômico", *Revista de Direito Mercantil*, vol. 15-16, p. 90/91.

——. "A Reforma da empresa". *Revista de Direito Mercantil*, nº 50.

——. "Função social da propriedade dos bens de produção". *Revista de Direito Mercantil*, vol. 63.

——. "Estado, empresa e função social". *Revista dos Tribunais*, vol. 732.

——. *Novos ensaios e pareceres de direito empresarial*. Rio de Janeiro: Forense, 1981.

——. "Novas Funções Judiciais do Estado Moderno". *Revista dos Tribunais*, vol. 614.

——. *O poder de controle na sociedade anônima*. Fábio Konder Comparato e Calixto Salomão Filho. Rio de Janeiro: Forense, 2008.

CORDEIRO, Antônio Manuel da Rocha e Menezes. *Da Boa Fé no Direito Civil*. Lisboa: Livraria Almedina, 1983.

——. *Manual de Direito Comercial*. vol. I, Coimbra: Almedina, 2001.

CORRÊA, Luciane Amaral. "O princípio da proporcionalidade e a quebra do sigilo bancário e do sigilo fiscal nos processos de execução. Direitos Fundamentais e Direito Privado: algumas considerações em torno da vinculação dos particulares aos direitos fundamentais" *A Constituição concretizada: construindo pontes com o público e o privado*. Ingo Wolfgang Sarlet (org.) Porto Alegre: Livraria do Advogado, 2000.

CORTIANO JUNIOR, Eroulths. "Alguns apontamentos sobre os chamados direitos da personalidade". *Repensando Fundamentos do Direito Civil Contemporâneo*. Luiz Edson Fachin (org.). Rio de Janeiro: Renovar, 1998.

COURTIS, Christian. "La eficácia de los derechos humanos en las relaciones entre particulares". *Constituição, Direitos Fundamentais e Direito Privado*. Ingo Wolfgang Sarlet (org.). Porto Alegre: Livraria do Advogado Editora, 2003.

COUTO E SILVA, Clóvis do. *A obrigação como processo*. São Paulo: José Bushatsky Editor, 1976.

——. "A Teoria da base de negócio jurídico no direito brasileiro". *Revista dos Tribunais*, São Paulo, vol. 655.

——. "O Conceito de empresa no Direito Brasileiro." *Revista da Ajuris*, n. 37.

DALLEGRAVE NETO, José Affonso. "Notas sobre a subordinação jurídica e a função social da empresa à luz do solidarismo contratual". *Direito empresarial & Cidadania*. Jair Gevaerd e Marta Marília Tonin (orgs.). Curitiba: Juruá Editora, 2004.

DERANI, Cristiane. *Direito Ambiental Econômico*. São Paulo: Max Limonad, 1997.

DIAS, Maurício Leal. *O neoliberalismo é intervencionista?* . Jus Navigandi, Teresina, ano 3, n. 31, maio 1999. Disponível em: <http://jus2.uol.com.br/doutrina/texto.asp? id=73>. Acesso em: 05 nov. 2006.

DINIZ, Maria Helena. *Curso de direito civil brasileiro*, 8º vol. Direito de empresa. São Paulo: Saraiva. 2008.

——. *Dicionário Jurídico*. São Paulo: Saraiva, 1998, vol. I.

EBERLIN, Fernando Büshcer Von Teschemhausem. "O concorrente como consumidor equiparado: proteção ao consumidor contra práticas abusivas por meio do diálogo entre o CDC e as normas concorrenciais". *Revisa de Direito do Consumidor*, nº 66. São Paulo: Revista dos Tribunais.

FACCHINI NETO, Eugenio. "Da Responsabilidade civil no novo Código". *O novo Código Civil e a Constituição*. Ingo Wolfgang Sarlet (org.). 2ª ed. ver. e ampl. Porto Alegre: Livraria do Advogado, 2006.

——. "Reflexões histórico-evolutivas sobre a constitucionalização do direito privado". *Constituição, Direitos Fundamentais e Direito Privado*. Ingo Wolfgang Sarlet (org.). Porto Alegre: Livraria do Advogado, 2003.

——. "A função social do direito privado". *Função Social do Direito Privado*. TIMM, Luciano Benetti; MACHADO, Rafael Bicca (coord). São Paulo: Quartier Latin, 2009.

FACHIN, Luiz Edson. "*O aggiornamento do direito civil brasileiro e a confiança negocial*". *Repensando Fundamentos do Direito Civil Contemporâneo*. Luiz Edson Fachin (org.). Rio de Janeiro: Renovar, 1998.

——. *Teoria Crítica do Direito Civil*. Rio de Janeiro: Renovar, 2000.

FARIA, Bento de. *Direito Comercial*. São Paulo: Atlas, vol. I, 1947.

FARIA, José Eduardo. "A crise do Judiciário no Brasil: notas para discussão. *Jurisdição e direitos fundamentais*: anuário 2004/2005. Escola Superior da Magistratura do Rio Grande do Sul – AJURIS;

coord. Ingo Wolgang Sarlet – Porto Alegre: Escola Superior da Magistratura: Livraria do Advogado, 2006.

FARINA, Juan M. Contratos comerciales modernos. Modalidades de contratación empresaria. Buenos Aires: Editorial Astrea, 1999.

FERES, Marcelo Andrade. "Empresa e Empresário: Do Código Civil Italiano ao Novo Código Civil Brasileiro". Direito de empresa no novo Código Civil. coordenador Frederico Viana Rodrigues. Rio de Janeiro: Forense, 2004.

FERREIRA DA SILVA, Jorge Cesa. A boa-fé e a violação positiva do contrato. Rio de Janeiro: Renovar, 2002.

FERREIRA, Waldemar. Tratado de Direito Comercial. São Paulo: Saraiva, 8° vol., 1962.

FLORES, Joaquín Herrera. "Los Derechos Humanos en el Contexto de la Globalización: Tres Precisiones Conceptuales". Direitos Humanos e Globalização. Fundamentos e Possibilidades desde a Teoria Crítica. Salo de Carvalho (org.). Rio de Janeiro: Lumen Juris, 2004.

FILOMENO, José Geraldo Brito. Código Brasileiro de Defesa do Consumidor comentado pelos autores do anteprojeto. Rio de Janeiro: Forense.

FIUZA, César. "Essência do vínculo obrigacional". Revista Trimestral de Direito Civil, vol. 2, abr/jun. Rio de Janeiro: Padma, 2000.

FONSECA, Arnoldo Medeiros da. Caso Fortuito e Teoria da Imprevisão. Rio de Janeiro: Forense, 1958.

FORGIONI, Paula A. Os fundamentos do antitruste. 2ª ed. São Paulo: Revista dos Tribunais, 2005.

——. Contrato de Distribuição. São Paulo: Editora RT, 2005.

——. "Interpretação dos negócios empresariais". Contratos empresariais: Fundamentos e Princípios dos Contratos Empresariais. Wanderley Fernandes, coordenador. São Paulo: Saraiva, 2007.

——; GRAU, Eros Roberto. "Cláusula de Não-Concorrência de Não-Restabelecimento". O Estado, a Empresa e o Contrato. São Paulo: Malheiros, 2005.

FRANCESCHINI, José Inácio Gonzaga. "A lei antitruste brasileira e o Conselho Administrativo de Defesa Econômica (CADE): alguns aspectos". Revista de Direito Público, vol. 75.

FRANTZ, Laura Coradini. "Bases dogmáticas para interpretação dos artigos 317 e 478 do novo código civil brasileiro". Novo Código Civil. Questões Controvertidas. Série Grandes Temas de Direito Privado, vol. 4. Mário Luiz Delgado e Jones Figueiredo Alves (coords.). São Paulo: Método, 2005.

FRIEDMAN, Milton. Capitalismo e Liberdade. São Paulo: Abril Cultural, 1984.

GALGANO, Francesco. Derecho Comercial, El Empresário, Santa Fe de Bogotá-Colombia: Editorial Temis, volumen I, 1999.

GALVÃO, Luis. A "Due Diligence": confira o que você vai comprar. Processo de compra da empresa é complexo e exige exercício para evitar surpresa. Disponível em <http://www.ciesp.org.br/hotsitedejur/pdf/dez_05/P_gina2.pdf>.Aceso em 10/11/2009.

GILMORE, Grant. The Death of Contract. Columbus: The Ohion State University Press, 1995.

GODOY, Arnaldo Sampaio de Moraes. Direito Constitucional e globalização. Jus Navigandi, Teresina, ano 9, n. 525, 14 dez. 2004. Disponível em: <http://jus2.uol.com.br/ doutrina/texto.asp?id=6041>. Acesso em: 05 nov. 2006.

GOLDBERG, Daniel. "Teoria da Imprevisão, inflação e Fato do Príncipe". Revista dos Tribunais, São Paulo, vol. 723.

GOMES, Orlando "Novas Dimensões da Propriedade Privada", Revista dos Tribunais, vol. 411.

——. Transformações Gerais do direito das obrigações. São Paulo: Revista dos Tribunais, 1980.

——. Contratos, Rio de Janeiro: Forense, 2008.

——; VARELA, Antunes. Direito Econômico. São Paulo: Saraiva, 1977.

GOREN, William. "Looking for law in all the wrong places: problems in applying the implied covenant of good faith performance", University of San Francisco Law Review, 2003.

GRAU, Eros Roberto. A ordem econômica na Constituição de 1988 (interpretação crítica). 5ª ed. rev. e atual. São Paulo: Malheiros. 2000.

——; FORGIONI, Paula A. "Cláusula de Não-Concorrência/de Não-Restabelecimento". O Estado, a Empresa e o Contrato. São Paulo: Malheiros, 2005.

GRUNDMANN, Stefan. "Informação, autonomia da vontade e agentes econômicos no direito dos contratos europeu (2002). Revista de Direito do Consumidor, vol. 58.

GUIMARÃES, Márcio Souza. *O Estado Empresário e a Nova Ordem Constitucional*. Disponível em: <http://www.femperj.org.br/artigos/popup.php?pagina=estadoempresário.php#topo2>. Acesso em: 16 jul. 06.

GUSMÃO, Mônica. *Curso de Direito Empresarial*. 5ª ed. Rio de Janeiro: Lumen Juris, 2007.

HAYEK, Friedrich August von. *A Caminho da Servidão*. Rio de Janeiro: Instituto Liberal, 1984.

HENTZ, Luiz Antonio Soares. *A teoria jurídica da empresa no novo Direito de Empresa*. Disponível em <http://jus2.uol.com.br/doutrina/texto.asp?id=3085>. Acesso em 12 fev. 2009.

HIRONAKA, Giselda Maria Fernandes Novaes e TARTUCE, Flávio. "O princípio da autonomia privada e o direito contratual brasileiro". *Direito contratual: temas atuais*. Coord. Giselda Maria Fernandes Novas Hironaka e Flávio Tartuce. São Paulo: Método, 2007.

ISAREL, Jean-Jacques. *Direito das liberdades fundamentais*. Tradução Carlos Souza. Barueri, SP: Manole, 2005.

KATAOKA, Eduardo Takemi Dutra dos Santos. "Declínio do Individualismo e Propriedade". *Problemas de direito constitucional*. Gustavo Tepedino (coord.). Rio e Janeiro: Renovar, 2000.

LACERDA, Sampaio. *Comentários à Lei das Sociedades Anônimas*. 3º vol. São Paulo: Saraiva, 1978.

LAMY FILHO, Alfredo. "A empresa, os minoritários e o mercado de capitais". *Revista de Direito Mercantil*, vol. 117.

LAMY FILHO, Alfredo; BULHÕES PEDREIRA, José Luiz. *A lei das S.A.*, 3ª ed. Rio de Janeiro: Renovar, 1996.

LIMA, Osmar Brina Correa. *Responsabilidade Civil dos Administradores de Sociedade Anônima*. Rio de Janeiro: Aide, 1989.

LIPERT, Márcia Mallmann. *A empresa no Código Civil* – Elemento de Unificação no Direito Privado. São Paulo: Revista dos Tribunais, 2003.

LOBO, Jorge. "A Empresa: Novo Instituto Jurídico". *Revista dos Tribunais*. vol. 795.

LOBO, Paulo Luiz Netto. "Deveres Gerais de Conduta nas Obrigações Civis". *Novo Código Civil. Questões Controvertidas. Série Grandes Temas de Direito Privado*, vol. 4. Mário Luiz Delgado e Jones Figueiredo Alves (coords.). São Paulo: Método, 2005.

————. *Direito do Estado federado ante a globalização econômica*. Jus Navigandi, Teresina, ano 5, n. 51, out. 2001. Disponível em: <http://jus2.uol.com.br/ doutrina/texto.asp?id=2243>. Acesso em: 05 nov. 2006.

LORENZETTI, Ricardo Luís. *Tratado de los Contratos* – Parte General. Santa Fé: Rubinzal-Culzoni Editores, 2004.

LOTUFO, Renan. Comentários ao Código Civil. São Paulo: Saraiva, 2003.

————. "Da oportunidade da Codificação e a Constituição". *O novo Código Civil e a Constituição*. Ingo Wolfgang Sarlet (org.). 2ª ed. rev. e ampl. Porto Alegre: Livraria do Advogado, 2006.

LUCAS, Fábio Lucas. "Conteúdo Social nas Constituições Brasileiras". Estudos Econômicos, Políticos e Sociais. Faculdade de Ciências Econômicas da Universidade de Minas Gerais. Belo Horizonte. 1959, vol. 14.

MACDONALD, Norberto da Costa Caruso. O Projeto de Código Civil e o direito comercial. *Revista da Faculdade de Direito da UFRGS*, n. 16.

MACEDO JUNIOR, Ronaldo Porto. "Direito à informação nos contratos relacionais de consumo". *Revista de Direito do Consumidor*, nº 35.

————. "Relação de consumo sem contratação de consumo direta. Quando o empresário paga a conta". *Revista de Direito do Consumidor*, nº 27.

MAIA, Paulo Carneiro. *Da Cláusula "Rebus sic Stantibus"*. São Paulo: Saraiva, 1959.

MARCONDES, Sylvio. *Questões de direito mercantil*. São Paulo: Saraiva, 1977.

MARCOVITCH, Jacques. *Razões e ficções do desenvolvimento*. Organizadores Glauco Arbix, Mauro Zilbovicius, Ricardo Abromovay. São Paulo: Editora Unesp, Edusp, 2001.

MARINONI, Luiz Guilherme. *Comentários ao código de processo civil*, v. 5: do processo de conhecimento. Arts. 332 a 363, tomo I. Luiz Guilherme Marinoni, Sérgio Cruz Arenhart; [coordenação de Ovídio A. Baptista da Silva] – São Paulo: Revista dos Tribunais, 2000.

MARMELSTEIN, George. *Curso de Direitos Fundamentais*. São Paulo: Atlas, 2009.

——. *Críticas à teoria das gerações (ou mesmo dimensões) dos direitos fundamentais.* Jus Navigandi, Teresina, ano 8, n. 173, 26 dez. 2003. Disponível em: <http://jus2.uol.com.br/ doutrina/texto. asp?id=4666>. Acesso em: 09 jul. 2006.

MARIANI, Irineu. "Direito de Empresa, Atividade Empresarial, Empresa e Empresário (à luz do novo Código Civil)." *Revista da Ajuris* n. 101.

MARQUES, Cláudia Limas. *Contratos no Código de Defesa do Consumidor* – o novo regime das relações contratuais. 2. ed. São Paulo: Revista dos Tribunais.

——. *Comentários ao Código de Defesa do Consumidor.* Cláudia Lima Marques, Antônio Herman V. Benjamin, Bruno Miragem. São Paulo: Revista dos Tribunais, 2006.

——. "O fim negativo do contrato no Código Civil de 2002: resolução por onerosidade excessiva". *A nova crise do contrato: estudos sobre a nova teoria contratual.* [org.] Claudia Lima Marques. São Paulo: Revista dos Tribunais, 2007.

——. "Relação de consumo entre os depositantes de cadernetas de poupança e os bancos ou instituições que arrecadam poupança popular". *Revista dos Tribunais*, vol. 760.

——. "Proteção do Consumidor no Comércio eletrônico e a chamada nova crise do contrato: por um direito do consumidor aprofundado" *Revista de Direito do Consumidor*, nº 57, São Paulo: Revista dos Tribunais.

MARQUES NETO, Agostinho Ramalho. "Neoliberalismo: O Declínio do Direito". *Direitos Humanos e Globalização. Fundamentos e Possibilidades desde a Teoria Crítica.* Salo de Carvalho (org.). Rio de Janeiro: Lumen Juris, 2004.

MARTINS, Fran. *Curso de Direito Comercial.* 3. ed. revista e atualizada por Jorge Lobo. Rio de Janeiro: Forense, 1999.

——. *Comentários à Lei das Sociedades Anônimas.* , vol. 2, tomo I, 2. ed. Rio de Janeiro: Forense, 1984.

MARTINS-COSTA, Judith H. *A boa-fé objetiva no processo obrigacional.* Tese de Doutorado no Programa de Pós Graduação da Faculdade de Direito da Universidade de São Paulo (FADUSP).

——. *Boa-Fé no Direito Privado: sistema e tópica no processo obrigacional.* São Paulo: Revista dos Tribunais, 1999.

——. "Reflexões Sobre o Princípio da Função Social dos Contratos". *O Direito da Empresa e das Obrigações e o Novo Código Civil Brasileiro.* Alexandre dos Santos Cunha, organizador. São Paulo: Quartier Latin, 2006.

——. "Os avatares do Abuso do Direito e o rumo indicado pela boa-fé". Direito civil contemporâneo: novos problemas à luz da legalidade constitucional: anais do Congresso Internacional de Direito Civil-Constitucional da Cidade do Rio de Janeiro. Gustavo Tepedino, organizador – São Paulo: Atlas, 2008.

——. "O fenômeno da supracontratualidade e o princípio do equilíbrio: inadimplemento de deveres de proteção (violação positiva do contrato) e deslealdade contratual em operação de descruzamento acionário". *Revista Trimestral de Direito Civil.* Vol. 26, abr/jun. Rio de Janeiro: Padma, 2000.

MICKELS, Alissa. *Effectively Enforcing Corporate Social Responsability Norms in the European Union and the United States.* Disponível em <http://www.alissamickels. com/Final%20HR%20paper.pdf>. Acesso em 10 jun. 2009.

MIGUEL, Paula Castello. *Contratos entre Empresas.* São Paulo: Editora Revista dos Tribunais, 2006.

MILANI FILHO, Marco Antonio Figueiredo. "Responsabilidade social e investimento social privado: entre o discurso e a evidenciação". Disponível em <http://www.responsabilidadesocial.com/ article/article_view.php?id =937>. Acesso em 10 jan. 2010.

MIRAGEM, Bruno. "Função social do contrato, boa-fé e bons costumes: nova crise dos contratos e a reconstrução da autonomia negocial pela concretização das cláusulas gerais". *A nova crise do contrato: estudos sobre a nova teoria contratual.* [org.] Claudia Lima Marques. São Paulo: Revista dos Tribunais, 2007.

MIRANDA Jr, Darcy Arruda. *Curso de Direito Comercial,* 1º vol. parte geral, Saraiva.

MIRANDA, Jorge. *Manual de Direito Constitucional,* Tomo IV, Direitos Fundamentais, 2ª ed. Coimbra: Editora Coimbra, 1998.

MIRANDA, Pontes. *Tratado de direito privado,* 3ª ed. São Paulo: RT, 1984, vol. XXII.

——. *Comentários ao Código de Processo Civil,* tomo IV arts. 282 a 443. Rio de Janeiro: Forense, 1979.

MONTEIRO, Antônio Pinto. "Erro e teoria da imprevisão". *Revista Trimestral de Direito Civil,* vol. 15.

MOREIRA, Egon Bockmann Moreira. "As Agências Executivas Brasileiras e os Contratos de Gestão". *Estudos de Direito Econômico.* Leila Cuéllar, Egon Bockmann Moreira. Belo Horizone: Fórum, 2004.

MORI, Alberto. *M&A: Roteiro Básico de uma Aquisição sob o Ponto de Vista Jurídico.* Disponível em <http://www.ccfb.com.br/_pdfs/juridica150507.pdf>. Acesso em 10 nov. 2009.

MUKAI, Toshio. *Participação do Estado na atividade econômica* – limites jurídicos. São Paulo: Revista dos Tribunais.

MURDOCK, Charles W. "Fairness and Good Faith as a Precept in the Law of Corporations and Other Business Organizations" *Loyola University Chicago Law Journal* Disponível em <http://www. luc. edu/law/activities/publications/lljdocs/faclaw symp/murdock.pdf> Acesso em 15 jan. 2010.

NALIN, Paulo R. Ribeiro. "Ética e boa-fé no adimplemento contratual". *Repensando Fundamentos do Direito Civil Contemporâneo.* Luiz Edson Fachin (org.). Rio de Janeiro: Renovar, 1998.

NEGREIROS, Teresa. *Teoria do contrato: novos paradigmas,* 2ª ed. Rio de janeiro: Renovar, 2006.

——. *Fundamentos para uma interpretação constitucional do princípio da boa-fé.* Rio de Janeiro: Renovar, 1998.

NERY JR. Nelson. *Código Brasileiro de Defesa do Consumidor comentado pelos autores do anteprojeto.* Rio de Janeiro: Forense.

NOGUEIRA, Ricardo José Negrão. *Manual de direito comercial e de empresa,* vol. 1. São Paulo: Saraiva, 2003.

NORONHA, Fernando. *O direito dos contratos e seus princípios fundamentais.* São Paulo: Saraiva, 1994.

——. *Direito das obrigações:* fundamentos do direito das obrigações: introdução à responsabilidade civil: volume 1. São Paulo: Saraiva, 2003.

NOVAIS, Alinne Arquette Leite. "Os novos paradigmas da teoria contratual: o principio da boa-fé objetiva e o princípio da tutela do hipossuficiente". *Revista de Direito do Consumidor,* nº 23-24. São Paulo: Revista dos Tribunais.

NUNES, J.A. Avelãs. "Neo-liberalismo e direitos humanos". *Revista Trimestral de Direito Civil.* Vol. 11, abr/jun. Rio de Janeiro: Padma, 2000.

OLIVEIRA, Anísio José de Oliveira. *A teoria da Imprevisão nos Contratos.* São Paulo: Leud, 1991.

OLIVEIRA, Francisco Cardozo. "Uma nova racionalidade administrativa empresarial". *Direito Empresarial & Cidadania. Questões Contemporâneas.* Jair Gevaerd e Marta Marília Tonin (orgs.). Curitiba: Jurua, 2004.

OLIVEIRA, Jorge Rubem Folena de. "O Estado empresário. O fim de uma era". *Revista de Informação Legislativa do Senado Federal,* nº 134.

OSMO, Carla. "Pela máxima efetividade da função social da empresa". *Função do direito privado no atual momento histórico.* Rosa Maria de Andrade Nery (Coord.) – São Paulo: Revista dos Tribunais, 2006.

PAMPLONA, Rodolfo e STOLZE, Pablo. *Novo curso de direito civil, volume IV: contratos, tomo 1: teoria geral,* 3ª ed. rev. atual. e ampl. São Paulo: Saraiva, 2007.

PASQUALOTO, Adalberto. "A boa-fé nas obrigações civis". *Revista da Faculdade de Direito da PUCRS: o ensino jurídico no limiar do novo século.* org. Antonio Paulo Cachapuz Medeiros – Porto Alegre: EDIPURS, 1997.

PASQUALINI, Alexandre. "Reflexões para uma tese sobre o público e o privado". *Revista da AJURIS,* vol. 45.

PEREIRA, Caio Mário da Silva. *Instituições de Direito Civil.* Rio de Janeiro: Forense vol. I, 1987.

——. "Cláusula rebus sic stantibus". *Revista Forense,* Rio de Janeiro, vol. 92.

PEREIRA, Jane Reis Gonçalves. "Apontamentos sobre a aplicação das normas de direito fundamental nas relações jurídicas entre particulares". *A nova interpretação constitucional, ponderação, direitos fundamentais e relações privadas.* Luís Roberto Barroso (org.). Rio de Janeiro: Renovar, 2006.

PESSOA, FERNANDO. *A economia em Pessoa: verbetes contemporâneos.* organização, prefácio e notas Gustavo H. B. Franco. Rio de Janeiro: Reler, 2006.

PEZZELLA, Maria Cristina Cereser. "O princípio da boa-fé objetiva no direito privado alemão e brasileiro". *Revista de Direito do Consumidor,* nº 23-24. São Paulo: Revista dos Tribunais.

PINTO, Carlos Alberto da Mota. Cessão de contrato: contendo parte tratando a matéria conforme o direito brasileiro. São Paulo: Saraiva, 1985.

——. *Teoria Geral do Direito Civil*, 3ª Eed. Coimbra: Coimbra Editora, 1999.

PINTO, Paulo Cardoso Correia da Mota. *Declaração tácita e comportamento concludente no negócio jurídico*. Coimbra: Livraria Almedina, 1995.

——. "Autonomia privada e discriminação: algumas notas". *Constituição, direitos fundamentais e direito privado*. Ingo Wolfgang Sarlet (org.). Porto Alegre: Livraria do Advogado, 2003.

——. "Sobre a proibição do comportamento contraditório (*venire contra factum proprium*) no direito civil". *Revista trimestral de direito civil* – v. 38, p. 138-139.

PIOVESAN, Flávia. "Direitos Humanos e Globalização". *Direito Global*. Carlos Ari Sundfeld e Oscar Vilhena Vieira (orgs.). São Paulo: Max Limonad, 1999.

POPP, Carlyle. "Considerações sobre a boa-fé objetiva no direito civil vigente – efetividade, relações empresariais e pós-modernidade". *Direito Empresarial & Cidadania. Questões Contemporâneas.* Jair Gevaerd e Marta Marília Tonin (orgs.). Curitiba: Juruá, 2004.

PUGGINA, Márcio Oliveira. *Revista do Direito do Consumidor*, vol. 26.

RAMOS, Carmem Lucia Silveira. "A constitucionalização do direito privado e a sociedade sem fronteiras". *Repensando Fundamentos do Direito Civil Contemporâneo*. Luiz Edson Fachin (org.). Rio de Janeiro: Renovar, 1998.

REALE, Miguel. *Estudos de Filosofia e Ciência de Direito*. São Paulo: Saraiva.

——. *Temas de direito positivo*. São Paulo: Revista dos Tribunais.

REIS, Clayton. "A Responsabilidade civil do empresário em face dos novos comandos legislativos contidos no código civil de 2002". *Direito Empresarial & Cidadania. Questões Contemporâneas.* Jair Gevaerd e Marta Marília Tonin (orgs.). Curitiba: Juruá Editora, 2004.

REQUIÃO, Rubens. *Curso de Direito Comercial*, 10ª ed. São Paulo: Saraiva, 1º vol., 1980.

——. *Curso de direito comercial*, 25ª ed. atual. por Rubens Edmundo Requião. São Paulo: Saraiva, 1º vol., 2003.

RIBEIRO, Darci Guimarães. *Provas Atípicas*. Porto Alegre: Livraria do Advogado, 1998.

RIBEIRO, Márcia Carla Pereira. *Teoria geral dos contratos: contratos empresariais e análise econômica*. Márcia Carla Pereira Ribeiro e Irineu Galeski Junior. Rio de Janeiro: Elsevier, 2009.

RIBEIRO, Renato Vieira. Dever de Diligência dos Administradores de Sociedades. São Paulo: Quartier Latin, 2006.

RODAS, João Grandino. "Acordos de Leniência em Direito Concorrencial. Práticas e Recomendações". *Revista dos Tribunais*, São Paulo: Revista dos Tribunais, vol. 862.

RONCONI, Diego Richard. "Os códigos de ética e disciplina empresariais e seu impacto na dinâmica da sociedade e na cidadania empresarial". Jus Navigandi, Teresina, ano 8, n. 396, 7 ago. 2004. Disponível em: <http://jus2.uol.com.br/doutrina /texto.asp?id =5530>. Acesso em: 17 jul. 2006.

ROPPO, Enzo. *O Contrato*. Coimbra: Almedina, 1988.

ROSA, Dirceu P. de Santa. *A importância da "due diligence" de propriedade intelectual nas fusões e aquisições*. Disponível em <http://jus2.uol.com.br/doutrina/texto. asp?id=3006&p=1>.

ROTH, André-Noël Roth. "O Direito em crise: Fim do Estado Moderno?". *Direito e Globalização Econômica Implicações e Perspectivas*. José Eduardo Faria (org.). São Paulo: Malheiros, 1996

RUZYK, Carlos Eduardo Pianovski. "A responsabilidade civil por danos produzidos no curso de atividade econômica e a tutela da dignidade da pessoa humana: o critério do dano ineficiente". *Diálogos sobre Direito Civil*. Carmem Lucia Silveira Ramos (org.). Rio de Janeiro: Renovar, 2002.

SALOMÃO FILHO, Calixto. *O poder de controle na sociedade anônima*. Fábio Konder Comparato e Calixto Salomão Filho. Rio de Janeiro: Forense, 2008.

——. "Sociedade Anônima: Interesse Público e Privado". *Revista de Direito Mercantil*, nº 127.

——. "A *fattispecie* Empresário no Novo Código Civil". *Princípios no Novo Código Civil Brasileiro e Outros Temas – Homenagem a Tulio Ascarelli*. Antonio Junqueira de Azevedo, Heleno Taveira Torres e Paolo Carbone Coordenadores. São Paulo: Editora Quartier Latin, 2008.

SALLES, Marcos Paulo de Almeida. "A visão jurídica da empresa na realidade brasileira atual". *Revista de Direito Mercantil*, n. 119.

SANSEVERINO, Paulo de Tarso Vieira. "Estrutura clássica e moderna da obrigação". *Revista da Faculdade de Direito da PUCRS*: o ensino jurídico no limiar do novo século. org. Antonio Paulo Cachapuz Medeiros – Porto Alegre: EDIPURS, 1997.

SARLET, Ingo Wolfgang. *Dignidade da Pessoa Humana e Direitos Fundamentais na Constituição Federal de 1988*. 4ª ed. ver. Atual. Porto Alegre: Livraria do Advogado. 2006.

——. *A eficácia dos direitos fundamentais*. 6ª ed. rev. atual. e ampl. – Porto Alegre: Livraria do Advogado, 2006.

——. *A eficácia dos direitos fundamentais*: uma teoria geral dos direitos fundamentais na perspectiva constitucional. 10ª ed. rev. atual. e ampl. – Porto Alegre: Livraria do Advogado, 2009.

——. Direitos Fundamentais e Direito Privado: algumas considerações em torno da vinculação dos particulares aos direitos fundamentais. *A Constituição concretizada: construindo pontes com o público e o privado*. Ingo Wolfgang Sarlet (org.). – Porto Alegre: Livraria do Advogado, 2000.

SARMENTO, Daniel. *Direitos Fundamentais e Relações Privadas*, 2ª ed. Rio de Janeiro: Lumen Juris, 2006.

——. "A vinculação dos Particulares aos Direitos Fundamentais no Direito comparado e no Brasil". *A nova interpretação constitucional: ponderação, direitos fundamentais e relações privadas*. Luís Roberto Barroso (organizador). Rio de Janeiro: Renovar. 2006.

——. "A trajetória da dicotomia público/privado". *Revista Trimestral de Direito Civil*. vol 22, abr/jun. Rio de Janeiro: Padma, 2000.

SAVI, Sérgio. "Inadimplemento das Obrigações, Mora e Perdas e Danos". *Obrigações: estudos na perspectiva civil-constitucional*. Coord. Gustavo Tepedino – Rio de Janeiro: Renovar, 2005.

SCHREIBER, Anderson. A proibição de comportamento contraditório: tutela da confiança e venire contra factum propirum. Rio de Janeiro: Renovar.

SEN, Amartya Kumar. "Mercados y libertades. Logros y limitaciones del mecanismo de mercado en el fomento de las libertades individuales", *Bienestar, Justicia Y Mercado*. Barcelona: Editorial Paidos Iberica, 1967.

——. *Desenvolvimento como liberdade*. Amartya Sen; tradução Laura Teixeira Motta; revisão técnica Ricardo Doniselli Mendes. São Paulo: Companhia das Letras, 2000.

SIDOU, J. M. Othon Sidou. *A Revisão Judicial dos Contratos e outras Figuras Jurídicas*. Rio de Janeiro: Forense, 1978.

SILVA, Alexandre Couto. *Responsabilidade dos Administradores de S/A*: business judgment rule. Rio de Janeiro: Elsevier, 2007.

SILVA, José Afonso da. *Curso de Direito Constitucional Positivo*. 24ª ed. São Paulo: Malheiros Editores, 2005.

——. "A dignidade da Pessoa Humana como Valor Supremo da Democracia". *Revista de Direito Administrativo*, vol. 212.

SILVA, Luis Renato Ferreira . *Revisão dos Contratos. Do Código Civil ao Código do Consumidor*. Rio de Janeiro: Forense, 1999.

——. "A função social do contrato no novo Código Civil e sua conexão com a solidariedade social". *O novo Código Civil e a Constituição e a Constituição*. Ingo Wolfgang Sarlet (org.), 2ª ed. rev. e ampl. Porto Alegre: Livraria do Advogado, 2006.

—— "Cláusulas abusivas: natureza do vício e decretação de ofício". *Revista do direito do Consumidor*, nº 23-24. São Paulo: Editora Revista dos Tribunais.

SILVA FILHO, José Carlos Moreira. "O princípio da Boa-Fé Objetiva no Direito Contratual e o problema do homem médio: Da jurisprudência dos valores à hermenêutica jurídica". *Constituição, sistemas sociais e hermenêutica: programa de pós-graduação em direito da UNISINOS: mestrado e doutorado*. Leonel Severo Rocha, Lenio Luis Streck; José Luis Bolzan de Morais (orgs.). Porto Alegre: Livraria do Advogado; São Leopoldo: UNISINOS, 2005.

SLAWINSKI, Célia Barbosa Abreu. "Breves reflexões e eficácia atual da boa-fé objetiva no ordenamento jurídico brasileiro". *Problemas de direito constitucional*. Gustavo Tepedino (coord.). Rio de Janeiro: Renovar, 2000.

SNEIRSON, Judd F. "Doing well by doing good: leveraging due care for better, more socially responsible corporate decisionmaking". *The Corporate Governance Law Review*, vol. 3.

SOUZA, Inglez de. *Prelecções de Direito Commercial*. Gráfica Cia. Dias Cardoso, 1926.

SJTAJN, Raquel, Teoria jurídica da empresa: atividades empresárias e mercados. São Paulo: Atlas, 2004.

STIGLITZ, Joseph E. *A globalização e seus malefícios*. Tradução Bazán Tecnologia e Lingüística – São Paulo: Futura. 2002.

STIGLITZ, Rubén S. "Aspectos modernos do contrato e da responsabilidade civil". *Revisa de Direito do Consumidor*, n° 13, São Paulo: Revista dos Tribunais.

STOLZE, Pablo e PAMPLONA, Rodolfo. *Novo curso de direito civil, volume IV: contratos, tomo 1: teoria geral*, 3ª Ed. rev. atual. e ampl. São Paulo: Saraiva, 2007.

STRENGER, Irineu, Contratos Internacionais do Comércio. São Paulo: Revista dos Tribunais, 1986.

SUMMERS, Robert S. "The conceptualism of good faith in American contract law: a general account". *Good Faith in European Contract Law*. Reinhad Zimmermann e Simon Whittaker, Coordenadores. Cambridge: Cambrigde University Press, 2008.

SUNSTEIN, Cass R. "Direitos Sociais e Econômicos? Lições da África do Sul". *Jurisdição e direitos fundamentais*: anuário 2004/2005. Escola Superior da Magistratura do Rio Grande do Sul – AJURIS; Ingo Wolgang Sarlet (coord.). Porto Alegre: Escola Superior da Magistratura, Livraria do Advogado. vol. I, tomo II, 2006

SZTJAN, Rachel. *Teoria jurídica da empresa*: atividades empresária e mercados. São Paulo: Atlas, 2004.

——. "O conceito de empresário no código civil brasileiro". *Em Evidência – Revista Magister de Direito Empresarial*. n° 7.

——; ZYLBERSTAJN, Décio. "Economia dos Direitos de Propriedade". *Direito e Economia*, Rio de Janeiro: Elsevier, 2005.

TÁCITO, Caio. "O retorno do pêndulo: serviço público e empresa pública", *Revista de Direito Administrativo – RDA – n° 202*.

TADEU, Silvey Alves. "O dever de informar: considerações comparadas ao conteúdo da informação contidas no CDC e CC". *Revista de Direito do Consumidor*, n° 58. São Paulo: Editora Revista dos Tribunais.

TARTUCE, Flávio; HIRONAKA, Giselda Maria Fernandes Novaes. "O princípio da autonomia privada e o direito contratual brasileiro". *Direito contratual: temas atuais*. Coord. Giselda Maria Fernandes Novas Hironaka e Flávio Tartuce. São Paulo: Método, 2007.

TEODORO JUNIOR, Humberto. *Processo de conhecimento*: tomo II – Rio de Janeiro: Forense, 1978.

TEPEDINO, Gustavo. "A incorporação dos direitos fundamentais pelo ordenamento brasileiro: sua eficácia nas relações jurídicas privadas". *Revista da Ajuris*, n° 100, p. 166/167.

——."Mestre Caio Mário, 80 Anos". *Temas de direito civil*. Gustavo Tepedino coorde. Rio de Janeiro: Renovar, 2004

——. "O Código Civil, os chamados microssistemas e a Constituição: premissas para uma reforma legislativa". *Problemas de direito constitucional*. Gustavo Tepedino coord. Rio de Janeiro, Renovar, 2000.

——. BARBOZA, Heloisa Helena; BODIN DE MORAES, Maria Celina. *Código civil interpretado conforme a Constituição da República*, vol. II, Rio de Janeiro: Renovar, 2006.

——; SCHREIBER Anderson. "Os efeitos da Constituição em relação à cláusula da boa-fé no Código de Defesa do Consumidor e no Código Civil". *Revista da EMERJ*, v. 06.

——; ——. "A boa-fé objetiva no Código de Defesa do Consumidor e no novo Código Civil". *Obrigações: estudos na perspectiva civil-constitucional*. Gustavo Tepedino (coord.). Rio de Janeiro: Renovar, 2005.

THEODORO JR, Humberto. "Apontamentos sobre a responsabilidade civil na denúncia dos contratos de distribuição, franquia e concessão comercial", *Revista dos Tribunais*, vol. 790.

TIMM, Luciano Benetti "As origens do Contrato no Novo Código Civil: Uma introdução à função social, ao welfarismo e ao solidarismo contratual". *Revista dos Tribunais*, vol. 844.

——. "Descodificação, constituzionalização e descentralização no direito privado: o código Civil ainda é útil. *Revista de Direito Privado*, São Paulo: Revista dos Tribunais, vol. 27.

——. *As quebras de Paradigma na Concepção de Contrato e no Direito Contratual Brasileiro*. Tese de Doutorado no Programa de Pós Graduação da Faculdade de Direito da Universidade Federal do Rio Grande do Sul (UFRGS).

TOMASEVICIUS FILHO, Eduardo. "A Função Social do Contrato: Conceito e Critérios de Aplicação". *O Direito da Empresa e das Obrigações e o Novo Código Civil Brasileiro*. Alexandre dos Santos Cunha, organizador. São Paulo: Quartier Latin, 2006.

TOMASETTI JR, Alcides. "Teoria da Imprevisão, inflação e fato do príncipe". *Revista dos Tribunais*, vol. 723.

——. "A 'propriedade privada' entre o direito civil e a Constituição". *Revista de Direito Mercantil*, vol. 126.

TOMAZETTE, Marlon. *Curso de direito empresarial*: teoria geral e direito societário, vol. 1. São Paulo: Atlas, 2008.

TORRES, Heleno Taveira. *Direito tributário e direito privado*: autonomia privada: simulação: elusão tributária. São Paulo: Revista dos Tribunais, 2003.

UBILLOS, Juan Maria Bilbao. *Los Derechos Fundamentales em la Frontera entre lo Público y lo Privado*. Madrid: McGraw-Hill, 1997.

——. "Eficacia Horizontal de los Derechos Fundamentales: las Teorias y la Practica". Direito Civil Contemporâneo: novos problemas à luz da legalidade constitucional: anais do Congresso Internacional de Direito Civil-Constitucional da Cidade do Rio de Janeiro. Gustavo Tepedino, organizador. São Paulo: Atlas, 2008, p. 235.

UPRIMY, Rodrigo. "Legitimidad y conveniencia Del control constitucional a la economía". *Jurisdição e direitos fundamentais*: anuário 2004/2005. Escola Superior da Magistratura do Rio Grande do Sul – AJURIS; coord. Ingo Wolgang Sarlet – Porto Alegre: Escola Superior da Magistratura:Livraria do Advogado. Ed. 2006.

VARELA, Antunes; GOMES Orlando. *Direito Econômico*. São Paulo: Saraiva, 1977.

VAZ, Isabel. *Direito econômico da concorrência*. Rio de Janeiro: Forense, 1993.

VERÇOSA, Haroldo Malheiros Duclerc. *Curso de Direito Comercial, vol.* 1, São Paulo: Malheiros, 2004.

VIEIRA, Oscar Vilhena. "Realinhamento Constitucional. Direitos Humanos e Globalização". *Direito Global*. Carlos Ari Sundfeld; Oscar Vilhena Vieira (orgs.). São Paulo: Max Limonad, 1999.

VILELA, João Baptista. "Por uma nova teoria dos contratos". Rio de Janeiro, *Revista Forense*, vol. 261.

WALD, Arnoldo. "O Espírito Empresarial, a Empresa e a Reforma Constitucional." *Revista de Direito Mercantil*, n. 98.

——. "O direito da crise e a nova dogmática". *Revista de Direito Bancário e do Mercado de Capitais* – RDB, nº 43.

WALDIRIO, Bulgareli. *Direito Comercial*. São Paulo: Atlas, 2000.

WEIGAND, Tory A. "The duty of good faith and fair dealing in commercial contracts in Massachusetts". *Massachusetts Law Review*, 2004.

WIEACKER, Franz. *El principio general de La buena Fe*. Trad. José Luis Carro. Madri: Editorial Civitas, 1986.

ZANCHET, Marília. "A nova força obrigatória dos contratos e o princípio da confiança no ordenamento jurídico brasileiro: análise comparada entre o CDC e o CC/2002". *Revista de Direito do Consumidor*, nº 58, São Paulo: Revista dos Tribunais.

ZIMMERMANN, Reinhad e WHITTAKER, Simon. *Good Faith in European Contract Law.*, Cambridge: Cambrigde University Press, 2008.

ZYLBERSTAJN, Décio e SZTAJN, Rachel. "Economia dos Direitos de Propriedade" *Direito e Economia*, Rio de Janeiro: Elsevier, 2005.

Impressão:
Evangraf
Rua Waldomiro Schapke, 77 - POA/RS
Fone: (51) 3336.2466 - (51) 3336.0422
E-mail: evangraf.adm@terra.com.br